FACULTÉ DE DROIT DE PARIS

THÈSE

POUR LE DOCTORAT

SOUTENUE

Le Jeudi 3 Avril 1873, à midi

PAR

CLAUDE GOUHIN

Avocat à la Cour d'Appel

PARIS

TYPOGRAPHIE LAHURE

9, RUE DE FLEURUS, 9

1873

DU TERME

EN DROIT ROMAIN ET EN DROIT FRANÇAIS

THÈSE POUR LE DOCTORAT

SOUTENUE

Le Jeudi 3 Avril 1873, à midi

PAR

CLAUDE-RAOUL COUHIN

Avocat à la Cour d'appel de Paris

Président : M. LABBÉ, *Professeur.*

Suffragants :
MM. BONNIER,
DEMANTE,
BUFNOIR, } *Professeurs.*
LYON-CAEN, *Agrégé.*

Le candidat répondra en outre aux questions qui lui seront
faites sur les autres matières de l'enseignement.

PARIS

TYPOGRAPHIE LAHURE, RUE DE FLEURUS, 9

1873

A MA MÈRE

A TOUS CEUX QUE J'AIME

DROIT ROMAIN.

CHAPITRE I.

DÉFINITION. — DISTINCTIONS. — NOTIONS GÉNÉRALES.

On peut définir le Terme : « le moment de l'avenir, fixé ou non fixé par le calendrier, mais devant certainement arriver, jusqu'où est ajournée, soit l'entière réalisation, soit la cessation des effets d'un rapport de droit[1]. »

Reprenons séparément chacune des parties de cette définition.

« Le moment de l'avenir. » — Le terme ne se rapporte jamais au passé, il regarde toujours et nécessairement le temps à venir. Il a ce point commun avec la Condition. On définit celle-ci : « un événement futur et incertain auquel est su-

1. Conf. Savigny, *System des heutigen Römischen Rechts*, § 125, III. Pothier, *Traité des Oblig.*, 2ᵉ part., n° 228. Ernest Drumel, *Du Terme...*, thèse de Doctorat, p. 1.

bordonnée la formation ou l'extinction d'un rapport de droit. » Le terme et la condition offrent cet autre trait de ressemblance : l'un et l'autre sont des *modalités*, c'est-à-dire des manières d'être spéciales, des particularités qui affectent les actes juridiques, susceptibles de les varier très-diversement, mais ne présentant qu'un caractère accidentel, non essentiel à ces actes. En un mot, on peut toujours les retrancher, sans empêcher l'acte de subsister.

« Fixé ou non fixé par le calendrier. » — Le terme est « fixé » quand on dit, par exemple : « Promettez-vous de me donner 10 sous d'or le 15 janvier prochain; » ou encore : « Promettez-vous de me donner 10 sous d'or aux premières Calendes de mars? » Dans les deux cas, le terme se rapporte à un jour déterminé par le calendrier : c'est, comme nous le verrons, le moment qui suit immédiatement l'expiration de l'époque indiquée.

Le terme est « non fixé » quand on dit, par exemple : « Promettez-vous de me donner 10 sous d'or, quand Titius mourra? »

Dans le premier cas, on est convenu d'appeler le terme *certain* (*dies certus*); dans le second cas, *incertain* (*dies incertus*)[1].

« Mais devant certainement arriver. » — Le

---

1. L. 21 pr., l. 22 pr. quando dies Dig. (xxxvi, 2), l. 38, § 1, de cond. (xxxv, 1), l. 40, § 2, 3, de leg. I (xxx, 1).

terme incertain lui-même ne peut manquer d'arriver. Le doute porte uniquement sur l'époque où il arrivera.

C'est ce caractère de certitude qui distingue le terme incertain de la condition. On trouve bien dans les textes des expressions ou dénominations propres à l'un et à l'autre, *cum* pour le terme, *si* pour la condition ; mais elles sont souvent arbitrairement confondues[1]. Il en est de même des dénominations *dies* et *conditio* qui sont quelquefois prises l'une pour l'autre[2].

Ainsi, lorsque, dans une modalité, l'incertitude porte sur l'événement lui-même, il y a une condition, quelles que soient les expressions employées ; par exemple : Promettez-vous de donner 10 sous d'or, quand vous vous marierez ? La rédaction porte à croire qu'il y a ici un terme. En réalité, il y a une véritable condition, tout comme si on avait dit : Promettez-vous de donner 10 sous d'or, si vous vous mariez ?

C'est en vertu de ce principe qu'il faut voir une condition dans tout événement incertain, qui, s'il se réalise, arrivera à une époque fixe. — Par exemple : Je lègue 10 sous d'or à Titius quand il aura quatorze ans[3]. En effet, ainsi que le remarque Pomponius, il y a dans ce legs non-seule-

1. L. 45, § 3, Dig. de verb. oblig. (xlv, 1).
2. L. 38, § 16, de verb. oblig. (xlv, 1), l. 16, § 1 et 18, de condict. indeb. (xii, 6).
3. L. 22, pr. Dig. quando dies leg. (xxxvi, 2).

ment un terme, mais aussi une condition : si Titius atteint l'âge de quatorze ans. Peu importe, du reste, ajoute le jurisconsulte, qu'on ait dit : « Cum is annorum quatuordecim factus esset ; » ou bien : « Si annorum quatuordecim factus erit. » Dans l'un et l'autre cas, il y a un terme et une condition réunis.

Autre exemple : quelqu'un institue pour héritier soit un Latin Junien, soit un célibataire, à l'époque de sa capacité, *cum capere potuerit*[1].

Dans ce cas, suivant une interprétation favorable, on assimile cette modalité à celle-ci : s'il devient capable. Autrement, l'appelé eût dû, sous peine de perdre la succession ou le legs, acquérir la capacité dans les cent jours de la mort du testateur[2]. Grâce à cette interprétation, il n'est renfermé dans aucun délai pour se mettre en règle ; car, du moment qu'il y a une condition, l'hérédité ne peut être déférée tant que la condition n'est pas accomplie.

Mais ce principe, pour les dispositions de dernière volonté, emprunte certains tempéraments à un autre principe fondamental en cette matière : la volonté du testateur. Nous nous expliquons : lorsqu'un acte de dernière volonté renferme le

---

1. L. 62, pr. de hér. inst. (xxviii, 5), l. 51, de leg. 2 (xxxi, 1).

2. Ulpian. (17, § 1).

terme dont nous parlons, on peut décider qu'il n'y a là, en réalité comme en apparence, qu'un véritable terme ; que le disposant a entendu seulement différer l'exécution de sa volonté jusqu'à un moment fixé. L'application la plus remarquable de cette idée nous est fournie par le fragment 46, *ad S. C. Trebellianum*[1], qui prévoit l'espèce suivante :

Saturninus a institué pour héritier Valerius Maximus en le priant de restituer sa fortune à son fils Oceanus, *cum ad annos sedecim pervenisset ;* Oceanus meurt avant d'avoir atteint l'âge fixé. — A qui appartiendront définitivement les biens, à Maximus, ou à Mallius Seneca, oncle d'Oceanus, et, en cette qualité, son héritier? Javolenus, consulté sur la question, répond que les biens doivent passer à l'héritier d'Oceanus, le fidéicommis ayant eu son *dies cedens* du vivant d'Oceanus : pourvu toutefois qu'il soit reconnu que le testateur, en reculant le moment de la restitution, a voulu uniquement laisser plus longtemps à l'héritier fiduciaire la jouissance des biens[2].

Il y a même des dispositions où, sans qu'il soit besoin de rechercher quelle a pu être l'intention

---

1. Dig. (xxxvi, 1), conf. l. 12, pr. C. de usuf. (iii, 33), l. 5, C. quand. dies (vi, 53), l. 18, § 2, Dig. de alim. leg. (xxxiv, 1).

2. Sans doute cette interprétation favorable, admise d'abord pour les fidéicommis, a été plus tard étendue aux legs (l. 5, C. quando dies leg. (vi, 53).

du testateur, la loi présume cette intention : ce sont les affranchissements testamentaires [1].

Cette exception, due à la faveur inspirée par la liberté, confirme remarquablement notre règle. — En effet, dans les diverses espèces qui s'y réfèrent, on voit que notre modalité, considérée comme un terme à l'égard de l'affranchissement, produit les effets d'une condition à l'égard des autres dispositions renfermées dans le même acte.

Les interprètes ont coutume de résumer les idées que nous venons d'exposer dans les formules suivantes [2] :

Dies certus pour la question *an*, *certus* pour la question *quando*.

Dies certus pour la question *an*, *incertus* pour la question *quando*.

Dies incertus pour la question *an*, *certus* pour la question *quando*.

Dies incertus pour la question *an*, *incertus* pour la question *quando*.

1re formule : l'événement est certain quant à son arrivée et quant à l'époque de son arrivée. — C'est le terme certain.

4e formule : l'événement est incertain quant à son arrivée et quant à l'époque de son arrivée. — C'est une condition [3].

1. L. 16, pr. Dig. de manum. test. (xl, 4), l. 19, Dig. de statulib. (xl, 7).
2. Vid. Savigny, op. cit. (§ 123, 3).
3. Par exemple : lorsque Titius se mariera ou deviendra

2ᵉ formule : il est certain que l'événement arrivera ; le doute ne porte que sur l'époque où il arrivera. — C'est le terme incertain.

3ᵉ formule : on ne sait pas si l'événement arrivera ; mais, s'il arrive, ce sera à une époque fixe[1].

Nous venons de voir que cette modalité, en principe, fonctionne comme une véritable condition ; qu'une exception a été admise pour les actes de dernière disposition ; que, dans ces actes, la modalité est considérée comme un terme, toutes les fois que les circonstances permettent d'interpréter en ce sens la volonté du testateur, qui toujours est la loi suprême, qu'enfin, dans le cas d'affranchissements testame aires, cette présomption est admise de plein droit, indépendamment des circonstances, par suite de la faveur accordée à la liberté.

« Jusqu'où est ajournée, soit l'entière réalisation, soit la cessation des effets d'un rapport de droit. »

Cette dernière partie de notre définition sera approfondie ultérieurement. — Ici, nous ne voulons qu'indiquer les deux espèces de terme qu'elle embrasse.

La fixation de terme peut, de même que la condition, se rapporter au commencement ou à

consul, l. 21, pr. quando dies Dig. (xxxvi, 2), l. 56, de conl. ind. Dig. (xii, 6), l. 8, C. de testam. manum. (vii, 2).

1. Vid. note 2, page 1.

la fin du rapport de droit. — Dans le premier cas, on dit que le terme est *in diem* ou *ex die*, dans le second cas, *ad diem*. L'un est le terme *suspensif* ou *primordial*, l'autre le terme *extinctif* ou *final*, ou *résolutoire*.

En soi, le terme peut être envisagé sous des aspects divers.

Ainsi, on distingue le terme *exprès* et le terme *tacite*. — Le terme est *exprès*, quand il résulte d'une déclaration formelle de volonté ; *tacite*, quand il résulte de l'acte ou de la loi.

On peut citer, parmi les stipulations qui renferment un terme tacite : les stipulations ayant pour objet ou un enfant qui est encore dans le sein de sa mère, ou des fruits à naître, ou une maison à construire, ou une somme à livrer dans un lieu autre que celui où la stipulation est formée ; il en est de même des stipulations ayant pour objet la tradition d'un fonds ou d'un esclave[1]. En effet, pour la tradition d'un fonds, il faut le temps de s'y transporter, afin que le cédant puisse le mettre à la disposition de l'acquéreur. — Quant à la tradition d'un esclave, comme c'est un objet mobilier, on ne conçoit pas, en principe, qu'un terme soit nécessaire. Il faut supposer, avec Doneau[2], le cas exceptionnel où l'avant-dernier

1. l. 73, § 1, Dig. de verb. oblig. (xlv, 1), Instit., § 27, de Inutil. stip. (iii, 19).
2. Comment. de jure civ. lib. xv, cap. ix, v.

maître l'avait cédé à la condition qu'il serait transporté dans un lieu déterminé, et y resterait attaché à perpétuelle demeure.

La stipulation *operarum a liberto*, pour être bien comprise, demande une distinction. Le patron peut stipuler de son affranchi deux sortes d'œuvres ou *operæ* : les *operæ artificiales* et les *operæ officiales*. Les premières, qui se distinguent par leur caractère de généralité (la prestation peut en être faite *a quocunque* et *cuicunque* ; elles passent aux héritiers), ont leur *dies cedens* du jour de la stipulation, mais elles ne peuvent être réclamées par voie d'action qu'après que s'est écoulé le temps nécessaire à leur accomplissement. Les secondes, spéciales à la personne du patron, non susceptibles de passer à ses héritiers externes, n'ont leur *dies cedens* qu'à la date du jour où elles ont été *indictæ*, c'est-à-dire où le patron a déclaré quelle espèce d'œuvres il désirait et pour quelle époque. Elles ne peuvent être réclamées par voie d'action qu'après la demande que le patron en a formée[1].

Ainsi, dans la stipulation des *operæ artificiales*, il y a un terme tacite se rapportant au *dies venit*. Dans la stipulation des *operæ officiales*, il y a deux termes tacites : un premier se rapportant au *dies cedit*, un second se rapportant au *dies venit*.

Le pacte de Constitut offre l'exemple d'un

1. Doneau, comment. de jur. civ., lib. 11, cap. xviii.

terme tacite. Alors même que le constituant n'en a fixé aucun, il lui est accordé de plein droit un délai de dix jours pour s'exécuter. Non, comme le dit Cujas, que cette expression *constituere* implique l'existence d'un terme[1]. Car on peut s'engager à payer une dette préexistante de la façon qu'on préfère, même purement et simplement. Nous pensons, avec Doneau[2] que ce terme est dû à l'initiative éclairée du préteur qui, en déclarant de son chef le constituant obligé, a voulu tempérer cette rigueur par un adoucissement équitable.

Un autre terme tacite important est le délai accordé au mari pour restituer la dot après la dissolution du mariage. D'après le droit classique, le mari doit restituer immédiatement les corps certains, mais il a trois ans pour la restitution des quantités. Les parties sont libres de faire à cet égard des conventions spéciales. Toutefois elles peuvent seulement abréger, non étendre le délai légal[3].

Justinien a introduit en cette matière une double innovation : 1° il rattache la question de la restitution immédiate ou à terme à la distinction des meubles et des immeubles; 2° il change le délai même, décidant que les immeubles à l'ave-

---

1. Comment. sur Paul, *ad edictum*.
2. Comment. de jur. civ., lib. XV, c. ix, n° 12, note 4.
3. L. 14, 15, 16, Dig. de pact. dot. (xxiii, 4).

venir seront restitués immédiatement, les meubles *intra annum*, dans l'année de la dissolution[1].

Enfin le droit Romain admet ce que nous appelons aujourd'hui le terme *de grâce*, qui est le terme accordé au débiteur condamné pour l'exécution du jugement. Ce terme est fondé sur un motif d'humanité. Il paraît avoir été de deux mois dans l'origine[2].

1. L. 1, § 6, C. de rei un. (v, 18).
2. Mais Justinien l'a étendu à quatre mois. L. 31, Dig. de re judic. (xlu, 1), l, 3, C. de usur. rei judic. (vii, 54).

CHAPITRE II.

DES ACTES ET DES CAS OU LE TERME N'EST POINT ADMIS.

On dit quelquefois qu'une modalité (condition ou terme) peut affecter, soit le rapport de droit qu'il s'agit d'établir, soit l'acte juridique au moyen duquel on se propose de l'établir[1]. L'idée en elle-même est assurément exacte, mais les expressions dont on se sert pour la rendre ne le sont peut-être pas tout à fait autant. Car il est certain qu'une modalité, quelle qu'elle soit, n'affecte jamais, en définitive, que le rapport de droit. Il est plus exact de dire qu'il peut arriver qu'une modalité, admise par la nature du droit, soit incompatible avec la nature de l'acte destiné à constituer ce droit; et réciproquement.

Pour le terme, en particulier, nous avons plus d'une preuve de la réalité de cette distinction. Ainsi, par exemple, le droit d'usufruit, par sa nature, comporte l'addition d'un terme; ce qui le prouve, c'est que ce droit peut être légué *ex*

---

1. M. Bufnoir, *Théorie de la condition*, p. 104 et en maint autre passage.

die. Mais si on l'établit par la *cessio in jure*, on ne peut l'affecter d'un terme suspensif[1]. La raison, c'est que l'acte juridique appelé *cessio in jure*, repousse l'insertion d'un pareil terme.

A l'inverse, prenons le droit de propriété. Le legs comporte et le terme *a quo* et le terme *ad quem*. Cependant on ne peut léguer un droit de propriété *ad die*. C'est qu'ici la nature du droit à établir s'oppose à l'insertion du terme. Nous reviendrons en détail sur cette question; nous aurons à examiner, à ce sujet, outre le droit de propriété, les obligations et les servitudes.

Il y a donc des actes juridiques qui n'admettent pas le terme. Suivant la formule reçue à Rome : *actus legitimi diem non recipiunt*.

Voici un texte où Papinien exprime cette règle en la développant :

Loi 77 de diversis regulis juris[3].

Actus legitimi, qui non recipiunt diem, vel conditionem, veluti emancipatio, acceptilatio, hereditatis aditio, servi optio, datio tutoris, in totum vitiantur per temporis vel conditionis adjectionem. Nonnunquam tamen actus suprascripti tacite recipiunt, quæ aperte comprehensa vitium afferant; nam si acceptum feratur ei, qui sub conditione promisit, ita demum egisse aliquid

---

1. § 49, fragm. Vatic.

2. L. 26, C. de leg. (vi, 37). Conf. M. Bufnoir, op. cit., p. 141.

3. Dig. (l, 17).

acceptilatio intelligitur, si obligationis conditio
extiterit; quæ si verbis nominatim acceptilationis
comprehendatur, nullius momenti faciet actum.

Est-il possible de donner, d'après ce texte, une
définition précise des *actus legitimi?* Cela semble
malaisé, et celle de Cujas, qui dit que ce sont
des actes *qui in jure peraguntur, solemni ritu, et
ordine juris*[1], est non-seulement vague, mais
évidemment inexacte. Aussi, en recherchant que.s
actes et pourquoi ces actes n'admettent pas le
terme, nous allons entreprendre une énumération
raisonnée qui vaudra mieux, pour l'intelligence
du sujet, qu'une docte définition.

Pourquoi les actes indiqués par Papinien ne
peuvent-ils recevoir un terme? Voyons d'abord
l'*emancipatio.* Cette opération, dans le principe,
se composait d'une *mancipatio* et d'une *cessio in
jure* combinées[2]. Alors la raison de notre règle
était simple. La *mancipatio* consiste essentiellement dans une affirmation de propriété, résultant
d'un achat effectué : hunc ego hominem ex jure
Quiritium meum esse aio, isque mihi emptus est
hoc ære, æneaque libra[3]. Elle n'est que la fiction d'un fait accompli : or la déclaration d'un
pareil fait ne peut pas ne pas être pure et simple.
De même, la *cessio in jure* est la fiction d'un pro-

1. Ad lib. xxviij, Quæst. Papin.
2. Gaius, com. 1, § 132 et seq. Ulp. lib. regul. x, § 1.
3. Gaius, com. 1, § 119.

cès en revendication; or, si dans un pareil pro-
cès le demandeur se fonde sur un droit non
encore exigible, le magistrat le renverra au moment de l'échéance. D'où il résulte nécessairement que la *cessio in jure* ne peut pas admettre
non plus de terme *a quo*[1].

Ainsi, chacune des deux opérations dont la
combinaison constituait l'*emancipatio*, étant
exclusive du terme, l'*emancipatio* elle-même ne
pouvait l'admettre.

Plus tard, l'*emancipatio* résulte d'une déclaration du magistrat.

Si alors elle subit encore la prohibition du
terme, cela tient à la nature des décisions du
pouvoir judiciaire qui doivent être nécessairement absolues.

Le raisonnement qui précède nous a fait placer
parmi les *actus legitimi* la *mancipatio* et l'*in jure
cessio*, qui ne sont pas comprises dans l'énumération de Papinien. Il résulte de là que cette
énumération n'est pas limitative. L'opinion contraire, soutenue par Doneau[2], n'est pas seulement repoussée par la logique, comme nous
venons de le voir : elle est détruite par le § 320
des fragments du Vatican, lequel déclare exclusifs
de toute condition et, par suite, de tout terme,
à l'instar de la mancipation, deux actes qui ne

---

1. Conf. fragm. Vatic., § 49 : *nulla legis actio prodita
est de futuro.*
2. Comm. de jur. civ. lib. VI, c. xii, n° 2.

sont pas mentionnés non plus dans la loi 77,
savoir la constitution du *cognitor* et le contrat
litteris.

Vient ensuite l'*acceptilatio*. C'est la fiction d'un
paiement accompli[1]. On ne peut évidemment
pas ajourner la déclaration d'un fait actuellement
tenu pour accompli.

Quant à l'*hereditatis petitio*, il faut distinguer.
S'il s'agit de la *cretio*, la solennité même de l'acte
justifie l'exclusion du terme[2]. Mais il est facile
d'expliquer pourquoi l'adition ordinaire d'hérédité ne peut être affectée d'un terme. En effet,
l'héritier externe a, en vertu du testament ou de
la loi, le choix d'accepter ou de répudier l'hérédité; il n'a pas le droit de se placer, de son chef,
dans un parti intermédiaire. D'autant plus qu'il
n'est pas seul intéressé à cette adition : les droits
des créanciers héréditaires y sont étroitement liés.

Cette dernière raison s'applique à l'*optio servi* :
si le choix qui appartient au légataire doit être
pur et simple, c'est que ce choix obligera l'héritier, c'est-à-dire un tiers, et que par suite il serait
incorrect de ne pas renfermer le légataire dans
les termes précis du testament.

Reste la *datio tutoris*. Observons qu'il ne peut
être ici question que de la *datio tutoris* émanée
du magistrat. En effet la *datio* testamentaire com-

1. Gaius, comm. 3, § 167.
2. Gaius, comm. 2, § 164 seq. Ulp. lib. reg. xxii, § 25,
et seq.

porte toute sorte de modalités[1]. La loi s'en rapporte à l'affection du père. A l'égard de la tutelle
déférée par le magistrat, la même raison n'existe
plus. Ajoutons que, si le magistrat eût pu suspendre la tutelle qu'il déférait, il eût fallu, en
attendant l'échéance, faire nommer par un autre
magistrat un tuteur intérimaire. Ce magistrat eût
pu aussi suspendre l'entrée en fonction de ce
tuteur; de sorte qu'on aurait pu avoir plusieurs
tutelles successives, ce qui eût été contraire aux
intérêts de l'impubère.

La loi 77, *in fine*, contient une observation
importante. Supposant une obligation conditionnelle, elle la déclare susceptible d'être éteinte par
acceptilation. Il en faut dire autant de l'obligation
à terme. Du reste, ce qui est vrai de l'acceptilation, l'est également de tous les *actus legitimi*. On
applique ici la maxime : *expressa nocent, non
expressa non nocent*. Les *actus legitimi* sont annulés entièrement par l'insertion expresse d'un
terme; mais si un terme se trouve joint à l'un de
ces actes qui, d'après sa teneur, est pur et simple,
l'acte est valable et le terme produit son effet[2].

— Parcourons maintenant divers cas particuliers
où le droit classique proscrivait impitoyablement
le terme. Nous trouvons d'abord la stipulation
post mortem meam ou *post mortem promittentis*.

1. Instit. 1, xiv, § 3.
2. L. 5 et 12, Dig. de acceptil. (xLvi, 4).

2

Dans cette hypothèse, si le terme eût été maintenu, la créance ou l'obligation n'eût pris naissance que dans la personne des héritiers du créancier ou du débiteur. Les Romains répugnaient à cette idée. *Inelegans esse visum est*, dit Gaius, *ex persona heredis incipere obligationem*[1]. Justinien donne la même raison dans sa constitution : *ab heredibus enim incipere actiones vel contra heredes, veteres non concedebant*[2]. Conséquemment la stipulation était déclarée nulle.

Il en était de même de la modalité : *pridie quam moriar? pridie quam morieris?* Alors on pouvait dire qu'en réalité l'échéance du terme avait lieu du vivant des contractants, et que la créance ou l'obligation commençait dans leurs personnes. Mais les jurisconsultes remarquaient qu'on ne peut connaître qu'après la mort le moment qui l'a précédée. C'était une pure subtilité, dont Gaius avait bien raison de dire : *quod non pretiosa ratione receptum videtur*[3].

C'est pour échapper à ces nullités qu'avait été créée l'*adstipulatio* sur laquelle Gaius nous a laissé de si intéressants détails[4].

En matière de legs, les mêmes règles étaient suivies : étaient nuls les legs conçus *post mortem*

1. Comm. 3, § 100.
2. C. loi unique, ut actiones.... (iv, 11).
3. Comm. 11, § 232.
4. Comm. 3, § 110 seq.

heredis ou *legatarii*, de même *pridie quam morietur heres* ou *legatarius*[1].

Plus tard, le nombre de ces nullités diminua par suite de l'introduction et du développement des fidéicommis[2].

Ce qu'il y a de plus remarquable, c'est que la loi validait et les stipulations et les legs dont l'exécution était ajournée au moment même de la mort soit des contractants, soit de l'héritier ou du légataire. La raison, à laquelle les jurisconsultes tenaient beaucoup, était que le moment de la mort est le dernier moment de la vie.

Justinien a supprimé ces subtibilités. Dans une constitution de l'an 528[3], il déclare valables à l'avenir les stipulations et les legs soumis à de pareilles modalités : « omnia quæ vel quocunque contractu stipulati sunt..... vel testator in suo testamento disposuerit ;... nihilominus pro tenore contractus vel testamenti valere præcipimus. »

Le legs *cum moriar*, dans l'ancien droit, n'était pas validé, car nul ne peut disposer par testament pour un temps qui doit précéder son décès, mais seulement pour le temps qui le suivra, *post mortem*; un pareil legs n'était maintenu que quand

---

1. Inst. 2, xx, § 35.
2. Gaius, comm. 2, § 277 seq.
3. C. 2, de contrah. et commit. stipul. (viii, 38), comp Instit., xx, § 34. L. 1, C. ut actiones...,(iv, 2).

il conférait la liberté, à cause de la faveur dont les affranchissements étaient l'objet[1].

Mais sous Justinien on dut se relâcher de cette interprétation rigoureuse, et valider le testament, comme si le testateur eût écrit : *post mortem meam*.

Une autre réforme du même empereur se rapporte à la *stipulation prépostère*. Lorsqu'une stipulation contenait à la fois un terme et une condition, et que l'échéance du terme était fixée à une époque antérieure à l'événement de la condition, cette stipulation était dite prépostère. Par exemple : « Promettez-vous de me donner 10 sous d'or aujourd'hui, si tel navire revient demain d'Asie? » La stipulation était nulle. L'empereur Léon décida que les constitutions de dot effectuées au moyen d'une pareille stipulation seraient maintenues, en ce sens qu'on y supprimerait le terme pour n'y laisser que la condition. Justinien a étendu cette décision à toutes les stipulations[2].

Dans l'ancien droit on ne pouvait stipuler un fait sous la modalité *cum reus promittendi morietur*. On supposait que, dans la pensée des parties, le fait, objet du contrat, devait être accompli par le promettant lui-même, et, cet accomplissement étant impossible au moment de sa

1. L. 18, § 1, Dig. de man. testam. (XL, 4), conf. Savigny, *System. ubi supra.*
2. Instit. 14, de Inutil. stip. (III, 19).

mort, la stipulation était déclarée nulle. Du reste,
la même modalité, ajoutée aux stipulations de
donner, ne leur ôtait rien de leur validité[1]. Il y
avait là encore une subtilité; car si celui qui a
promis un fait au moment de sa mort, ne peut à
cet instant le consommer, il peut, juridiquement
du moins, le commencer, sauf à ses héritiers à le
terminer. Aussi Justinien, proscrivant justement
ces distinctions raffinées, déclare : que dorénavant il n'y aura plus aucune différence entre la
stipulation de donner et la stipulation de faire;
que dans l'une et l'autre le terme *cum morietur
reus promittendi* sera observé, et que l'obligation
passera aux héritiers du débiteur. Il a étendu
aux legs cette disposition[2].

Même après cette constitution, Doneau soutenait qu'il fallait déclarer nulles, comme autrefois,
les stipulations ayant pour objet un fait indivisi-
ble, qui, n'étant pas susceptible d'une exécution
partielle, ne pouvait être accompli que par le pro-

1. Sans doute en considération de la nature de l'acte de
payer qui, étant instantané, n'est pas absolument impossible
de la part d'un mourant, et qui dans tous les cas peut être
accompli par l'héritier sans perdre de sa valeur ou changer
de caractère, tandis que tout autre fait, un voyage par
exemple, est une action toute personnelle. Si l'acte promis
au moment de la mort, sans être personnel, exigeait un
certain temps, comme la construction d'une maison, acte
que l'héritier pouvait seul accomplir, la stipulation était
nulle.

2. C. l. 13 et 15 de contrah. et com. (VIII, 38).

mettant. Il citait comme exemple cette stipula-
lation : « Promettez-vous de *venir* à Alexandrie,
quand vous mourrez ? » Nous ne voyons là
qu'une subtilité. Les termes de la constitution
sont généraux. En outre, ce qui prouve que Doneau tournait au raffinement, c'est qu'il déclarait
valable par contre une stipulation ainsi conçue ;
« Promettez-vous d'*aller* à Alexandrie, quand
vous mourrez? » Or, de bonne foi, comment ne
pas attribuer les mêmes effets à deux conventions
qui ne diffèrent que parce qu'on s'est servi dans
l'une du mot *venir*, dans l'autre du mot *aller?*

Enfin les textes mentionnent plusieurs cas où
l'addition d'un terme ne pouvant aucunement se
justifier, a toujours entraîné la nullité de l'acte.

Ce sont :

La promesse de dot faite par une femme *cum
morietur*[1]. En effet, la dot étant destinée à subve-
nir aux charges du mariage, elle est inutile au
moment où elle devient exigible. Il paraît que
Julien admettait la validité d'une semblable stipulation ; mais la grande majorité des jurisconsultes la déclaraient non avenue[2] ;

La constitution d'usufruit faite sous cette modalité : quand mourra le bénéficiaire[3], car l'usu-

1. Comm. ad leg. 46, de V. O., telle paraît être encore
l'opinion de Savigny, *ubi supra.*
2. L. 76, *in fine* et 20, Dig. de jure dot. (xxiii, 3).
3. L. 51, Dig. de Usuf. (vii, 1), l. 5, Dig. de Usuf. leg.
xxxiii, 2).

fruit, devant naître et s'éteindre au même moment, ne pouvait exister pendant un instant de
raison. La constitution était donc nulle, soit
qu'elle eût lieu par contrat ou par legs;

L'affranchissement reculé jusqu'à la mort de
l'esclave, ou jusqu'à un terme si éloigné qu'il ne
vivra certainement pas à l'échéance. L'argent peut
se transmettre aux héritiers, mais la liberté ayant
une valeur essentiellement personnelle, la disposition n'a plus de but. Conséquemment les jurisconsultes l'annullent, supposant que le testateur n'a pas eu sérieusement l'intention d'affran-
chir[1].

Il faut généraliser cette dernière solution et
décider qu'un rapport de droit affecté d'un terme
impossible ne prend pas de commencement, qu'il
s'agisse d'un contrat ou même d'un testament.
L'acte est annulé parce que la fixation d'un terme
impossible est considérée comme une preuve que
cet acte n'avait rien de sérieux. Au contraire la
condition impossible est réputée non écrite dans
les actes de dernière volonté. La raison de cette
différence se tire de l'absence d'affinité entre le
terme impossible et la condition immorale. Car
la règle qui valide les testaments affectés d'une
condition impossible était admise d'abord uniquement pour les conditions immorales; ce n'est que

1. L. 4, § 1, Dig. de statulib. (XL, 7), l. 61, pr. Dig. de
manum. test. (XL, 4), conf. Savigny, *System*, § 124, 3.

plus tard qu'elle a été étendue aux conditions impossibles par suite de l'affinité que présentent
celles-ci, au moins les conditions *relativement*
impossibles, avec les conditions immorales. Nous
regrettons ce laconisme qui nous est imposé par
le cadre de cette étude, mais cette courte explication suffit pour faire voir que nous adoptons
complétement la savante théorie de Savigny sur
les conditions impossibles.

CHAPITRE III.

RÈGLES SPÉCIALES AUX TESTAMENTS.

La loi des Douze Tables a consacré le principe de l'entière liberté du testateur : *uti quisque legassit super pecunia suæ rei, ita jus esto.* Mais ce principe souffre des exceptions. Ainsi l'institution d'héritier ne peut se faire *ex die certo.* Le motif en est dans la maxime : *nemo paganus partim testatus, partim intestatus decedere potest.* Si, en effet, on eût validé l'institution d'héritier *ex die certo*, il eût fallu déférer l'hérédité aux héritiers *ab intestat* jusqu'à l'arrivée du terme, et la maxime eût été violée. Aussi le *dies a quo*, s'il y en a, est réputé non écrit, et le droit de l'héritier commence immédiatement après la mort[1]. Au contraire, la condition *ex qua*, ou suspensive, est admise dans l'institution d'héritier. La raison en est simple : tant que la condition n'est pas accomplie on a l'espoir que la succession testamentaire sera déférée, et cela suffit pour écarter la délation de l'hérédité *ab intestat*. Il faut considérer, en outre, que la condition accomplie remonte au

1. Instit., n° 14 (ix, 11), l. 34, Dig. de hered. inst. xxviii, 5).

jour du décès ; or, en appliquant ce principe au *dies* on obtient identiquement le même résultat qu'en le déclarant non écrit.

Observons que les militaires qui peuvent mourir partie testat, partie intestat, peuvent, par suite, instituer un héritier *ex die* [1].

Pareillement, l'institution d'héritier ne peut être soumise ni à un terme final *dies ad quem*, ni à une condition résolutoire ; toute disposition de ce genre est réputée non écrite, et on ne distingue pas entre la condition et le terme. Cela tient à la règle que l'hérédité, une fois acquise, l'est pour toujours, règle qu'on formule souvent ainsi : *semel heres, semper heres* [2]. Ici encore les militaires jouissent d'un privilège spécial ; ils peuvent instituer un héritier *ad diem* ou *ad conditionem* [3].

Ces diverses règles, concernant la prohibition du terme dans les institutions d'héritier sont aisément éludées depuis l'introduction des fidéicommis, notamment pour le terme final. Rien n'empêche, par exemple, le testateur qui veut instituer un héritier *ad diem*, de le charger de rendre, à l'arrivée du *dies*, la succession à l'héritier du sang.

Toutefois, il importe de remarquer que par ce

1. L. 15, § 4, Dig. testam. mil. (xxix, 1).
2. L. 88, de hered. inst. Dig. (xxviii, 5), l. 3, § 2, de lib. et post. Dig. (xxviii, 2).
3. L. 15, § 4, de test. mil. Dig. (xxix, 1).

moyen le testateur n'arrivera pas identiquement aux mêmes résultats que par une institution directe *ad diem*. En effet, tandis que l'institution d'héritier écarte complétement ceux à qui elle enlève l'hérédité, à moins qu'ils ne soient légitimaires, le fidéicommis laisse à ceux qui en sont grevés la quarte Pégasienne[1].

Le legs, à la différence de l'institution d'héritier, admet le *dies a quo* ou terme suspensif. Le legs à terme, comme le legs pur et simple, a son *dies cedens* du jour du décès du testateur[2]; l'exigibilité seule en est retardée jusqu'à l'arrivée du terme. C'est ce qu'on exprime en disant : « dies legati cessit, sed nondum venit. »

Quant au terme final, nous retrouvons dans les legs les mêmes règles que dans les institutions d'héritier. Ils ne peuvent être soumis ni à une condition résolutoire ni à un terme extinctif, *dies ad quem*. On peut distinguer deux cas :

1° S'il s'agit d'un *damnationis legatum*, et que le légataire ait négligé d'intenter son action dans le délai fixé, l'obligation de l'héritier n'est pas éteinte par cette sorte de prescription[3]. Seulement il n'est pas douteux que le préteur accorde une *exceptio doli* contre la demande tardive du léga-

---

1. Conf. M. Buffnoir, op. cit., p. 232, n° 3.
2. L. 1, § 1, Dig. de cond. et dem. (xxxv, 1).
3. L. 85, de leg. Dig. 1 (xxx, 1), l. 44, § 1, de oblig. et act. Dig. (xliv, 7).

taire, comme cela est dit expressément pour les stipulations[1].

2° S'il s'agit d'un *vindicationis legatum*, ou si le *damnationis legatum* est déjà acquitté, l'arrivée du terme ne fait pas restituer le legs à l'héritier. Cela tient à ce que le légataire ne peut être lui-même chargé d'un legs et que la restitution ordonnée, si elle était effectuée, aurait ce résultat[2]. L'introduction des fidéicommis a effacé cette dernière prohibition. Cependant, même depuis ce moment le retour à l'héritier ne s'opère pas, quand c'est dans un legs que le testateur le décrète; il faut, pour que sa volonté à cet égard soit exécutée, qu'il emploie les termes sacramentels du fidéicommis. Ainsi, il n'y a là qu'une question de forme. Justinien, écartant la rigueur du droit primitif, décide justement que les vices de forme ne nuiront plus à l'avenir et que tout legs renfermant un terme final sera traité comme un fidéicommis[3]. Au surplus, nous reviendrons longuement sur cette importante question lorsque nous nous occuperons du rôle que joue le *dies ad quem* dans les actes qui engendrent l'obligation de transférer la propriété.

Jusqu'ici nous n'avons examiné que le terme certain. Considérons maintenant le terme incer-

---

1. L. 56, § 4, de V. O. (XLV, 1), l. 44, § 1, de O. et A. (XLIV, 7).
2. Ulp. lib. reg., XXIV, § 20; Gaius, comm. II, § 271.
3. L. 26, C. de leg. (VI, 37).

tain. Nous trouvons d'abord un principe capital
formulé par l'apinien[1] :

Dies incertus conditionem in testamento facit.

Recherchons le sens, puis la raison de cette
règle :

Appliquée aux legs, la règle peut ainsi se tra-
duire : tout legs qui renferme un terme incertain
n'a son *dies cedens* qu'à l'arrivée du terme, et,
par suite, ne produit ses effets que si, à ce moment, le légataire est encore vivant. Les textes
expriment tous cette idée (vivo eo; legatario vivo;
si legatarius antè decesserit, etc.). Ainsi, dans
tout legs à terme incertain il y a cette condition :
si le légataire existe à l'arrivée du terme.

La raison de la règle se tire d'une interprétation de la volonté du testateur. On suppose qu'il
a entendu subordonner l'efficacité du legs à la
condition que le légataire sera encore vivant à
l'époque incertaine de l'arrivée du terme. C'est
ce qu'atteste notamment, quoique d'une manière
implicite, la loi 13, *quando dies leg.* de Pomponius[2]. Ce jurisconsulte suppose un legs ainsi
conçu : je donne à un tel, soit que tel événement
arrive ou n'arrive pas. Il est certain qu'il arrivera
une chose ou l'autre, mais on ne sait pas si ce
sera du vivant du légataire[3].

---

1. L. 75 de cond. et dem. Dig. (xxxv, 1).
2. Dig. (xxxvi, 2).
3. Vid. sic Pépin. l. 79, § 1, D. de cond. et dem.
(xxxv, 1).

Cette explication est confirmée par la solution que donnent les jurisconsultes dans le cas où le terme incertain doit nécessairement échoir du vivant du légataire. Voici l'unique exemple rapporté par les textes : je lègue à Titius, quand il mourra, loi, pas de doute que l'arrivée du terme n'ait lieu du vivant du légataire; aussi le legs ne sera plus conditionnel, mais il aura son *dies cedens* dès le moment de la mort du testateur[1].

À l'égard de l'institution d'héritier le sens de la règle est clair : l'institution à terme incertain est traitée comme une institution conditionnelle. Par suite, si, à l'arrivée du terme, l'institué est encore vivant et capable, il recueille la succession; sinon, le décès antérieur de l'institué l'aura fait ouvrir définitivement au profit des héritiers *ab intestat.*

Quant à la raison de cette différence entre le terme certain et le terme incertain, il est moins aisé de la donner. On a dit[2] que le caractère essentiellement personnel des successions devait faire prédominer dans le terme incertain l'élément d'incertitude et le transformer en la condition de survie de l'institué à l'arrivée du terme. Mais cette explication ne résiste pas à un examen attentif : en effet, en matière d'institution d'héri-

<hr>

1. L. 79, pr. de cond. et dem. Dig. (xxxv, 1), l. 4, § 1, quando dies leg. (xxxvi, 2).

2. Savigny, *System*, § 118 et 126, 2.

tier, nous n'avons plus comme pour le legs, de
dies cedens qui rende le droit transmissible à
partir du décès du testateur. La condition de
survie de la part de l'institué est donc aussi indispensable en cas de terme certain qu'en cas de
terme incertain, et, à ce point de vue, il eût fallu
traiter comme conditionnelle l'institution d'héritier même *ex die certo*.

La vraie raison, selon nous, se tire de la combinaison de la maxime : *nemo paganus partim
testatus, partim intestatus decedere potest*, avec
ce principe fondamental : la volonté du testateur.

En effet, lorsque l'institution d'héritier est faite
ex die certo, la maxime *nemo paganus....* est manifestement violée par le testateur. Il a voulu
déférer sa succession, d'abord aux héritiers
ab intestat, puis aux héritiers institués : aucun détour, aucune interprétation ne peut enlever à sa disposition son caractère d'illégalité, et,
dès là, on ne peut pas la respecter, au moins
dans son entier. Mais lorsque l'institution a été
faite *ex die incerto*, il est permis de dire : le
terme peut arriver d'un moment à l'autre; dès là
qu'a voulu le testateur? Uniquement suspendre la
délation de sa succession jusqu'à l'arrivée du
terme. Par conséquent rien n'empêche de maintenir le terme et de lui laisser produire ses
effets[1].

1. Conf. MM. Demangeat, Cours élément. de dr. rom.,

Cette explication étant admise, nous ne serons point embarrassé par la constitution des empereurs Dioclétien et Maximien[1] qui porte :

Entraneum etiam, quum moreretur, heredem scribi placuit.

Ici l'arrivée du terme incertain aura lieu nécessairement du vivant de l'héritier ; l'espèce est donc analogue à celle de la loi 79, relative aux legs, ci-devant développée. Mais nous ne donnerons pas la même solution. En effet, bien que l'événement doive se produire du vivant de l'héritier, il peut arriver d'un moment à l'autre. Cela permet de dire que dans la pensée du testateur cette incertitude devait empêcher le délation de la succescession aux héritiers du sang ; par suite on décide que sa volonté sera respectée.

Pour les auteurs qui expliquent notre règle par la nécessité de la survie de l'institué à l'arrivée du terme, ce texte tel quel ne peut se concevoir, car, comme il est certain que le terme arrivera du vivant de l'héritier, il n'y a là qu'une institution pure et simple. Aussi, proposent-ils de mettre *quis* dans le texte[2]. Cette interpolation est inadmissible, d'abord parce qu'elle est, selon nous, parfaitement inutile, et ensuite parce qu'elle n'est autorisée par aucun manuscrit.

t. 1, p. 656-657 ; Rufnoir, op. cit., p. 12 ; Labbé, à son cours.

1. C. l. 9, de hered. inst. (vi, 24).

2. Conf. M. Ortolan, Explic. des Ins., t. II, n° 739.

CHAPITRE IV.

DU TERME DANS LES OBLIGATIONS.

—

SECTION I.

DU TERME SUSPENSIF.

Nous avons défini le Terme Suspensif ou Primordial : « Le moment de l'avenir, fixé ou non fixé par le calendrier, mais devant certainement arriver, jusqu'où est ajournée l'entière réalisation des effets d'un rapport de droit. »

Nous venons de voir comment fonctionne le Terme Suspensif dans les actes de dernière volonté. Mais là il est soumis à des règles particulières ; ainsi, le terme incertain est assimilé à la condition. Le terme certain lui-même n'est pas admis dans les institutions d'héritier. Il ne peut être valablement ajouté qu'aux legs. Alors, seulement, le terme apparaît avec son caractère propre, et notre définition lui est pleinement applicable. Les règles que nous avons indiquées à cet endroit, nous allons les retrouver dans les obligations, et, en les développant avec méthode, construire la théorie du Terme Primordial ou Suspensif.

3

Suivant l'habitude des Romains eux-mêmes, nous prendrons pour type le terme certain, en observant que le terme incertain est soumis absolument aux mêmes règles.

Toute Obligation, en principe, c'est-à-dire toute Obligation pure et simple produit deux effets distincts : un *droit* et la faculté d'exercer ce droit, ou *action*. Lorsqu'une obligation à terme est créée, immédiatement le droit existe, mais l'exercice en est ajourné à l'arrivée du terme. Cette doctrine ressort avec une parfaite netteté de tous les textes qui s'attachent à préciser les caractères de l'obligation *in diem*. Præsens obligatio est, in diem autem dilata solutio[1]; ailleurs : ubi in diem obligatio est, non venit dies, cessit tamen[2].

Ainsi, l'obligation pure et simple et l'obligation à terme engendrent l'une et l'autre, dès qu'elles sont formées, un droit. Seulement, le créancier, en vertu de la première, peut agir sans délai ; en vertu de la seconde, il est tenu d'attendre l'arrivée du terme.

Il ne faut pas croire que le droit, sans l'exercice de ce droit, soit inutile, et que, par suite, l'obligation à terme, jusqu'à l'échéance, soit sans effet. Ainsi :

1° L'obligation *in diem* peut faire l'objet d'une novation et devenir par là pure et simple[3];

1. L. 46, Dig. de V. O. (xLv, 1).
2. L. cedere, Dig. de verb. signif. (L, 16).
3. L. 1, l. 3, Dig. de noval. (xLvI, 2).

2° Elle peut, de même, faire l'objet d'un pacte de Constitut[1] ;

3° Une dette *in diem*, lorsqu'elle a été acquittée par erreur avant l'échéance, ne peut être répétée[2].

Nous reviendrons sur ces trois effets qui se produisent tous au profit du créancier. Quant au débiteur, l'obligation *in diem* lui offre un avantage ; c'est qu'il peut, s'il lui plaît, payer avant l'échéance, et, du même coup, se libérer[3].

Du reste, ce serait une erreur de croire que les effets que nous venons d'énumérer n'aient d'importance qu'en théorie, et qu'une créance à terme, entre les mains du titulaire, soit un bien sans valeur, tant qu'il est dépourvu du droit d'en réclamer le payement. En effet, non-seulement la créance à terme existe dès à présent ; mais elle a dès à présent une valeur qu'il est aisé d'apprécier au moyen d'un calcul d'escompte. Aussi, le titulaire peut se procurer la jouissance immédiate de cette valeur, en aliénant son droit. C'est ce qu'exprime formellement Ulpien, dans son commentaire sur l'édit du préteur :

« Nomina eorum qui sub conditione vel in diem debent, et emere et vendere solemus ; ea enim res est quæ emi et venire potest[4]. »

---

1. L. 8, § ult. et l. seq., Dig. de pecun. const. (XIII, 5).
2. L. 10, diem Dig. de cond. indeb (XII, 6).
3. Conf. Doneau, comm. de jur. civ. lib. XV, c. VIII, n° 6.
4. L. 17, Dig. de hered. vel act. vend. (XVIII, 4).

Bien plus, la circonstance que le créancier ne pourrait pas survivre au terme à cause de son éloignement, n'enlève à son droit rien de sa certitude ; car outre qu'il peut disposer de ce droit ou le faire entrer dans ses calculs et dans ses arrangements pour l'avenir, il le transmettra avec sa succession à ses héritiers[1].

Ces principes posés, nous allons examiner en détail les effets du terme à l'égard du débiteur et du créancier avant l'échéance, puis les droits de l'un et de l'autre après l'échéance.

I. — Et d'abord, quels sont les effets du terme à l'égard du débiteur, avant l'échéance ?

En principe, le terme est censé ajouté dans l'intérêt du débiteur. D'où cette conséquence que le débiteur est maître de renoncer au terme et de payer tout de suite : *quod certa die promissum est, vel statim dari potest : totum enim medium tempus ad solvendum promissori liberum relinqui intelligitur*[2].

Mais il peut se faire que le terme soit inséré dans l'intérêt du créancier. C'est ce qui a lieu dans le dépôt, où le terme est de plein droit présumé stipulé en faveur du déposant. De même, dans les fidéicommis, le terme peut se trouver

____

1. Vid. l. 46, pr. de V. O. (xlv, 1), l. 21, pr. quando dies Dig. (xxxvi, 2), conf. Savigny, *System*, § 126, texte et note *a*.

2. L. 7, Dig. de sol. et lib. (xlvi, 3), l. 18, de ann. leg. (xxxiii, 1), l. 41, § ult. de V. O. (xlv, 1).

établi au profit du créancier, soit en vertu de la
volonté reconnue du testateur, soit même quelquefois en vertu d'une présomption de la loi.

En général, il faut rechercher, dans ces dispositions, si le terme a été ajouté dans l'intérêt de
l'héritier, auquel cas il gardera les fruits, ou dans
l'intérêt du légataire ; dans cette dernière hypothèse, l'héritier devra restituer tous les fruits par
lui recueillis jusqu'à l'échéance.

Dans le cas particulier où le fidéicommissaire
est un impubère, la loi présume que le terme a été
ajouté dans son intérêt, ainsi que cela résulte d'un
fragment de Pomponius[1].

Un autre jurisconsulte, Javolenus, donne la
raison de cette présomption : « On a craint, dit-il,
que le fidéicommissaire, à cause de son âge, fût
hors d'état de gérer convenablement sa fortune.
Et si l'héritier la lui restituait avant le terme, ces
biens devant être perdus, l'héritier ne serait pas
libéré par cette restitution anticipée[2]. »

Ainsi donc, lorsque, par exception, le terme a
été ajouté dans l'intérêt du créancier, celui-ci peut
refuser de recevoir le paiement avant l'échéance.
Et si le débiteur l'effectue *pendente die*, il ne sera
pas libéré.

Dans un cas spécial, cette doctrine paraît difficile à soutenir. Il s'agit du *mutuum* d'une somme

1. L. 43, § 2, Dig. de leg. 2. (xxxi).
2. L. 18, Dig. de ann. leg. (xxxiii, 1).

d'argent. Si on suppose que le prêteur a stipulé un terme d'un an, par exemple, et des intérêts, le débiteur ne pourra-t-il se libérer *pendente die*, en offrant les intérêts de toute l'année ? Voet[1] admet l'affirmative, sans donner, du reste, aucune raison à l'appui de son opinion. Nous pensons que la négative est plus conforme aux principes. Du moment, en effet, que le créancier a stipulé, dans son intérêt exclusif, que la restitution n'aurait lieu qu'à une certaine époque, permettre au débiteur de l'opérer auparavant serait violer manifestement la convention. Cette seule considération détruit le motif que pourrait alléguer l'emprunteur, à savoir que la restitution, dans les conditions où il l'offre, aura pour le créancier exactement les mêmes effets que s'il l'eût effectuée à l'échéance.

Le débiteur, en principe, est maître de s'acquitter avant l'arrivée du terme. Mais s'il vient à payer par erreur dans l'entre-temps, ne peut-il pas recouvrer ce qu'il a versé au moyen de la *condictio indebiti*? Si, suivant les principes ci-devant établis, la dette à terme existe dès à présent en tant que dette, et n'est différée qu'en ce qui concerne l'exécution, il faut répondre négativement. — Telle est, en effet, la décision rapportée par Paul : « In diem debitor adeo debitor est, ut ante diem solutum repetere non possit[2]. »

1. Ad Pandectas, De reb. cred., n° 20.
2. L. 10, Dig. de condict. indeb. (XII, 6).

Ici nous rencontrons un texte qui a tourmenté les interprètes ; c'est la loi 16[1], § 1, ainsi conçue :

« Quod autem sub incerto die debetur, die existente, non repetitur. »

Il résulte de là, *a contrario*, que le débiteur peut recouvrer ce qu'il a payé *die non existente*, en un mot, avant l'échéance. Or, nous venons de voir précisément le contraire.

Cujas[2] lève la difficulté en proposant de lire : die *non* existente.

Cette correction, très-ingénieuse à la vérité, est trop arbitraire pour être admise. Outre qu'aucun manuscrit ne l'autorise, voici une explication très-simple qui a le mérite de laisser le texte intact :

Il est question, dans la loi 16, d'un *dies incertus*. Eh bien ! il faut voir là non un terme, même incertain, mais une véritable condition[3]. Et alors, se rapportant à une dette conditionnelle, le § 1 est exact et en parfait accord avec le *proemium* de la même loi.

Deux observations corroborent cette explication :

D'abord nous trouvons plus d'une fois, dans les lois Romaines, l'expression *incertus dies* prise dans le sens de *condition*[4].

1. Ibidem.
2. Observ. lib. XIII, c. xx.
3. Conf. Savigny, *System*, § 126, note h;
4. L. 38, § 16, Dig. de V. O. (xLv, 1); l. 45, § 3, eod. loc.

Secondement, la loi 16, ainsi entendue, est en parfaite harmonie avec les deux lois qui viennent ensuite. Dans chacun de ces textes empruntés à Ulpien, il est question d'une modalité qui, sous la forme d'une condition, n'est autre chose qu'un véritable terme. D'où il résulte évidemment que les compilateurs ont voulu opposer l'une à l'autre ces deux hypothèses, parfaitement analogues, mais distinctes.

Ainsi, le débiteur à terme qui a payé *pendente die* n'est pas recevable à se prévaloir de son erreur. Mais supposons qu'il s'acquitte avant l'échéance de propos délibéré : en pareil cas, ne peut-il obtenir une réduction pour l'avantage que procure au créancier cette restitution anticipée ? Car, si le créancier a droit à des intérêts, à titre de dédommagement, quand le débiteur, en retenant l'argent qu'il lui doit, le prive de l'usage qu'il en pourrait faire, un dédommagement semble dû, par un juste retour, au débiteur, qui, en devançant le terme, se prive volontairement d'une valeur d'usage, et la procure au créancier. Ce bénéfice, qui résulte de l'usage du capital dans le délai accordé au débiteur, soit au profit de celui-ci, s'il le garde, soit au profit du créancier, s'il le lui rend avant le terme, est ce que les Romains appellent *interusurium, repræsentatio, commodum temporis medii vel repræsentationis*, et ce que nous appelons proprement *escompte*, dans le langage moderne[1].

1. Conf. M. Maynz, Cours de dr. rom., t. II, § 270.

Il faut répondre négativement : le débiteur qui paye volontairement avant l'échéance, n'a pas le droit de retenir l'*interusurium*. La solution contraire n'est équitable qu'en apparence; car si le débiteur est maître de renoncer au bénéfice du terme, il ne peut justement faire retomber sur le créancier les conséquences de cette renonciation : on conçoit que le créancier profite, non qu'il souffre d'une restitution qu'il n'a pas demandée.

Au surplus, la première solution est consacrée expressément par la loi[1].

Une exception a été admise dans le cas où le mari, à la dissolution du mariage, ne peut fournir les sûretés promises, en attendant l'arrivée du terme que la loi lui accorde pour la restitution de la dot. Le juge alors est tenu de le condamner à une restitution immédiate, après avoir préalablement déduit l'*interusurium*. Cette disposition est fondée sur un motif d'équité. Ce qui le prouve, c'est que le mari n'a droit à la retenue qu'autant qu'il n'y a pas mauvais vouloir de sa part. Du reste, la femme n'est pas recevable à dire qu'elle aime mieux attendre l'échéance que de subir une déduction[2].

En résumé qu'il s'acquitte volontairement ou par erreur, avant l'arrivée du terme, le débiteur n'a rien à réclamer. Il n'en est pas de même des

1. Vid. pour les obligations, l. 122, pr. Dig. de V. O. (xlv, 1), et pour les legs, l. 88, § 5, Dig. de leg. 2 (xxxi).
2. L. 24, § 2, solut. matrim. Dig. (xxiv, 3).

tiers, par exemple les créanciers autres que celui qu'il a satisfait. A ce sujet, nous avons deux questions à examiner :

1° Lorsque le débiteur a payé un de ses créanciers avant le terme, les autres peuvent-ils diriger contre ce créancier l'action Paulienne ?

La réponse est aisée. L'action Paulienne est donnée aux créanciers contre tous les actes faits par leur débiteur en fraude de leurs droits, c'est-à-dire toutes les fois qu'il leur cause sciemment un préjudice, soit qu'il se mette en état d'insolvabilité, soit qu'étant déjà dans cet état, il l'aggrave. Or, dans l'espèce, il leur fait perdre le bénéfice de l'*interusurium*, dont l'importance varie en raison de l'étendue du délai qui lui a été concédé. Aussi la loi accorde-t-elle expressément aux créanciers l'action Paulienne à l'effet de se faire remettre l'*interusurium*. Il n'est pas nécessaire que le créancier désintéressé par anticipation ait été *conscius fraudis*, ce bénéfice constituant à son égard une véritable donation[1].

Nous ne trouvons pas de décision dans les textes pour le cas où le créancier, en recevant son payement, connaîtrait la fraude. Les principes conduisent à dire que, dans cette hypothèse, il sera tenu de restituer la somme entière qu'il aura touchée.

---

1. L. 10, § 12, l. 17, § 2, Dig. quæ in fraud. credit. (XLII, 8).

2° Un créancier *in diem* est-il recevable à exercer l'action Paulienne ?

A défaut de texte, il nous semble qu'on peut tirer, en faveur de l'affirmative, un argument d'analogie très-sérieux de la loi *Ælia-Sentia*. Cette loi, en effet, s'occupant spécialement des affranchissements faits en fraude des titres des créanciers, accorde à tous indistinctement le droit d'en poursuivre l'annulation. Il est dit expressément que l'action en nullité appartient aux créanciers à terme[1]. Or, les règles de la loi Ælia-Sentia et celles de l'action Paulienne, se rattachant à un principe commun, il est logique de les compléter les unes par les autres. D'autant plus qu'au fond les mêmes raisons de justice militent dans tous les cas auxquels se rapportent ces deux ordres de règles.

De tout ce qui précède, il résulte que le payement anticipé ne produit pas tous les effets du payement effectué à l'échéance du terme.

Une autre différence apparaît, dans le cas où la dette étant garantie par un fidéjusseur, celui-ci paye le créancier *pendente die*. Pourra-t-il recourir immédiatement contre le débiteur principal ? Non[2]. Cela est juste. Car il ne peut dépendre du fidéjusseur d'enlever au débiteur le bénéfice du terme. Peu importe, du reste, que le fidéjus-

---

1. L. 27, pr. Dig. qui et a quib. manum. (xL, 9).
2. L. 22, § 1, Dig. mandat. vel contra (xvii, 1).

se ir ait effectué le payement volontairement ou par erreur. Dans tous les cas, il doit attendre, pour exercer son recours, l'arrivée du terme[1].

Le débiteur peut payer, en principe, dans l'entre-temps. Mais il a d'autres moyens de renoncer au bénéfice du terme.

D'abord le pacte de Constitut. Le débiteur peut toujours s'obliger pour une époque plus rapprochée : *sed et si citeriore die constituat se soluturum, similiter tenetur*[2]. Ici, nous rencontrons une question sur laquelle les jurisconsultes n'étaient pas d'accord : si la dette primitive est civile ou prétorienne, le débiteur peut-il, par un pacte de constitut, s'engager à la payer au même terme? Lorsque la dette primitive est naturelle, la validité du pacte de constitut ne peut être mise en doute, car il a du moins cette utilité de munir d'une action une obligation qui en était dépourvue. Mais, dans l'espèce, où est l'avantage du pacte? Aussi, tandis que Labéon, Pedius, Ulpien même, admettent la validité du pacte, d'autres jurisconsultes le déclarent nul et non avenu[3]. Justinien, dans une constitution[4], tranche le différend, en déclarant le pacte valable dans tous les cas. On peut dire, pour justifier cette décision,

1. L. 81, Dig. mand. vel contr. (xvii, 1), l. 31, Dig. de fidejus. (xLvi, 1).
2. L. 4, Dig. de pec. const. (xiii, 4).
3. L. 3, § 2, Dig. de pec. const. (xiii, 4).
4. L. 2, pr. C. constit. pecun. (iv, 18).

que le pacte engendre le plus souvent une action
au moins différente de l'action inhérente à l'obligation primitive.

Le débiteur peut encore léguer purement et
simplement l'objet qu'il ne s'est engagé à fournir
qu'après un certain temps. Le legs alors est valable, car si l'objet est le même, il a sur la créance
l'avantage qui résulte de toute restitution anticipée [1]. Advenant l'échéance du vivant du testateur,
quid juris ? La raison de douter vient de ce que
ce legs ne contient dès lors rien de plus que la
créance. Paul prétend que le legs est nul, parce
qu'on se trouve, par suite de l'arrivée du terme,
dans une situation où il n'aurait pas pu prendre
naissance [2]. Papinien, au contraire, soutient la
validité du legs, même après l'échéance, *quia semel constitit.* En effet, suivant la règle Cato-
nienne, il faut, pour savoir si un legs est valable
ou non, se placer à l'époque de la confection du
testament. Aussi, la décision de Papinien a prévalu [3].

De son temps, si le legs est *per damnationem,*
le créancier qui exerce l'action *ex testamento* a la
chance d'obtenir une condamnation au double
adversus inficiantem [4]. Dans le cas d'un *vindica-*

1. Instit., § 14 (II, 20).
2. L. 82, pr. Dig. de leg. 2 (XXXI).
3. Instit., § 14 (II, 20).
4. Gaius, comm. IV, § 171.

tionis legatum, le créancier a l'avantage de pouvoir poursuivre comme propriétaire par voie d'action réelle, et non par voie de simple action personnelle. Sous Justinien, le legs profite bien plus encore au créancier, puisqu'il est investi, en sa qualité de légataire, non-seulement d'une action personnelle et d'une action réelle, mais même d'une action hypothécaire[1].

Les principes relatifs au legs que le débiteur ait à son créancier reçoivent une application importante, lorsque le mari lègue à sa femme la dot de celle-ci. A Rome, ces sortes de legs sont très-usités, à tel point qu'un litre entier du Digeste y est spécialement consacré, sous la rubrique : *de dote prælegata*. Ces expressions indiquent l'intérêt qui existe pour la femme à se présenter comme légataire plutôt que de demander la restitution de sa dot par l'action *de dote* ou *rei uxoriæ*. Dans le droit classique, ainsi que nous l'avons vu, pour les biens dotaux qui consistent en quantités et non en corps certains, la restitution poursuivie par 'action *rei uxoriæ*, se faisait par tiers, d'année en année, *annua, bima, trima die*. Dans le droit de Justinien, l'héritier du mari jouit du délai d'une année pour opérer la restitution des meubles dotaux. La femme qui se présente comme légataire du mari n'a point à subir ces délais ; dès que l'héritier aura fait adition, elle pourra exi-

1. Instit., § 2 (II, 20).

ger la restitution complète de sa dot. La dot dans
ce cas est donc bien réellement *prælegata*, puisqu'elle peut la réclamer *priæ*, par avance, plus
tôt qu'elle n'eût pu le faire sans le legs.

Du reste, il n'est pas exact de dire que la femme
qui vient comme légataire de son mari n'a point
à subir les retenues auxquelles elle est exposée
quand elle exerce l'action *rei uxoriæ*, notamment
les *deductiones impensarum*. Lors même qu'elle
agit *ex testamento*, elle doit tenir compte des im-
penses que le mari a faites sur les biens dotaux[1].

Enfin, le débiteur peut renoncer au terme par
la novation. Il lui suffit de promettre l'objet de
sa dette purement et simplement, et dès lors il
peut être poursuivi sans délai. Remarquons :

1° Que la novation, appliquée à une dette conditionnelle, ne produit son effet qu'à l'événement
de la condition. Cette différence découle de la
différence des deux obligations, à terme et conditionnelle : la première existante dès à présent, suspendue seulement en ce qui concerne l'exécution,
la seconde n'ayant actuellement aucune existence
et constituant une simple *spes debitum iri*; 2° que,
de même qu'une dette à terme peut être remplacée au moyen de la Novation, par une dette pure

---

1. Comm. M. Ortolan, par exemple, explic. des Instit.,
t. II, n° 803.

2. L. 41, § 1, Dig. de leg. 2 (xxxi), conf. m. Demangeat. op. cit., p. 740 et 741.

et simple, de même une dette pure et simple peut être novée par une dette à terme.

II. — Des effets du terme à l'égard du créancier, avant l'échéance.

Le terme étant établi, en général, dans l'intérêt du débiteur, il en résulte que le créancier ne peut agir tant qu'il n'est pas arrivé. Cependant le terme peut se trouver ajouté dans l'intérêt du créancier, soit en vertu d'une stipulation expresse, soit en vertu d'une présomption de la loi. Dans ces divers cas, le changement de principe entraîne naturellement un changement d'effet, et le créancier, maître de renoncer à une faveur, a le droit d'agir quand il lui plaît, sans être tenu d'attendre le moment de l'échéance. Telle est la décision expressément appliquée par les textes aux cas des contrats de Dépôt et de Précaire, accompagnés d'un terme. Le déposant, comme le prêteur, peut exercer la *vindicatio* au moment qui lui convient le mieux[1]. Mais, en dehors de ces cas exceptionnels, nous le répétons, le créancier doit attendre pour agir l'arrivée du terme. Sinon il s'expose à encourir la déchéance résultant de la *plus-petitio*. Ici il importe de distinguer deux cas : ou le terme a été inséré dans le contrat, et alors le créancier qui le devance *rem perdit*, de plein droit; ou le terme a été ajouté après coup, et alors le créan-

---

1. L. 1, § 45 et 46, Dig. depos. vel cont. (xvi, 3), l. 12, Dig. de préc. (xliii, 26).

cier n'encourt la déchéance qu'autant que le débiteur oppose l'exception qui découle du pacte.

Qu'arrivera-t-il si le terme, encore pendant au moment de la *litis contestatio*, vient à échoir au cours de l'instance? Il faut décider, selon nous, que même dans ce cas il y a *plus-petitio* et que, par suite, le créancier est déchu de son droit. Cette solution nous semble découler de la règle suivante, rapportée dans un passage de Paul : non potest videri venisse in judicium id quod post judicium acceptum accidisset, ideoque alia interpellatione opus est[1]. Il résulte de ce texte que le juge ne peut tenir compte, au profit du créancier, des changements survenus depuis la *litis contestatio*. Conséquemment, lorsque le créancier agit avant l'arrivée du terme, le juge, pour décider s'il y a ou non *plus-petitio*, doit faire abstraction de tout événement ultérieur, et, en particulier, de l'échéance survenue depuis la *litis contestatio*. Dès là que le terme n'était pas échu au moment où le créancier a commencé les poursuites, il encourt irrévocablement la déchéance résultant de la *plus-petitio*.

Voet, qui enseigne l'opinion contraire, s'appuie sur la loi 16, pr. de petit. hæredit. Dig. (V. 3). Cette loi, supposant l'action en pétition d'hérédité exercée contre un débiteur héréditaire à terme,

---

1. L. 23, Dig. de judic. (v, 1), vid. dans le même sens, l. 35, eod. loc.

porte qu'il sera condamné si le terme est échu au moment du jugement. D'où il semble permis d'inférer qu'en ce qui touche l'échéance, il faut se placer au moment du jugement et non à celui de la *litis contestatio.* Mais tel n'est pas le sens de cette loi. Doneau, s'attachant à en déterminer la portée, insiste sur cette idée qu'ici le débiteur héréditaire est actionné, non en sa qualité de débiteur, mais en sa qualité de *possessor juris*; que, par suite, la solution de la loi doit être restreinte à l'exercice de la *petitio hereditatis*, et ne peut pas être étendue aux actions en général. Ce qui est fort juste, car, l'héritier exerçant contre un débiteur héréditaire la *petitio hereditatis*, cela suppose que ce débiteur se prétend *possessor juris* et, par suite, libéré par confusion; de sorte que l'héritier n'a qu'un but, qui est de faire déclarer que ce débiteur n'est pas réellement héritier. Or, bien évidemment, l'arrivée du terme est aussi inutile pour justifier la condamnation du débiteur ainsi attaqué qu'elle serait, au contraire, nécessaire, s'il était attaqué, non comme héritier, mais comme débiteur.

Il est facile, en appliquant ces idées, de repousser l'argument que Voet prétend tirer de la loi 9, § 3, *De pigner. act.* Dig. (xiii, 7.)

Autre question : La *plus-petitio*, d'après Gaius[1], ne peut avoir lieu dans les *incertis formulis*,

1. Comm. iv, § 54.

parce que « Cum certa quantitas non petatur, sed
quidquid adversarium dare facere oporteat in-
tendatur, nemo potest plus intendere. » Ce passage est-il applicable à la *plus-petitio tempore?*
Nous ne le pensons pas. Nous nous rallions à
l'opinion enseignée par M. Machelard[1] et nous
adoptons pleinement ses raisons : « Comment
concilier, dit-il, ces deux idées, d'une part, que
la dette future ou conditionnelle a été déduite *in
judicio*, et de l'autre que le juge ne peut condamner qu'à ce qui est dû actuellement? La loi 37,
Dig. *De verb. pign.*, veut que le juge apprécie
l'*oportere ad veritatem*; or, pour une dette à
terme, il n'y a rien qui soit dû, en ce sens que
peti non potest, nulla præstatio est, suivant Gaius
lui-même (§ 181, comm. IV). C'est la même doctrine qu'exprime Javolenus, loi 35, *De judic.*,
quand il dit qu'un *judicium* ne peut exister *in
pendenti, de futuro*, qu'il ne peut être efficace et
aboutir à une condamnation, *antequam aliquid
debeatur.* »

Conséquemment, le juge ne peut qu'absoudre
le débiteur poursuivi *ante diem*. On a proposé
plusieurs palliatifs lorsque l'action est de bonne
foi. Mais les textes nous manquent, et, d'autre
part, la solution que nous venons de donner nous
paraît découler si logiquement des principes que,
malgré le caractère essentiellement équitable des

---

1. Traité des Oblig. natur.

actions dont nous parlons, nous ne pouvons admettre aucun tempérament.

Ainsi le créancier qui agit avant le terme *rem perdit.* Cette déchéance absolue a été remplacée plus tard par une peine moins rigoureuse.

L'empereur Zénon a établi dans une constitution que le créancier, qui, dorénavant, agira avant l'arrivée du terme, ne perdra plus son action, mais qu'il sera tenu d'attendre, pour la renouveler, l'expiration d'un délai double du délai dont il a voulu priver le débiteur. En outre, le créancier n'aura pas le droit de toucher les intérêts dans l'intervalle. Le délai qui doit être doublé est le temps qui restait à courir entre la demande du créancier et l'échéance; les termes de la constitution sont très-nets : *Tantum aliud expectet tempus, quantum ipse prævenire definitum solutioni diem conatus est.* Il ne faut donc pas parler, comme le font quelques auteurs[1], d'un délai double du délai primitif. Enfin, le créancier sera tenu, s'il renouvelle son action, de rembourser au débiteur tous les frais occasionnés par la première instance[2].

Le créancier étant tenu d'attendre, en principe, l'arrivée du terme, afin de poursuivre son remboursement, il ne faut pas qu'il puisse l'obtenir,

---

1. M. Ortolan, op. cit., t. III.
2. C. de plus petit, 1, const. Zen. et 2 pr. constit. Just. (III, 10).

d'une façon indirecte, avant ce temps. Aussi ne peut-il opposer au débiteur la compensation[1]. Il en est autrement à l'égard du terme de grâce[2]. Rien de plus rationnel. Car ce qui est une faveur pour l'un ne doit pas tourner au préjudice de l'autre. Du reste, le délai de grâce, accordé en raison de l'impossibilité où est le débiteur de payer tout de suite, n'a plus de cause dès que la dette peut s'éteindre d'elle-même par la compensation. Ajoutons que forcer le créancier à payer son propre débiteur, qui ne le paie pas lui-même, serait l'exposer à faire une double perte.

Le créancier ne peut agir avant l'échéance. Il n'en faut pas conclure qu'il reste désarmé vis-à-vis du débiteur. S'il a, par exemple, de justes raisons de se défier de sa solvabilité, il peut l'obliger à lui fournir des sûretés, comme une caution ; faute par le débiteur de le satisfaire, nous verrons qu'il peut obtenir l'envoi en possession à titre conservatoire. Mais il faut pour cela qu'il tienne son titre d'un contrat de bonne foi.

Dans une autre hypothèse, le créancier peut obtenir des garanties : celle où sa créance a pour objet des prestations périodiques, dont chacune est affectée d'un terme distinct. Si, par suite du retard apporté par le débiteur dans le paiement d'un ou plusieurs termes, il se trouve obligé de le

1. L. 7, Dig. de comp. (xvi, 2).
2. L. 16, § 1, Dig. ibid.

poursuivre, il pourra demander, en même temps
que le paiement des termes échus, une caution
pour les termes à venir. Mais son droit ne va pas
jusqu'à faire condamner le débiteur à exécuter régulièrement les prestations au fur et à mesure des
échéances. Décider le contraire, comme Voet, c'est
violer manifestement le principe, plusieurs fois
reproduit par les lois Romaines, qu'on ne peut
rendre de jugement *de futuro*[1].

Lorsque plusieurs débiteurs se trouvent obligés
solidairement envers le même créancier, le terme
produit ses effets ordinaires. Soient deux débiteurs
solidaires, 1us et 2us, 1us obligé purement et simplement, 2us obligé à terme. Le créancier peut
poursuivre immédiatement 1us, mais, par l'effet
de la *litis-contestatio*, 2us se trouvera libéré, et ceci
est remarquable en ce qu'il sera affranchi d'une
obligation avant qu'on puisse lui en demander
l'exécution. Même décision à l'inverse, si le
créancier agit, à l'échéance, contre 2us. Dans le cas
où il poursuivrait 2us avant l'échéance, 2us serait
libéré par l'effet de la *plus-petitio* et 1us lui-même
par l'effet de la *litis-contestatio*[2]. Nous rappelons
que Justinien a supprimé cet effet rigoureux de la
litis-contestatio[3]. La combinaison de cette réforme
avec celle que l'empereur Zénon a introduite à

1. L. 35, Dig. de judic. (v, 1), fragm. Vatic. § 49.
2. L. 7, Dig. de duob. reis (xlv, 2).
3. L. 28, C. de fidejus. alin. si idemque (viii, 41).

l'égard de la *plus-petitio*, conduit à décider que dorénavant l'action exercée par le créancier contre un *correus*, même avant l'échéance du terme, n'éteindra son droit ni contre ce *correus* ni contre les autres.

Quelle est l'influence du terme sur la prescription des actions ? A l'époque classique, cette question ne pouvait se poser, puisqu'il était de principe que les actions personnelles étaient imprescriptibles. Les empereurs Honorius et Théodose les déclarent prescriptibles par le laps de 30 ou 40 ans[1]. Mais le délai ne commence à courir pour les dettes à terme ou sous condition qu'à l'arrivée du terme ou de la condition[2].

— Le créancier à terme peut-il obtenir la *missio in possessionem* des biens de son débiteur? Cette question nous conduit à examiner deux textes qui semblent la trancher en sens contraire et qu'on n'a pu jusqu'ici concilier d'une manière satisfaisante.

Le premier de ces textes est emprunté à Paul. Dans son commentaire sur l'édit du préteur[3], il dit :

In possessionem mitti solet creditor, etsi sub conditione et pecunia promissa sit.

Le second texte, tiré des Questions du même jurisconsulte[4] est ainsi conçu :

1. De præscript. 30, vel 40 ann., § 3, C. (vii, 39).
2. Ibid., § 4.
3. L. 6, pr. Dig. quib. ex caus. (xlii, 4).
4. L. 14, § 2, Dig. ibid.

Creditor autem conditionalis in possessionem non mittitur; quia is mittitur qui potest bona ex edicto vendere.

Ainsi, à la question ci-dessus posée, Paul répond, d'une part, *oui* ; d'autre part, aussi nettement, *non.*

Ces deux passages, absolument opposés l'un à l'autre, étant également positifs, il nous semble impossible de les concilier. Car quoi qu'on puisse dire, et quelques détours de raisonnement qu'on puisse suivre, l'un de ces textes détruit l'autre, et, à moins d'en altérer ou d'en atténuer complaisamment les termes, l'antinomie subsiste malgré tout[1].

Aussi, sans chercher un accord évidemment impossible, nous allons tenter de les expliquer, en démontrant que le second de ces textes est faux, et doit être rejeté comme tel.

Ce texte, en effet, déclare que le créancier ne peut obtenir l'envoi en possession *pendente die.* —Pourquoi ? *Quia is mittitur qui potest bona ex edicto vendere* ; parce que, pour l'obtenir, il faut avoir le droit reconnu par l'édit, de vendre les biens.

Or cette raison est parfaitement inexacte.

En effet, les légataires ou fidéicommissaires à

---

1. Sur les diverses conciliations qui ont été proposées, vid. Cujas, comm. sur Paul, *ad Edictum*, XLII, sur la loi 6 ; Voet, *ad Pandect.*, sur le titre quib. ex caus., n° 2 ; Doneau, comm. de jur. civ., lib. XXIII, c. xi, n° 8 ; conf. M. Bufnoir, op. cit., p. 293, seq.

terme ou sous condition peuvent certainement être
envoyés en possession, et cependant ils n'ont pas
le droit de procéder à la vente des biens. Les textes
là dessus sont formels, particulièrement la loi 114,
§ 12, de leg. (xxx) qui dit : Iidem principes res-
cripserunt, filiis ante diem fideicommissi venien-
tem, restitui hereditatem maternam necesse non
esse ; sed præstare heredem posse vulgarem cautionem, aut si præstare eam non poterit, mitti
liberos in possessionem fideicommissi servandi
causa ; *ut pro pignore, non ut pro dominis pos-
sideant, vel alienandi jus, sed ut pignus habeant,*
ut filius per patrem fructus consequatur, et servus per dominum.

Voici une loi plus claire encore et plus formelle, s'il se peut : is cui legatorum fideive com-
missorum nomine non cavetur, missus in possessionem, pro domino esse incipit ; nec tam
possessio rerum ei quam custodia datur [1].

Ainsi la loi 14, § 2, contient une erreur manifeste, une énormité. Si on veut se conformer à ce
texte et adopter la raison de Paul, il faut dire :
les légataires, les fidéicommissaires à terme ne
peuvent pas non plus vendre les biens, donc ils
n'ont pas droit à la *missio in possessionem.* — Ce
qui n'est pas admissible, ainsi que nous venons
de le voir.

[1] L. 5, pr. Dig. ut in posses. leg. (xxxvi, 4), junge :
l. 12, Dig. quib. ex caus. (xlii, 4), l. 3, § ult. de adq. vel
amit. posses. Dig. (xli, 2).

Maintenant, qu'il y ait là un oubli du jurisconsulte ou une faute de copiste, peu nous importe; ce qui est sûr, c'est que le texte en question renferme une erreur absolue, et, par suite, doit être laissé de côté.

Reste la loi 6 qui accorde purement et simple-au créancier sous condition, et, à *fortiori*, au créancier à terme, le droit de demander l'envoi en possession. Il est utile, pour déterminer le sens et l'exacte portée de cette loi, de la combiner avec la loi 41, *de judiciis* [1], ainsi conçue :

In omnibus bonæ fidei judiciis, cum nondum dies præstandæ pecuniæ venit, si agat aliquis ad interponendam cautionem, ex justa causa condemnatio fit.

Ainsi le créancier en vertu d'un contrat de bonne foi, peut, avant l'échéance, obtenir du juge une caution, qui lui assure son paiement à l'arrivée du terme. Il suffit qu'il allègue un juste motif de défiance.

Mais s'il arrive que le débiteur ne puisse ou ne veuille pas procurer la caution demandée, que fera le créancier ? Il invoquera notre loi 6, et se fera envoyer en possession des biens du débiteur.

Cela est logique. Le droit pour le créancier à terme d'obtenir la *missio in possessionem*, est le corollaire du droit d'obtenir une caution. Autrement quelle serait la sanction de ce dernier droit ?

1. Dig. (v, 1).

La même théorie existe en matière de legs et de fidéicommis ; les légataires ou fidéicommissaires ont droit aussi, en attendant l'échéance, à une caution, et, si elle ne leur est fournie, à la *missio in possessionem*.

Notre loi 6, ainsi entendue, comporte une double restriction :

1° Elle ne peut être invoquée par les créanciers en vertu d'un contrat rigoureux, puisqu'elle édicte la sanction d'un droit qui ne leur est point accordé.

2° La *missio in possessionem* accordée au créancier à terme est une *missio* à titre conservatoire, à titre de *custodia*. Outre l'analogie des legs et des fidéicommis, nous avons un texte formel d'Ulpien [1].

Si in diem vel sub conditione debitor latitet ; antequam dies vel conditio veniat, non possunt bona ejus venire.

En résumé, les créanciers à terme, en vertu d'un contrat de bonne foi, peuvent, à défaut de caution, obtenir l'envoi en possession des biens de leur débiteur, à titre conservatoire [2].

1. L. 7, § 14, Dig. quib. ex caus. (XLII, 4).
2. Ces conclusions sont celles de Voet, loc. cit. Nous adoptons donc, au fond, le système de cet auteur. Seulement, tandis qu'il explique la loi 14, § 2, en la restreignant aux créanciers en vertu d'un contrat de droit strict, nous rejetons absolument ce texte, pour les raisons ci-dessus développées.

Du reste nous pensons, avec Doneau, que si les autres créanciers, maîtres d'agir immédiatement, ont obtenu la *missio* pleine et entière, il n'y a pas de raison pour la refuser aux créanciers à terme.

Le principe que la chose est aux risques de l'acheteur reçoit dans notre matière une application importante. Si, *pendente die*, la chose vendue vient à périr, sans la faute du vendeur, celui-ci est libéré, tandis que l'acheteur est tenu de payer le prix. Plus généralement, toutes les fois que l'obligation à terme porte sur un corps certain, la perte fortuite de l'objet avant l'échéance entraîne la libération du débiteur, par application de la maxime ; *debitor certæ rei interitu liberatur.*

III. — Des effets du terme après l'échéance.

Examinons d'abord à quel moment a lieu l'échéance. Cette fixation soulève des questions délicates et mêmes de sérieuses difficultés.

En principe, le moment qui suit immédiatement l'expiration du délai accordé au débiteur, constitue le terme. Ainsi, lorsqu'une stipulation est ainsi conçue : Promettez-vous de me donner 10 sous d'or dans quinze jours ? le créancier ne peut agir qu'après l'expiration du quinzième jour. Ce qu'on exprime encore en disant que le dernier jour est accordé tout entier au débiteur ; et la raison en est simple : *neque enim certum est eo die in quem promissum est, datum non esse, priusquam is præterierit.*

Du reste, à défaut de raison directe pour reculer autant que possible l'échéance, on eût pu se prévaloir, en ce sens, de la maxime que le doute, dans les stipulations, doit s'interpréter contre le créancier. — Dès qu'on part de cette idée, la solution suivante se justifie aisément.

Lorsqu'il a été convenu que le paiement aura lieu *hoc anno* ou *hoc mense*, le créancier doit attendre que le dernier jour de l'année ou du mois soit expiré[1].

Il paraît qu'il avait existé sur ce point un dissentiment entre les deux écoles Proculéienne et Sabinienne, la seconde soutenant que les poursuites pouvaient commencer à l'expiration du premier jour[2]. L'opinion contraire préconisée par Proculus et ses disciples semble l'avoir emporté.

Que décider dans le cas d'une stipulation ainsi conçue : Promettez-vous de me donner dans un an ou dans deux ans ? Le délai est de deux années. Pomponius, rapportant cette décision[3] en montre l'analogie avec celle-ci : si ita stipulatus fuero : decem aut quindecim dabis? decem debentur. Et il exprime excellemment la raison de

---

1. L. 42, Dig. de V. O. (xlv, 1), les décisions contraires qu'on trouve dans quelques textes sont fondées sur la faveur accordée aux legs de liberté, L. 41, pr. et § 2, Dig. manum. testam. (xl, 4).

2. L. 138, Dig. de V. O. Il faut lire : (*non*) *peti*, sans quoi la loi n'a pas de sens.

3. L. 109, Dig. de V. O. (xlv, 1).

l'une et de l'autre : quia in stipulationibus id servatur : ut quod minus (esset) quoque longius, esse videretur in obligationem deductum.

Toutefois, en dehors et au-dessus de la maxime qui recommande les décisions les plus favorables au débiteur, il en existe une autre qui domine toute la théorie des stipulations : c'est qu'en cas de doute il faut toujours faire en sorte que la stipulation produise un effet [1]. Cette observation rend compte de la décision suivante : s'il a été convenu que le débiteur paiera aux calendes de janvier, sans autre désignation, il faut entendre les premières calendes. Car, si, dans l'intérêt du débiteur, on entendait les dernières, on enlèverait réellement tout effet à la stipulation.

— Les deux modalités *si volueris* et *cum volueris* ne produisent pas les mêmes effets. La première annule la stipulation, par la raison qu'elle la subordonne au bon plaisir du promettant [2]. Paul décide que la stipulation affectée de la modalité *cum volueris* est valable, pourvu que le débiteur renouvelle avant de mourir son obligation au moyen du pacte de Constitut [3].

Cette différence ne peut s'expliquer que par la règle : *expressa nocent, non expressa non nocent.* La stipulation *si volueris* est expressément sou-

1. L. 80, Dig. de V. O. (XLV, 1).
2. L. 17, Dig. de V. O. (XLV, 1).
3. L. 46, § 2, Dig. de V. O. (XLV, 1).

mise à la volonté du débiteur, et c'est le cas de
dire *expressa nocent;* au contraire, la stipulation
cum volueris, bien que dépendant en réalité du
bon plaisir du débiteur, se présente comme une
stipulation à terme; elle est réellement soumise
à la même condition que la première, mais cette
condition n'y est point exprimée, et c'est le cas
de dire : *non expressa non nocent*[1]. On pourrait être tenté d'objecter que cette explication, si
elle est exacte, doit s'appliquer aux modalités *cum
morieris* et *si morieris, cum veneris* et *si veneris,*
et que cependant ces diverses modalités, compa-
rées les unes aux autres, produisent des effets
identiques[2]. Il faut répondre, avec Voet, que la
condition qui se rapporte à la venue ou à la
mort du débiteur n'a rien de contraire aux lois,
tandis que la condition qui se réfère à sa pure volonté est formellement interdite[3].

Nous avons déjà parlé du terme tacite. La fixation précise en est souvent difficile. Là-dessus
nous trouvons deux textes qui semblent se contre-
dire et qu'on concilie différemment :

Le premier est tiré de Pomponius, dans son
commentaire sur Sabinus[4] :

1. Sic. Voet ad *Pandectas,* lib. XLV, t. 1, n° 20. Doneau,
comm. ad leg. 46, § 2. Pothier, ad titul. V. O., § 99, en
note, conf. Molitor Oblig., n° 148.
2. L. 48, § 3, Dig. de V. O. (xlv, 1).
3. L. 17, déjà citée de V. O. (xlv, 1).
4. L. 14, Dig. de V. O. (xlv, 1).

Si ità stipulatus essem abs te, *domum ædi-*
ficari, vel heredem meum damnavero insulam ædificare : *Celso* placet non antè agi posse ex
eâ causâ quàm tempus præteriisset, quo insula
ædificari posset ; nec fidejussores dati antè diem
tenebuntur.

Le second texte est d'Ulpien, dans son commentaire sur l'édit du préteur[1]...... nec *insulam*
fieri (stipulanti) ut tantum temporis prætereat,
quanto insula fabricari possit (expectandum est);
sed ubi jàm cœpit mora faciendæ insulæ fieri,
tunc agetur diesque obligationi cedit.

Ainsi, on suppose une stipulation ayant pour
objet une maison à construire. A la question :
quand le créancier peut-il agir? Pomponius,
reproduisant l'opinion de Celsus, répond : Après
que s'est écoulé le temps nécessaire à la construction de la maison. Ulpien répond : Dès que le
débiteur, par son retard, s'est mis en demeure.

Cujas[2] propose l'explication suivante. Ces
deux réponses différentes accusent une divergence entre les deux grandes écoles de Rome.
Les Proculéiens, auxquels Celsus appartient, veulent que le créancier ne puisse agir qu'après
l'expiration du temps nécessaire pour que la
maison puisse être faite et parfaite. Les Sabiniens,
au contraire, dont Ulpien suit la doctrine, accor-

1. L. 72, § 2, Dig. de V. O. (xlv, 1).
2. Ad leg. 14, tit. de V. O. (xlv, 1).

dent au créancier le droit d'agir immédiatement après la stipulation, si le débiteur ne commence pas tout de suite d'exécuter sa promesse. Cette divergence, du reste, se rattache à un dissentiment plus général, que nous avons déjà indiqué, et qui consiste en ce que les Sabiniens se montrent toujours plus favorables au créancier que les disciples de Proculus. C'est ainsi que, dans la stipulation de donner *hoc anno* ou *hoc mense*, ils lui permettent d'agir après le premier jour de l'année ou du mois. C'est ainsi encore que dans la stipulation de peine sous condition, ils déclarent la peine encourue dès que le promettant qui le peut ne s'exécute pas[1]. Dans ces deux hypothèses, les Proculéiens retardent l'action du créancier soit jusqu'au dernier jour de l'année ou du mois, soit jusqu'au moment où il est certain que le promettant ne peut pas remplir son obligation.

Cette explication, si ingénieuse qu'elle paraisse, ne tient pas devant un examen attentif.

En effet :

1° Ulpien, d'après l'opinion que Cujas lui prête, veut que le créancier puisse agir avant l'arrivée du terme. Car dans la stipulation *insulam ædificari*, comme dans toute stipulation de faire, il y a évidemment un terme tacite. Mais il ressort de la loi 2 § qui illa, *de eo quod certo loco*, que telle n'est pas la doctrine d'Ulpien.

1. L. 138 et 115, § 2, Dig. de V. O. (XLV, 1).

Dans cette loi, en effet, il s'occupe de celui qui a promis de donner, non de faire, à Éphèse, et il observe, après Julien, qu'il ne peut être actionné avant l'expiration du temps nécessaire pour se rendre à Éphèse. Il ajoute : c'est qu'en effet une pareille stipulation renferme un terme tacite, et c'est pour cela qu'est inutile la promesse, faite à Rome, de donner aujourd'hui à Carthage. Or dans les obligations ayant pour objet un fait, de l'avis non-seulement de Julien, mais de tous les auteurs, il y a un terme tacite. Donc Ulpien qui veut que dans l'obligation de donner rapportée par Julien le créancier attende l'échéance du terme tacite, à plus forte raison doit décider de même dans une obligation de faire.

2° Ulpien parle positivement de la demeure, *mora*, du débiteur. Or, comment admettre que le débiteur soit en demeure dès que la stipulation est formée et avant d'avoir eu le temps de s'exécuter? Cela est contraire à l'idée fondamentale de la demeure.

3° Voici un argument qui n'a été relevé par aucun auteur, à notre connaissance du moins, et qui nous semble décisif. Ulpien dit, en terminant : *tunc agetur diesque obligationi cedit.* Or qui ne voit, au point de vue de l'opinion que nous combattons, l'inexactitude de ces expressions? Si le créancier peut agir tout de suite, il faut dire : *dies venit.* S'il y avait dans le texte : *tunc agetur diesque obligationi venit,* nous comprendrions,

Mais qu'on donne à ces mots : *tunc agetur diesque obligationi cedit*, leur sens pratique, et on arrive à ceci : alors le créancier peut agir et il ne peut pas encore agir. Ce qui est absurde.

Ce premier système étant écarté, nous allons exposer celui qui nous semble le plus conforme aux principes et, en même temps, aux textes qui sont l'objet du débat.

Celui qui promet de construire une maison, s'engage par là même à la commencer. L'une de ces obligations est le principe de l'autre. De plus, l'une et l'autre étant des obligations de faire, doivent se résoudre, faute d'exécution, en des dommages-intérêts. Enfin l'une et l'autre sont à la fois sous condition et à terme. En effet : 1° le débiteur s'oblige à payer *id quod interest*, c'est-à-dire des dommages-intérêts, s'il ne construit pas la maison dans le temps où il pouvait la finir ; 2° le débiteur s'oblige, par suite, à payer *id quod interest* s'il ne commence pas la maison dans le temps où il devait la commencer pour pouvoir la finir au terme fixé. Quant à la fixation de ces termes, c'est l'affaire du juge ; il ne lui sera pas plus difficile de les déterminer que pour toute autre obligation renfermant un terme tacite.

En effet, en tenant compte des circonstances de temps, de lieu, de personnes, on pourra dire, par exemple (et remarquons que le juge, s'il est plus tard saisi de la question par le créancier ne fera pas d'autre calcul) : Il faut un an pour construire la maison. Mais pour cela il faut qu'elle soit commencée dans le mois qui suit la stipulation. Dès là le débiteur s'oblige : 1° à payer *id quod interest*, s'il n'a pas commencé la maison dans le mois; 2° à payer *id quod interest*, si le dernier jour de l'année s'écoule sans qu'il ait achevé la maison. Pour plus de clarté, nous allons raisonner dans l'hypothèse de ces deux termes, le premier d'un mois, l'autre d'un an.

Or, à ces deux obligations distinctes du débiteur correspondent deux actions symétriques du créancier. Il peut agir : 1° *ob insulam non inchoatam*, si le dernier jour du premier mois se passe sans que la maison soit commencée; 2° *ob insulam non ædificatam*, si, à l'expiration de l'année la maison n'est point terminée. Remarquons que dès l'instant où le créancier peut exercer la première action, la condition à laquelle la seconde est subordonnée se trouve accomplie. Seulement, il reste encore le terme.

Cela posé, la conciliation de nos textes devient très-simple. Ulpien, dirons-nous, vise la première action, Celsus s'occupe uniquement de la seconde. Et alors tout s'explique, il n'y a pas une expression des deux jurisconsultes qui reste obscure. Ulpien dit : ubi mora faciendæ insulæ fieri cœpit, tunc agetur. Lisez : dès que s'est écoulé le premier mois, le créancier peut agir *ob insulam non inchoatam*. Alors on comprend que le débiteur soit en demeure, puisqu'il a laissé passer le terme.

Mais, objectera-t-on, restent les derniers mots : *diesque obligationi cedit.* Ces mots signifient tout simplement : le terme de l'obligation principale s'avance; la condition à laquelle est soumise cette obligation est accomplie, ainsi que nous l'avons déjà remarqué, mais le terme n'est pas encore arrivé : *dies cedit.* Cela n'est-il pas correct?

C'est à cette hypothèse qu'il faut rattacher la loi continuus § item qui insulam., V. O., qui porte :

Item si non inchoetur opus, id tantum æstimetur quod in illo intervallo effici potuit.

Cette loi nous semble décisive en notre faveur; car, très-simple et très-claire dans le système que nous défendons, elle est inexplicable dans celui de Cujas. Le grand jurisconsulte se tire de là en supposant que c'est après l'expiration de tout le temps nécessaire à la construction de la maison que le créancier demande cette estimation. Mais comment concevoir que le créancier borne sa demande à ce chef, quand il peut obtenir des dommages-intérêts bien plus considérables, en agissant *ob insulam non ædificatam?* Ajoutons qu'il est aisé de comprendre l'intérêt pratique que le créancier peut avoir à intenter cette première action : par exemple, souvent il aura rassemblé des matériaux, de la chaux, de l'arène, des bois qui peuvent se trouver gâtés, soit par la pluie, soit par des inondations, soit par tout autre accident, faute par le débiteur de les avoir mis en usage.

Voilà pour Ulpien. Quant à Celsus, il n'a en vue que la seconde action, celle qui correspond à l'obligation principale et directe du débiteur. Aussi veut-il que le créancier attende pour l'exercer l'expiration de toute l'année. Ce qui prouve qu'il se réfère en effet à l'obligation principale, celle qui a pour objet la maison à construire, ce sont les mots *ex eâ causâ*, de ce chef, placés dans le texte, à la suite de ceux-ci : insulam ædificare[1].

— Nous venons de voir qu'il est parfois malaisé de fixer le moment précis de l'échéance. Bien plus, il y a des cas où le doute porte non plus sur l'époque de l'échéance, mais sur l'existence même du terme, de sorte qu'on ne sait trop si telle ou telle obligation est pure et simple ou à terme.

Cette difficulté et les idées qui peuvent aider à la résoudre ne sont nulle part aussi nettement exposées que dans les lois 8 et 10 V. O. Dig. (XLV, 1). Ces lois contiennent des solutions en apparence contradictoires : il importe de les expliquer.

La loi 8 s'exprime ainsi :

« Paulus lib. II ad Sabinum.

« In illâ stipulatione, si Calendis Stichum non

---

1. En ce sens, Doneau, ad tit. V. O. sur la loi 14, n° 4 seq.

dederis, decem dare spondes? Mortuo homine quæritur an statim ante Calendas agi possit. Sabinus, Proculus expectandum diem actori putant; quod est verius : tota enim obligatio sub conditione et in diem collata est ; et licet ad conditionem committi videatur, dies tamen superest. »

La loi 10 est ainsi conçue :

« Pomponius lib. III ad Sabinum.

« Hoc jure utimur, ut in hac stipulatione, si Lucius Titius ante Calendas Maias in Italiam non venerit, decem dare spondes? Non ante peti quicquam possit, quam exploratum sit, ante eam diem in Italiam venire Titium non posse, neque venisse ; sive vivo sive mortuo id acciderit. »

Les deux stipulations dont s'occupent ces textes, renferment expressément une condition et un terme. Il semble donc qu'en ce qui touche ces modalités, on doive leur appliquer des décisions identiques. Loin de là, tandis que dans la première, la condition étant accomplie, le créancier ne peut agir avant l'arrivée du terme, dans la seconde, au contraire, l'accomplissement de la condition ouvre l'action du créancier, sans qu'il ait besoin d'attendre l'arrivée du terme indiqué.

D'où vient cette différence ?

De ce que les modalités en question n'affectent point pareillement l'une et l'autre stipulation.

La première stipulation, en effet, si vous ne donnez pas Stichus aux Calendes, promettez-vous de donner 10 ? est à la fois sous condition et à terme. Le débiteur s'engage à donner 10, s'il ne donne pas Stichus ; mais lors même que, par suite de la mort de Stichus, la condition se trouve accomplie, le créancier ne peut pas encore agir ; car il y a un terme : le débiteur n'est tenu de payer 10, dans tous les cas, qu'*aux Calendes*. C'est la raison que Paul rapporte expressément : « tota enim obligatio sub conditione et in diem collata est ; et licet ad conditionem committi videatur, dies tamen su[...] » On peut présenter la même idée sous une [...] forme, en disant : le débiteur qui s'est engagé à payer 10, a deux facilités pour se soustraire à cette obligation. — D'abord il peut, à la place de cette somme, donner l'esclave Stichus ; de plus, il jouit d'un délai, il peut le donner utilement tant que les Calendes ne sont pas arrivées. Dès là, ce serait dénaturer la convention et lui enlever l'un de ces bénéfices, que de permettre au créancier d'agir immédiatement après l'événement de la condition.

Il en est tout autrement dans la seconde stipulation : si Lucius Titius ne vient pas avant les Calendes de Mai en Italie, promettez-vous de donner 10 ? Ici nous trouvons bien encore et une condition : si Lucius Titius, etc., et un terme : les Calendes de Mai ; mais l'obligation n'est pas à terme ; elle n'est que conditionnelle, car le terme affecte non plus l'obligation elle-même, mais la condition. Il est ajouté, non pour suspendre l'action du créancier, mais pour hâter l'événement de la condition, en marquant le moment où elle sera nécessairement et de plein droit accomplie. De sorte que ce terme est tout entier dans l'intérêt du créancier, dont il a pour effet d'avancer l'action. — Du reste, il y a un *criterium*, un moyen facile et sûr de reconnaître, étant donnée une stipulation qui contient à la fois les deux modalités, si le terme n'est ajouté qu'à la condition. Il faut répondre oui, toutes les fois que la condition, comme dans le second texte, se rapporte au fait d'un tiers, ou, ce qui est la même chose, à un événement quelconque, pourvu qu'il ne s'agisse pas d'un fait à accomplir par le débiteur lui-même.

Observons :

1° Que notre règle reçoit exception dans le cas où les parties, après avoir ajouté un terme à une condition, ont soin d'insérer la particule *tum*. Alors l'action ne peut être exercée avant l'arrivée du terme. — Cette remarque s'applique aux obligations et surtout aux legs[1];

2° Que ces expressions : et licet *ad conditionem* committi videatur, dies tamen superest, qui se trouvent dans le manuscrit de Florence, sont parfaitement exactes. Cujas propose de lire : licet *ante diem conditio* committi videatur. Si le texte était vicieux, cette correction le serait encore plus;

---

1. L. 4, § 1, Dig. de cond. et dem. (xxxv, 1), l. 38, Dig. de usu et usuf. leg. (xxxiii, 2).

car il est certain qu'on ne trouve pas dans les textes le mot *committi* appliqué à la condition. Mais notre texte est irréprochable : *ad conditionem* signifie, en ce qui concerne la condition, locution très-latine, comme le prouve maint passage de Cicéron, cité par Doneau ;

3° Qu'il y a un cas unique où une stipulation, tout en étant à la fois sous condition et à terme, permet au créancier d'agir immédiatement. Ce cas est rapporté par la loi 8 *in fine* : sed cum eo qui ita promisit, si intra Calendas digito cœlum non tetigerit, agi protinus potest : hæc et Marcellus probat. Ceci tient à ce que le fait qui forme la condition étant impossible, infecte la modalité qui, par suite, est supprimée tout entière.

Lorsqu'une clause pénale a été insérée dans une obligation à terme, les jurisconsultes ne sont pas d'accord sur le moment où la peine est encourue. Les uns soutiennent que le débiteur est tenu de payer la somme convenue par le seul fait et dès le jour de l'arrivée du terme ; d'autres exigent que le créancier l'interpelle préalablement. La première opinion, défendue par Africain[1], a été consacrée par une constitution de Justinien[2].

— Nous abordons une question très-discutée entre les interprètes. Il s'agit de la maxime : *dies*

---

1. L. 23, Dig. de O. et A. (XLIV, 7).
2. L. 12, C. de contr. et com. stip. (VIII, 38), conf. l. 26, C. de fidejussor (VIII, 41).

interpellat pro homine, qu'on ne trouve formulée dans aucun texte, mais qui cependant aurait été admise, suivant certains auteurs, par le droit Romain.

Cette maxime peut être ainsi traduite : dans les obligations *in diem*, la seule échéance du terme suffit pour constituer le débiteur en demeure. Nous rappelons que la *demeure, mora*, est le retard que met indûment l'une ou l'autre des parties soit à procurer, soit à recevoir l'exécution de l'obligation. Le créancier peut donc être en demeure tout comme le débiteur.

Ici, nous ne nous occupons que de la demeure du débiteur. Elle entraîne à sa charge deux conséquences graves : 1° elle met la chose à ses risques et périls ; 2° elle l'oblige à payer les intérêts ou à restituer les fruits, du moins, dans les contrats de bonne foi.

Nous pensons que la maxime : *dies interpellat pro homine*, n'a jamais été admise à Rome, et voici les raisons qui nous déterminent :

1° Toute demeure suppose une faute[1]. Aussi,

---

1. Les sources sont explicites sur ce point : l. 63, D. de reg. jur. (L, 17), l. 82, § 1, D. de V. O. (XLV, 1), l. 8, D. de reb. cred. (XII, 1), l. 0, § 1, D. de usur. et mor. (XXII, 1), et plusieurs autres textes. D'ailleurs, pour considérer quelqu'un comme étant en demeure, les lois supposent régulièrement *quod per eum stetit quominus solveret*. L. 37, D. mand. (XVII, 1), l. 51, § 1, D. empt. (XIX, 1), aussi, le débiteur qui ignore l'existence ou l'exigibilité de la dette, ne

les textes expriment souvent ce principe que le débiteur n'est en demeure qu'autant qu'il a été *interpellé*, c'est-à-dire sommé d'avoir à exécuter l'obligation qui lui incombe. Cette sommation, du reste, peut être ou judiciaire ou extrajudiciaire; dans les deux cas, elle est valable, pourvu que le débiteur puisse y satisfaire sur-le-champ *opportuno tempore et loco*[1]. Ces diverses lois qui consacrent la nécessité d'une *interpellatio* ne distinguent pas entre les obligations pures et simples et les obligations *in diem*. Les termes sont absolus. Mora fieri intelligitur non ex re, sed ex persona, id est si interpellatus opportuno loco non solverit. Et encore : ex mora præstandorum fideicommissorum vel legatorum fructus et usuræ peti possunt : mora autem fieri videtur cum postulanti non datur.

2° Lorsqu'un texte rapporte un cas où la demeure résulte de la seule échéance du terme, il présente toujours cet effet comme une dérogation à la règle, comme une exception. Telle est la décision consacrée par les empereurs Dioclétien et Maximien pour le cas où le créancier est un mineur de vingt-cinq ans. Ex solo tempore tardæ pretii solutionis, recepto jure moram creditum est; in his videlicet quæ moram desiderant,

peut-il être *in mora*. L. 8, D. de red. cred. (xii, 4), l. 42, D. de reg. jur. (l, 17).

1. L. 24, Dig. de V. O. (xlv, 1), l. 24, § 2, l. 32, § 1, Dig. de usur. et mor. (xxii, 1), Paul, Sent. lib. 3, tit. viii.

id est in bonæ fidei contractibus[1]. Ces expressions *recepto jure creditum est, on a cru devoir admettre* prouvent que le législateur cède à une raison de protection spéciale aux mineurs[2].

3° Un des effets de la *mora*, ci-devant rapportés, est de faire courir les intérêts dans les contrats de bonne foi : in bonæ fidei contractibus usuræ ex mora debentur[3]. Dès là, si la seule arrivée du terme produisait la demeure, les intérêts seraient dus dès le jour de l'échéance. Or, il résulte de textes formels que l'échéance ne produit pas cet effet et qu'il faut, en outre, pour faire courir les intérêts, soit une convention spéciale, soit une mise en demeure en vertu d'une interpellation[4].

Voici l'une de ces lois qui nous semble décisive : ex locato qui convenitur, nisi convenerit, ut tardius pecuniæ illatæ usuras deberet, non nisi ex mora usuras præstare debet. On suppose là un locataire qui n'a pas payé à l'échéance du terme ; et on dit : s'il n'a pas été convenu qu'en cas de retard il serait tenu de payer les intérêts, il ne les doit qu'autant qu'il a été mis en demeure. D'où il résulte, évidemment, que l'é-

---

1. L. 3, C. in quib. caus. (xi, 41).
2. Conf. l. 5, C. act. empt. (iv, 49).
3. L. 32, § 2, Dig. de usur. et mor. (xxii, 1).
4. L. 17, § 4, Dig. de usur. et mor., l. 47, Act. empt. et vend. *in fine* (xix, 1).

chéance du terme, à elle seule, ne met pas le débiteur en demeure.

Les partisans de l'opinion que nous défendons invoquent quelquefois des arguments que nous ne voulons reproduire que pour en montrer, nousmême l'insuffisance. Voici l'un des plus connus : l'échéance du terme n'a d'autre effet que de rendre pure et simple une obligation qui était primitivement à terme ; donc si l'on reconnaît que dans l'obligation pure et simple, dans l'obligation sans terme, il faut l'interpellation pour constituer le débiteur en demeure, on doit par cela même exiger l'interpellation après l'échéance du terme.

Eh bien ! la bonne foi nous oblige de reconnaître que cet argument, très-spécieux du reste, irréprochable en théorie pure, n'est pas fondé en droit. Mülhenbruch [1] a raison de dire qu'on ne saurait confondre le moment où une dette pure et simple est due avec l'échéance d'un terme fixe établi par une convention. L'obligation à terme conserve toujours un caractère propre, même après l'échéance. Cela est si vrai que, lorsqu'il s'agit de fixer le montant de la condamnation, le juge doit se placer au moment de l'échéance, tandis que dans les obligations pures et simples il doit se placer, suivant une distinction que nous indiquerons ci-après, au moment ou de la *litis contestatio*, ou du *judicium*.

1. Doctrina Pandect. Oblig., n° 371.

Il faut donc se résoudre à laisser de côté cet argument.

On nous objecte que dans l'obligation à terme, le retard du débiteur constitue une faute, qu'en effet le débiteur sait qu'il doit payer à un moment déterminé, que l'échéance équivaut véritablement à une sommation, qu'enfin le débiteur est tenu de conserver le souvenir de son obligation, de se la rappeler constamment à lui-même et ne peut exiger qu'un autre se charge de ce soin. Tout cela est vrai ; mais on en peut dire autant du débiteur pur et simple. Lui aussi sait qu'il doit payer dès le jour de la formation du contrat, et pourtant, s'il ne paie pas immédiatement, on suppose que le créancier n'est pas pressé de recevoir le paiement, et on exige qu'il mette le débiteur en demeure par une interpellation. Or l'inaction du créancier après l'échéance comporte la même explication ; il est logique qu'elle ait aussi les mêmes effets et qu'on l'oblige, comme le créancier pur et simple, à faire préalablement une sommation.

Mühlenbruch[1] prétend qu'il n'est pas prouvé que le terme soit établi exclusivement en faveur du débiteur. Mais cette remarque est sans portée, car si le terme peut aussi être stipulé dans l'intérêt du créancier, il n'en est pas moins certain que, dans le doute et en règle générale, le terme est censé ajouté dans l'intérêt du débiteur.

[1] Loc. cit.

Le même auteur trouve le système qui repousse la maxime dur et inique pour le créancier qui, lorsqu'il s'agit d'un corps certain, continue de supporter les risques et périls de la chose, après l'échéance du terme. Cette observation ne prouve rien par elle-même, car tout dépend de la question de savoir si par le seul retard de payer le débiteur commet ou non une faute. Si nulle faute ne lui est imputable, il n'est pas contraire à l'équité que le créancier supporte les risques après comme avant l'échéance.

Ceci nous amène à aborder le fond même de notre question, à savoir si le simple retard est imputable au débiteur. Nous allons démontrer que le débiteur n'est pas obligé de livrer la chose aux mains du créancier non plus que de lui faire des offres. Et nous en conclurons que le débiteur qui ne paie pas à l'échéance n'est pas en faute, et par suite n'est pas en demeure.

Les textes montrent qu'en règle générale ce n'est pas au débiteur à présenter la chose au créancier, mais à celui-ci à la prendre chez le débiteur [1]. Et même la loi 1, § 3, D. (xvIII, 6), applique expressément la règle à une obligation *in diem*. Il s'agit dans l'espèce de la vente d'une certaine quantité de vin. Un jour a été pris pour le mesurage et la livraison ; le vendeur, dès que le jour est arrivé, peut sommer l'acheteur *ut tollat*, d'avoir à enlever la chose vendue.

[1]. L. 9, Dig. (xIx, 1), l. 8 et l. 18, D. (xvIII, 6).

C'est donc le créancier, dans l'espèce l'acheteur, qui doit prendre la chose chez le débiteur,
et, faute par lui de le faire, le vendeur, après
avertissement accompagnant la sommation, sera
autorisé à répandre le vin.

S'il s'agit d'immeubles, il est clair que le créancier ne peut pas rester inactif, qu'il doit se présenter pour obtenir la tradition.

Si le débiteur n'est pas tenu de livrer au créancier spontanément l'objet de l'obligation, il n'est
pas tenu non plus de lui faire des offres.
La conséquence est forcée pour le débiteur
à terme comme pour le débiteur pur et simple.

Il n'y a dérogation à ce principe que dans le
cas où la convention a attaché des effets au non-
paiement, comme en matière de clause pénale ou
de pacte commissoire. Dans ce cas, du reste, il y
a en réalité, non un terme, mais bien une condition négative. La peine alors est due, la faculté
de résoudre le contrat prend naissance si le paiement n'est pas effectué au terme fixé. Donc des
lois 1, § 4, D. (xviii, 3) et 12 C. (viii, 38)
on ne saurait tirer une règle générale. Cujas,
qui nulle part n'a traité longuement notre question, en dit cependant assez pour qu'on sache qu'il repousse l'application de la maxime
dies interpellat pro homine. S'occupant, par
exemple, de la clause pénale, il ne manque
pas de remarquer que la maxime n'est vraie

que là, et que dans tout autre cas elle est inadmissible[1].

En dehors de ces cas exceptionnels, il demeure établi que le débiteur ne doit ni faire des offres ni livrer aux mains du créancier[2].

Ainsi donc, l'obligation de faire des offres n'existant généralement pas, n'existant pas plus dans l'obligation *in diem* que dans l'obligation pure et simple, nous en concluons que dans l'une et l'autre il ne peut y avoir demeure sans sommation, sans *interpellatio*.

Nous pouvons résumer toute cette discussion en disant :

La règle *dies interpellat pro homine* n'a jamais été admise en droit Romain. Elle est également contraire à la lettre et à l'esprit de ses lois.

Le seul tempérament que nous puissions admettre est que Justinien semble disposé à adopter cette maxime. — Cette tendance est accusée par les motifs de la loi 12 déjà citée (cont. et com. stip.) et surtout par une autre constitution[3] laquelle renvoie à cette loi pour autoriser le *dominus* à faire déguerpir sans *interpellatio* l'emphytéote

---

1. Cujas in titul. IV, de fideicom. libert. lib. VII, Cod.
2. Vid. la loi 53, Dig. (XL, 5), qui mentionne une exception d'ordre public à ce principe : ..... quatenus libertas non privata, sed publica res est, ut ultro is qui eam debet, offerre debeat : la liberté n'étant pas une chose d'ordre privé, mais d'ordre public, celui qui la doit est tenu de l'offrir.
3. L. 2, C. de jur. emph. (IV, 66).

qui, pendant trois années consécutives, n'a point payé la redevance, le *canon*. Mais il n'y a là, nous le répétons, qu'une tendance. Il n'est pas besoin, pour expliquer cette décision, d'y voir une application de la maxime *dies interpellat pro homine*. En effet, on peut dire que le non-paiement, pendant trois ans, est une sorte de condition à laquelle est subordonnée la résolution du droit du preneur, et qui se trouve accomplie en l'absence de toute interpellation[1].

— Le créancier a le droit, dès que le terme est arrivé, de poursuivre le débiteur, pourvu qu'il l'interpelle préalablement. Il peut aussi lui accorder une prorogation de terme. Quel est l'effet de cette prorogation à l'égard des fidéjusseurs? Bien qu'il n'existe pas de décision expresse sur ce point, il faut dire que les fidéjusseurs ne seront pas libérés et qu'à l'expiration du sursis accordé ils seront tenus dans la même mesure où ils l'étaient à la première échéance. La loi 62, Dig. (XLVI, 1) consacre implicitement cette décision. Cette loi prévoit le cas où le créancier est demeuré inactif après l'échéance, malgré les instances du fidéjusseur qui le pressait de poursuivre, et elle décide que si, plus tard, le créancier exerce un

1. Sic Maynz., op. cit., § 264; Molitor, des Oblig., n° 348, seq. et les auteurs qu'il cite; M. Labbé, étude sur quelques difficultés, p. 4, note 1. Contra, Doneau, comm. jur. civ., lib. XVI, C. 11. Voet ad Pandect, sur le lib. XXII, tit. 1, n° 26. Noodt, de usuris, lib. III, cap. x.

recours contre le fidéjusseur, celui-ci ne pourra lui opposer aucune exception, déduite de son inaction.

La loi 7, C. (iv, 45) peut sembler contraire à l'opinion que nous soutenons. Car, parlant de la tacite reconduction, l'empereur Alexandre Sévère déclare que le fidéjusseur n'est plus obligé à partir du jour où elle s'est opérée. Il suffit de remarquer qu'il s'occupe de la prorogation ou renouvellement de l'obligation même et non d'une prorogation à terme.

Faut-il en dire autant du *fidejussor indemnitatis?* On appelle ainsi l'*adpromissor* qui ne s'est engagé à payer que ce que le créancier ne pourrait obtenir, à l'échéance, du débiteur principal. La raison de douter vient de ce que, en pareil cas, le créancier, aux termes du contrat, ne peut recourir contre l'*adpromissor* que s'il n'obtient pas du débiteur principal une entière satisfaction, et par suite qu'autant qu'il a discuté les biens du débiteur... « a Mævio, ante Titium excussum, non recte petetur[1]. » Il faut décider que le *fidejussor indemnitatis* peut opposer au créancier, en principe, son inaction et même le simple retard qu'il a mis à poursuivre le débiteur après l'arrivée du terme. Seulement le juge pourra, par exception, dans certaines circonstances, condamner le fidéjusseur à donner une entière satisfaction au créan-

1. L. 116, D. de V. O. (xlv, 1).

cier, même coupable d'inaction ou de négligence[1].

Plus tard, Justinien, dans la novelle 4, accorde à tous les fidéjusseurs indistinctement le bénéfice de discussion, réservé jusque-là aux *fidejussores indemnitatis*. En faut-il conclure que depuis cette novelle, les fidéjusseurs purs et simples sont devenus des *fidejussores indemnitatis* ? L'affirmative est soutenue par MM. Pellat[2] et Maynz[3]. Ce dernier auteur a écrit : « que, par l'application du bénéfice de discussion, le cautionnement avait acquis un caractère synallagmatique, et que le créancier était devenu responsable de tout acte et omission qui auraient pour effet de priver la caution de l'avantage que devait lui procurer le bénéfice de discussion. »

Cette opinion, ingénieuse peut-être, n'est assurément point exacte. Il nous semble qu'un peu d'attention suffit pour le reconnaître. En effet, le fidéjusseur *indemnitatis* est libéré par cela seul que le créancier a négligé de poursuivre le débiteur principal à l'échéance du terme. Peu importe que le fidéjusseur n'ait point pressé le créancier de poursuivre, ou que le débiteur soit devenu insolvable depuis l'échéance. Or, évidemment, il en est autrement du fidéjusseur ordinaire. Pour

<hr>

1. L. 41, Dig. de fidej. et mand. (xLvi, 1).
2. Textes choisis, p. 170.
3. Op. cit., § 348, n°s 16 et 24.

qu'il soit libéré, il faut du moins, même depuis la novelle 4, que le créancier ait procédé à la discussion du débiteur. Il faut même que cette discussion démontre l'insolvabilité du débiteur. Enfin, le créancier n'est pas astreint, envers le fidéjusseur, à une discussion trop difficile du débiteur, et de là on fait résulter plusieurs conséquences qu'il est inutile de rappeler ici ; tandis que le fidéjusseur *indemnitatis* n'est pas tenu à de pareils ménagements envers le créancier[1].

On peut encore se demander quel est l'effet de la prorogation de terme à l'égard du *mandator credendæ pecuniæ*. Il nous semble conforme aux principes de distinguer suivant que le *mandator* a ou n'a pas stipulé lui-même de terme pour la restitution. Dans le premier cas, la prorogation ne peut pas lui nuire ; il aura, pour repousser l'action du créancier, une exception fondée sur l'inexécution du mandat.

Mais si le *mandator* n'a pas pris soin de stipuler un terme, il a par là même accepté toutes les suites de son mandat. Si le débiteur devient insolvable après l'échéance, tant pis pour lui. Il devait prendre ses précautions. La loi 95, § 2, D. (xlvi, 3) n'est pas contraire à cette solution, en refusant au créancier une action *mandati* efficace contre le mandant. Car elle suppose que, par sa faute, il a perdu son action contre le dé-

---

1. Conf. M. Dupret, n° 21, Rev. étrang., 1848, p. 412.

biteur et n'a pu, par suite, la céder au mandant. Ce cas est, en effet, exceptionnel ; nous raisonnions en vue de la généralité des cas où le mandataire n'aura pas de faute à se reprocher.

Ainsi, règle générale : les débiteurs accessoires subissent les suites de la prorogation de terme accordée par le créancier au débiteur principal. Ils peuvent toutefois empêcher que cette prorogation ne rejaillisse sur eux, soit en désintéressant le créancier qui reste inactif à l'échéance, et recourant ensuite contre le débiteur, soit en contraignant celui-ci à payer, au moyen ou des actions qui leur sont personnelles ou des actions du créancier qu'ils peuvent toujours se faire céder. Cette dernière faculté ne leur est accordée qu'à la condition de prouver que le débiteur dissipe ses biens[1].

Les Obligations à terme offrent une particularité importante au point de vue de la condamnation que le juge doit prononcer si le débiteur ne s'exécute pas à l'échéance. Dans ce cas, en effet, le juge, pour déterminer le montant de la condamnation, doit apprécier la valeur de la chose au moment de l'arrivée du terme. Nous nous ralliions, à cet égard, à la théorie de Savigny[2], qui peut ainsi se résumer :

Pour fixer le montant de la condamnation, le

---

1. L. 10, C. mand. vel contr. (IV, 35).
2. System., § 275 et 276.

juge doit se placer à des moments différents, suivant la nature des actions.

1° Dans les actions rigoureuses ou de droit strict, le juge estime la valeur de la chose à l'époque de la *litis contestatio*.

Ce premier point est contesté. Mais nous ne connaissons pas d'argument qui puisse détruire un témoignage aussi précis et aussi formel que celui-ci[1] :

In hac actione, sicut in cæteris bonæ fidei judiciis, similiter in litem jurabitur : et rei judicandæ tempus, quanti res sit, observatur : *Quamvis in strictis litis contestatæ tempus spectetur.*

2° Pour les actions libres ou de bonne foi, le juge doit considérer l'époque même du jugement[2].

Cette règle souffre deux exceptions :

D'une part, la *mora* du débiteur donne au créancier le droit de faire placer l'estimation aux époques que nous venons d'indiquer ou bien au commencement de la *mora*, et naturellement c'est à lui de choisir le moment qui lui offre le plus d'avantages. (Dans le cas de vol, le débiteur est traité encore plus rigoureusement.)

D'autre part, et ceci rentre directement dans notre sujet, lorsque le contrat fixe une époque pour l'exécution de l'obligation, c'est à cette épo-

---

1. L. 3, § 2, Dig. com. vel con. (xiii, 6).
2. Vid. la note qui précède.

que que doit se rapporter l'estimation, indépendamment de la nature des actions.

Molitor n'admet pas qu'on puisse formuler la
seconde exception dans des termes aussi généraux. Il prétend restreindre cette exception aux
actions de droit strict. Il se fonde sur ce que,
dans les actions de bonne foi, l'objet de la demande est un *incertum*, une quantité absolument
indéterminée que le juge est chargé de fixer. Tout
en reconnaissant au juge dans ces actions un pouvoir d'appréciation plus étendu, nous repoussons
cette solution comme contraire à la bonne foi qui
en est le caractère essentiel, car la bonne foi
s'oppose à ce que le débiteur soit condamné à
fournir une valeur représentative de la chose à une
époque où cette chose ne pourrait être réclamée.

Au surplus, il existe deux lois qui établissent
généralement notre seconde exception et où il
est impossible de trouver une trace de la distinction que nous rejetons. C'est d'abord la loi 22 D.
(xii, 1) qui s'exprime ainsi :

Vinum quod mutuum datum erat, per judicem
petitum est : quæsitum est, cujus temporis æsti-
matio fieret : utrum cum datum est, an cum litem
contestatus fuisset, an cum res judicaretur? *Sabinus respondit, si dictum esset, quo tempore red-
deretur, quanti tunc fuisset (si non, quanti tunc),
cum petitum esset.*

La loi 4 D. (xiii, 4), empruntée à Gaius, n'est
pas moins explicite :

Si merx aliquá, quæ certo die dari debebat, petita sit, veluti vinum, oleum, frumentum : tanti litem æstimandam Cassius ait, quanti fuisset eo die quo dari debuit : si de die nihil convenit, quanti tunc, cum judicium acciperetur.... Quod et de cæteris rebus juris est.

Ainsi, toutes les fois qu'un terme a été ajouté à l'obligation, le juge, pour évaluer le montant de la condamnation, doit se placer au moment de l'échéance : peu importe, du reste, que l'obligation résulte d'un contrat de droit strict ou d'un contrat de bonne foi.

Il peut arriver que le débiteur, outre l'objet principal de la dette, doive certains accessoires, ce que les Romains désignent sous le nom général de *causa*. Par exemple, dans une vente, l'acheteur, débiteur à terme du prix, est tenu, si la chose vendue et livrée produit des fruits, de payer des intérêts au vendeur, parce qu'il serait contraire à l'équité qu'il profitât à la fois des fruits et des intérêts. Seulement ces intérêts ne peuvent pas être compris dans la demande principale, l'acheteur ne s'étant pas engagé à les fournir. C'est au juge à pourvoir à ce que l'équité soit respectée[1].

A l'égard du vendeur à terme, il n'est pas tenu de restituer les fruits qu'il a perçus, jusqu'à l'é-

___

1. L. 49, § 1, D. de act. empt. (XIX, 1). L. 54, pr. D. locat. cond. (XIX, 2).

chéance; car, en stipulant un terme pour la livraison, il indiquait suffisamment son intention de
jouir de la chose jusqu'au moment de l'échéance.

L'héritier grevé d'un fidéicommis doit, en principe, conserver les fruits par lui perçus avant le
terme fixé pour la restitution[1].

Mais nous avons vu que par exception il est
tenu de les rendre, lorsque le terme a été ajouté
dans l'intérêt du fidéicommissaire[2].

SECTION II.

DU TERME EXTINCTIF.

Nous avons défini le terme extinctif « le moment
de l'avenir, fixé ou non fixé par le calendrier, mais
devant certainement arriver, jusqu'où est ajournée la cessation des effets d'un rapport de droit. »

Il s'agit d'exposer les règles qui gouvernent ce
terme, nommé aussi terme final ou résolutoire,
dans les rapports de droit appelés proprement
droits personnels ou obligations, dont nous nous
occupons actuellement.

Une obligation peut-elle être affectée d'un terme
ad quem? Non, en principe. Peu importe qu'elle
découle d'une stipulation ou d'un legs. Le droit
civil a déterminé limitativement les modes d'ex-

1. L. 22, § 2, D. ad S. C. Trebel. (xxxvi, 1), l. 15, de
am. leg. D. (xxxiii, 1).
2. L. 3, § 3, de usur. et mor. D. (xxii, 1).

tinction des obligations; or le temps n'est point compris dans le nombre : il ne peut donc avoir pour effet d'éteindre une obligation. A cet égard les textes sont très-clairs :

Placet etiam ad tempus obligationem constitui non posse : non magis quam legatum. Nam quod alicui deberi cœpit, certis modis desinit deberi : plane post tempus stipulator vel pacti conventi, vel doli mali exceptione summoveri poterit[1].

Ainsi on ne peut affecter une obligation d'un terme final, c'est-à-dire, établir en la constituant, qu'elle s'éteindra au bout d'un certain temps. Mais ici une double observation est nécessaire :

1° Si, en fait, un terme final a été ajouté à une obligation, afin que, par suite de l'arrivée du terme, l'action se trouve annulée comme par une sorte de prescription, *quid juris ?* En droit pur, l'obligation sera perpétuelle et l'action toujours recevable, même après l'expiration du terme. Seulement le préteur, non moins jaloux de l'équité que du droit strict, accordera au débiteur une exception de pacte ou de dol pour repousser les poursuites du créancier après le terme.

Ainsi que nous l'avons vu pour les legs, un second cas peut se présenter : celui où les parties conviennent qu'à l'arrivée d'un terme les choses données feront retour à l'aliénateur. Alors on aura sans doute, pour se garantir, une *condictio ob*

1. L. 44, D. (xliv, 7), conf. l. 55, D. de leg. (xxx, 1).

causam datorum, qui concordera avec l'action *præscriptis verbis*, et dont le principe est parfaitement applicable à un cas de cette espèce.

Cette exclusion du *dies ad quem* dans les contrats tient, comme dans les legs, à un pur vice de forme. C'est à ce vice que l'exception de dol ou de pacte a précisément pour but de remédier. Du reste, même anciennement, les parties pouvaient obtenir le résultat désiré si, pour la cessation de l'obligation ou le retour des choses données, elles avaient soin d'ajouter une seconde stipulation *ex die.*

2° Nous avons vu, en parlant du *dies a quo*, qu'il peut arriver que, tout en étant admis par la nature de tel ou tel droit, il soit incompatible avec l'acte juridique destiné à établir ce droit; et réciproquement. — Ici, nous retrouvons quelque chose d'analogue. — Il existe des contrats qui, par leur nature, ne comportent qu'une durée limitée : ce sont le louage, la société et le mandat. Dès là, les obligations qui en découlent n'ont elles-mêmes qu'une durée limitée, c'est-à-dire qu'elles sont susceptibles d'un véritable *dies ad quem.* — Remarquons, en passant, la différence essentielle qui existe entre le terme final ou résolutoire et la condition résolutoire, *conditio ad quam.* Celle-ci, dans les contrats que nous venons d'énumérer, et en outre dans la vente, opère un effet rétroactif, de sorte que les obligations nées de ces contrats, à l'arrivée de la condition, sont anéanties *mutuo dissensu*, en quelque façon, par la commune volonté tacite des parties, et qu'elles sont censées n'avoir jamais existé. Au contraire, le terme résolutoire ne fait cesser les obligations nées du louage, de la société et du mandat, que pour l'avenir. Il ne les anéantit pas rétroactive-ment. L'obligation cesse, mais elle a duré.

Un cas qui mérite une attention particulière, est celui d'une obligation ayant pour objet des prestations périodiques. Alors, il faut distinguer si l'obligation résulte d'une stipulation ou d'un legs, car entre ces deux causes ou sources d'engagements, il existe, à ce point de vue, d'importantes différences qu'il est utile de signaler.

Nous supposerons, pour plus de simplicité, une obligation ayant pour objet une somme d'argent, à payer soit à la fin de chaque année, soit à des termes périodiques plus courts, ce qui constitue l'obligation désignée proprement dans notre droit sous le nom de *rente*.

A Rome, on se sert, pour la constitution de ce droit, d'expressions diverses : on peut stipuler ou léguer dix sous d'or, par exemple, ou *annuos*, ou *quotannis*, ou *in annos singulos*. Dans ces divers cas, le débiteur est tenu de payer dix sous d'or, à la fin de chaque année, pendant un temps indéfini.

Il n'en est pas de même lorsqu'on promet de payer dix sous d'or *hoc anno* ou *in annum unum*, ou *in annos decem*. Ces expressions signifient qu'on est tenu de payer une somme unique de dix sous d'or, à l'expiration d'une ou de dix années.

Revenons à l'obligation qui a pour objet une prestation annuelle, pendant un temps illimité. C'est ici que nous allons trouver les différences annoncées entre la stipulation et le legs. Lisons d'abord deux lois qui les exposent clairement :

« Pomponius l. 16, § 1, V. O.

« *Stipulatio* hujusmodi *in annos singulos* una est, et incerta, et perpetua : non quemadmodum simile legatum morte legatarii finiretur. »

« Paulus l. 4, de ann. leg.

« Si *in singulos annos* alicui legatum sit, Sabinus (cujus sententia vera est) plura legata esse ait, et primi anni purum, sequentium conditionale : videri enim hanc inesse conditionem, si vivat, et ideo, mortuo eo, ad heredem legatum non transire. »

Ainsi :

1° La stipulation *in annos singulos* est *una*; donc on ne considère qu'une fois la capacité du stipulant, à savoir, au moment même de la stipulation. — Le legs *in annos singulos*, au contraire, est multiple et renferme autant de legs distincts qu'il y a d'années : donc il faut examiner la capacité du légataire au commencement de chaque année.

2° La stipulation est *incerta*, puisqu'elle embrasse, de droit au moins, une durée illimitée :

donc l'action qui en naît est la *condictio incerti*
ou *actio ex stipulatu*. Le legs, ou plutôt chaque
legs annuel est *certum* : donc l'action qui en naît
est la *condictio certi*.

3° Enfin, la stipulation est *perpetua* : donc, en
droit pur, elle ne doit jamais finir. — Le legs est
temporaire, *morte legatarii finitur* : donc il peut
durer tout au plus autant que la vie du légataire.

Maintenant, voici la raison de ces différences :
le legs *in singulos annos* est fait en considération
de la personne du légataire, c'est-à-dire du créancier, pour lui procurer, en tout ou partie, sa subsistance. — La stipulation *in singulos annos*, au
contraire, est fondée sur la considération de la
personne, non du stipulant, mais du promettant,
c'est-à-dire du débiteur, pour lui rendre le fardeau
de l'obligation plus léger. Cette explication, donnée par Cujas et Doneau, est tirée de la nature
même du legs et de la stipulation. — Dans l'un,
en effet, comme dans toute disposition de dernière volonté, on doit rechercher principalement
l'intention probable du testateur. Dans l'autre,
comme dans toute stipulation, on doit plutôt
considérer l'intérêt du débiteur.

Rien, du reste, ne justifie mieux cette explication, que les observations suivantes :

Si une stipulation *in annos singulos* se présente
comme ayant été formée exceptionnellement dans
le but ordinaire des legs *in annos singulos*, il

faut voir là *plusieurs* stipulations, ayant un objet *certain* et non transmissibles aux héritiers [1].

A l'inverse, s'il paraît que le testateur a légué *in singulos annos*, en considération de la personne non du légataire mais de l'héritier, il y a là un legs *unique, pur et simple, incertain, perpétuel* [2]. Il en serait de même si le testateur avait expressément ajouté : *et heredibus*, ou encore, lorsque le legs est fait à une personne morale, par exemple à la République, ou à un Temple, ou même, mais plus tard, à une Église.

Toutefois ce dernier cas comporte certaines restrictions. Ainsi, le legs d'usufruit, fait à un particulier *et heredibus ejus*, n'est transmis qu'aux héritiers immédiats, *proximis heredibus*. Si le même legs est fait à la République ou à un Temple, il s'éteint au bout de cent années.

Ces restrictions ont pour but d'abréger la durée de la séparation de la jouissance et de la nue-propriété d'un même fonds, séparation signalée de tout temps comme contraire à la prospérité agricole.

Revenons un instant sur les règles ci-devant développées, afin d'en saisir l'intérêt pratique.

La rente constituée par une stipulation, avons-nous dit, est perpétuelle. De sorte que si une

---

1. L. 1, § 14, Dig. ut legat. seu fideic. (xxxvi, 3).
2. L. 12, l. 20, l. 26, § 2, Dig. quando dies legat. vel fideic. ced. (xxxvi, 2).

rente de dix sous d'or, par exemple, est constituée pour dix ans ou pour la vie du stipulant, le
débiteur, à l'expiration de ce temps, doit recourir à l'exception. Pourtant les parties peuvent élu-
der la rigueur du droit et se passer de l'exception.
Il suffit d'adopter une autre forme, de promettre,
par exemple, au lieu d'une rente de dix sous d'or
pendant dix années, cent sous d'or divisés en dix
payements pour chaque année, ou. au lieu d'une
rente viagère, de promettre dix sous d'or à payer
ex die, à un certain moment, toujours le même,
sous la condition suspensive de survie du créancier [1].

De même, nous avons vu que les legs de cette
nature se divisent en plusieurs annuités, la première pure et acquise à la mort du testateur, les
suivantes soumises à la condition suspensive de la
survie du légataire à chaque échéance. Et cela
parce que le plus souvent le testateur veut par
un legs assurer en tout ou en partie la subsistance
du légataire. Mais il n'y a là qu'une interprétation
de volonté. Au juge il appartient de rechercher
si telle a été effectivement l'intention du testateur.
Il peut décider qu'il a voulu donner une certaine
somme, divisée en plusieurs termes pour en fa-

---

1. C'est ainsi qu'il faut entendre la loi 140, § 1, de V. O.
(XLV, 1) ainsi conçue : de hac stipulatione, *annua, bima, trima die, id argentum quaque die dari ?* apud veteres varia-
tum fuit. Paulus sed verius, et hic tres esse trium summa-
rum stipulationes.

ciliter le paiement. Alors le legs est pur et simple, acquis au légataire immédiatement et en totalité, et les termes non échus passent à ses héritiers[1].

Il nous reste une dernière question à examiner. Que décider dans le cas où le créancier ou le légataire d'une annuité décède dans le cours d'une année?

Pour le légataire, pas de doute. Comme le legs dont il est le titulaire se·fractionne en autant de legs distincts qu'il y a d'années, et qu'il acquiert chacun d'eux le premier jour de chaque année, s'il meurt avant la fin d'une année, il transmet à ses héritiers le legs de l'année tout entière. Cette solution, qui découle naturellement des principes ci-devant exposés, est confirmée expressément par deux lois du Digeste, qui se rapportent, l'une à un legs de rente viagère, l'autre à un legs de simple annuité[2].

A l'égard du stipulant, et les principes et les textes sont moins concluants. Cependant nous pensons qu'il faut lui appliquer la même décision.

En effet .

1° Il résulte des indications que Gaius nous a transmises sur la *præscriptio*[3], que le créancier

____

1. L. 20, Dig. quando dies (xxxvi, 2), l. 3, pr. de ann. (xxxiii, 1).

2. L. 5 et 22, Dig. de ann. leg. (xxxiii, 1), conf. l. 1, Cod. quando dies (vi, 53).

3. Comm. iv, § 131.

d'une rente, perpétuelle ou viagère, qui agit à un certain moment, a droit à tout ce qui est échu : *cujus rei dies fuit.* La question revient donc à savoir quel est le point de départ de la première année. Car les termes d'échéance devront s'échelonner d'année en année à dater de ce jour. Or, il est dit expressément que dans la stipulation de rente il faut se placer au commencement de l'année pour apprécier la capacité du stipulant.

2° On peut arguer de la loi 18, § 3, D., de stipul. serv. (XLV, 3). Le jurisconsulte suppose qu'un *servus fructuarius* a loué ses travaux, à tant par an, et il ajoute : si l'usufruit cesse, le propriétaire gagne le loyer du temps qui reste à courir. Puis, précisant et supposant que le temps du bail ait été fixé à 5 années, il dit avec Julien, que l'usufruitier gagne les loyers stipulés par l'esclave *au commencement de chaque année.* Ce texte nous semble indiquer nettement l'esprit de la loi et corroborer notre explication.

CHAPITRE V.

DU TERME DANS LES ACTES TRANSLATIFS DE PROPRIÉTÉ, ET CONSTITUTIFS DE DROITS RÉELS, USUFRUIT ET SERVITUDES.

SECTION I.

DU TERME SUSPENSIF.

I. — *Propriété.* — En soi le transport de la propriété peut être soumis à un terme suspensif. Mais il importe de distinguer les divers modes de translation. Ainsi la tradition et le legs du droit de propriété se prêtent certainement à l'insertion d'un terme suspensif. Pour la tradition, les textes parlent toujours de la condition suspensive. Mais ils s'appliquent évidemment au *dies a quo*. En effet, si la tradition de la propriété peut être suspendue par une condition, c'est en raison de la *justa causa*, c'est-à-dire parce que les parties, libres de déterminer les effets de la mise en possession matérielle, peuvent reporter à un événement ultérieur la translation de propriété. Or elles peuvent de même la reporter à un certain temps.

En ce qui touche le legs de propriété, nous avons la loi 9, § 2, Dig. (VII, 9), qui, supposant un legs de propriété *ex die*, en détermine les effets. Le legs aura son *dies cedens*, comme s'il était pur et simple, du jour du décès du testateur, et passera au même moment aux héritiers. Quant à la translation de la propriété, elle n'aura lieu qu'à l'arrivée du terme.

Mais, ainsi que nous l'avons déjà remarqué, parmi les modes de transférer la propriété, il y en a qui n'admettent pas le *dies a quo*. Telles sont la *mancipatio* et la *cessio in jure*. On peut cependant les affecter d'un terme, par voie indirecte, au moyen d'un pacte adjoint.

II. — *Usufruit.* — L'usufruit peut être constitué ou par legs ou par acte entre-vifs.

Le legs d'usufruit admet le *dies a quo*, ainsi que cela résulte du § 49 fr. Vatic : *ex certo tempore legari potest.*

Quant aux actes entre-vifs, il faut faire plusieurs distinctions.

1° L'usufruit peut être établi soit directement par *translatio*, soit indirectement par *deductio*, c'est-à-dire au moyen d'une retenue dans une aliénation de la propriété.

A l'époque classique, les deux seuls modes admis par le droit civil pour la *translatio* de l'usufruit sont l'*in jure cessio* et l'*adjudicatio*. Par la *mancipatio* on ne peut constituer que des servitudes prédiales rustiques, du moins directement.

Car la *mancipatio* admet la *deductio ususfructus.* Quant à la tradition, elle ne peut servir à établir l'usufruit ni par *translatio* ni par *deductio.*

Revenons à l'*in jure cessio* et à l'*adjudicatio.* Le § 49 fr. Vaticana déjà cité porte :... Sed an in jure cedi vel an adjudicari possit ex certo tempore, variatur. Videamus ne non possit, quia nulla legis actio prodita est de futuro.

Ainsi on a décidé, après controverse, que dans ces deux modes le *dies a quo* doit être banni. Pour l'*in jure cessio*, il ne reste pas de trace de la controverse, et la raison donnée au texte est exacte, puisque, l'*in jure cessio* est l'image de l'ancienne *legis actio sacramenti.* Il n'en est pas de même de l'*adjudicatio.* Nous voyons au Digeste[1] que l'usufruit peut être adjugé *ex certo tempore.* Pour l'*adjudicatio*, les divergences d'opinion ont donc subsisté. Du reste cela se conçoit aisément. Car, pour repousser le terme dans l'*adjudicatio*, on peut dire que le juge, chargé de faire cesser l'indivision, doit régler les droits rivaux immédiatement et d'une façon définitive. D'autre part, en faveur de l'admission du terme, il n'est pas sans raison d'observer que pour arriver à l'égalité des lots, il peut être, dans certains cas, ou nécessaire ou plus simple de reculer l'ouverture de l'usufruit à un certain temps.

A l'égard de la *deductio ususfructus*, elle se pro-

1. L. 16, § 2, famil. ercisc. (x, 2).

duit, avons-nous dit, soit dans la *mancipatio*, soit dans l'*in jure cessio*. La question de savoir si elle peut être suspendue par un terme, paraît avoir sérieusement embarrassé les jurisconsultes, ainsi que l'atteste le § 50 fr. Vatic.

In mancipatione vel in jure cessione an deduci possit (ususfructus), vel ex tempore.... Dubium est, quemadmodum si is cui in jure ceditur, dicit : aio hunc fundum meum esse deducto usufructu ex cal. Jan..... Numquid ergo et ex tempore... deduci possit?

Remarquons d'abord que le doute signalé dans ce texte ne paraît pas avoir porté sur le legs. Le legs comporte donc la *deductio ususfructus*. Outre le § 49, déjà cité, qui dit, en termes généraux : *ex certo tempore legari potest*, on peut invoquer cette considération que les testaments se prêtent plus facilement que les actes entre-vifs, à l'admission de toute sorte de modalités.

Restent la *mancipatio* et l'*in jure cessio*. Ici on peut s'étonner des doutes que Paul nous révèle, car il semble bien que le terme, portant uniquement sur le droit même d'usufruit, n'empêche pas la *mancipatio* ou l'*in jure cessio* d'être pure et simple.

Mais, quand on va au fond de l'acte, on est saisi des mêmes doutes; en effet, supposons, par exemple, la mancipation d'un héritage, *deducto usufructu ex Calendis*. On ne peut pas dire que la mancipation soit pure et simple en ce sens que la pleine propriété est dès à présent tranférée, sous réserve d'un droit d'usufruit qui prendra naissance à l'arrivée du terme. Une pareille réserve, en effet, ne se concevrait pas, puisque, pour retenir il faut évidemment n'avoir pas encore aliéné. Il y aurait là en réalité *translatio* et non *deductio* d'un droit d'usufruit. Il faut donc se placer à un autre point de vue et dire : la mancipation aura eu pour objet la pleine propriété ou seulement la nue-propriété, suivant qu'à l'arrivée du terme la personne au profit de qui la réserve a été opérée aura cessé d'exister ou sera encore vivante. Or, s'il n'y a pas là une mancipation *ex die*, cela y ressemble tellement qu'on est réduit à se demander, ainsi que Paul : numquid ergo et ex tempore deduci possit ?

2° Sous Justinien, la *mancipatio* et l'*in jure cessio* ont disparu. On dispute sur la question de savoir si l'usufruit peut être constitué par pactes et stipulations ou seulement par quasi-tradition. Mais ces deux opinions sont d'accord pour admettre le terme suspensif.

III. — *Servitudes prédiales.* — Lisons d'abord une loi de Papinien qui s'occupe de l'admissibilité du terme dans les actes constitutifs de servitudes :

Servitutes ipso quidem jure neque ex tempore neque ad tempus, neque sub conditione, neque ad certam conditionem, verbi gratia *quamdiu volam*, constitui possunt ; sed tamen si hæc adjiciantur, pacti vel per doli exceptionem occurretur contra placita servitutem vindicanti. Idque et Sabinum respondisse Cassius retulit, et sibi placere[1].

Il résulte de ce texte qu'on ne peut suspendre par un terme l'établissement d'une servitude. Mais si, en fait, une pareille modalité a été ajoutée, elle produit son effet, au moyen d'une exception de pacte ou de dol.

D'où vient la prohibition du *dies a quo* dans les actes constitutifs de servitudes ? Sur la réponse à cette question, on n'est pas d'accord. Les uns disent : la prohibition tient à la nature des modes constitutifs employés, qui, comme l'*in jure cessio*, et la *mancipatio*, excluent le terme et la condition. Conséquemment, il faut restreindre la prohibition à ces actes et décider que le terme suspensif peut être admis dans les autres actes constitutifs de servitudes, c'est-à-dire dans les legs : ceux-ci, en effet, admettent toutes les modalités[2].

Les autres repoussent cette explication et raisonnent ainsi : la prohibition tient uniquement à cette idée que la servitude étant perpétuelle comme le fonds auquel elle adhère et dont elle est une qualité, ne peut, *ipso jure* du moins, être suspendue par l'addition d'un terme. La pro-

---

1. L. 4, pr. Dig. de servitut. (viii, 1).
2. Vid. les auteurs cités par M. Bufnoir, op. cit., p. 182, note 1.

hibition s'applique donc à tous les modes constitutifs de servitudes, et surtout aux legs. Car,
quant aux actes solennels comme la *mancipatio* et
l'*in jure cessio*, la loi 4 ne s'en occupe même pas.
En effet, n'avons-nous pas vu, en étudiant la loi
77, empruntée aussi à Papinien, relative aux *actus legitimi*, que ces deux actes sont annulés pour
le tout, *in totum vitiantur*, par l'addition d'un
terme. Dès là qu'ils sont nuls pour le tout, il
ne peut être question de paralyser l'effet du terme
par une exception. De sorte que non-seulement
la loi 4, contrairement à la première opinion,
doit être appliquée aux legs, mais encore elle ne
peut l'être à la *cessio in jure* ni à la *mancipatio*
auxquelles cette opinion prétend la restreindre[1].

Cette seconde explication, assez spécieuse, il
faut en convenir, ne nous semble pourtant pas
exacte. Nous adoptons pleinement la première, et
voici les arguments que nous invoquons pour la
défendre :

1° Quant à l'idée de perpétuité des servitudes,
seul fondement, au dire de nos adversaires, de la
prohibition de la loi 4, cette idée n'a rien à faire
ici. La raison en est simple, c'est que pour que la
servitude soit une qualité du fonds et participe
de sa perpétuité, il faut d'abord qu'elle soit née ;
or, la question précisément est de savoir si la
naissance en peut être retardée. Si donc, cette

1. M. Demangeat, op. cit., t. I, p. 511.

idée doit être prise en considération à l'égard du terme final, elle est absolument étrangère au terme suspensif, le seul dont nous nous occupions en ce moment.

2° Il n'est pas exact de dire que l'*in jure cessio* et la *mancipatio*, étant annulées pour le tout par l'addition d'un terme, l'exception soit inutile. Car si le terme a été ajouté au moyen d'un pacte, l'acte sera parfaitement valable, et l'exception visée par la loi 4 sera le seul moyen de faire valoir le terme.

3° La loi 4 fournit elle-même la preuve qu'elle n'est applicable qu'aux actes solennels, quand elle dit : per pacti exceptionem occurretur contra placita servitutem vindicanti. En effet, Papinien ne fait-il pas nécessairement allusion à des actes conventionnels quand il parle d'une exception de *pacte* à opposer à celui qui revendique la servitude *contra placita ?*

4° Enfin, la loi 3, Dig. (xxxiii, 3) nous paraît démonstrative. Cette loi, *in fine,* vise l'hypothèse où deux personnes étant copropriétaires d'un fonds, on a légué une *via* pour y accéder, à l'une purement et simplement, à l'autre sous condition. Dans ce cas, si la condition du dernier legs est encore en suspens quand l'autre devrait produire son effet, c'est-à-dire à la mort du testateur, tous les deux s'évanouissent. Autrement on aurait, ce qui est impossible, la constitution successive, à des époques différentes, de la servitude de *via*, au profit de l'un d'abord, puis de l'autre des copropriétaires du fonds dominant.

Cette solution est évidemment applicable au terme suspensif. Dès là, nous disons : Si, conformément à l'explication de nos adversaires, le terme *ex die* ajouté à une servitude constituée par legs ne produisait son effet que *exceptionis ope*, il faudrait décider que dans l'espèce les deux legs sont purs et simples, et par suite entraînent au même instant l'acquisition de la servitude, sauf à attendre, pour s'en prévaloir utilement, l'arrivée du terme. Mais la solution rapportée au texte est toute différente : les legs sont déclarés nuls, ce qui ne peut se concevoir qu'en admettant que la condition ou le terme ajouté à l'un d'eux suspend *ipso jure* l'ouverture du droit qu'il a pour objet de conférer[1].

Jusqu'ici, nous avons raisonné dans l'hypothèse d'une servitude constituée directement. Mais, comme l'usufruit, les servitudes peuvent être établies par *deductio* dans une *cessio in jure* ou dans une *mancipatio*. Cette déduction peut-elle avoir lieu *ex die* ? Dans le système que nous venons de combattre, la loi 4 ayant une portée générale, il faut répondre négativement. Pour nous, nous nous retrouvons en présence des mêmes doutes que nous avons exposés à propos de l'usufruit.

1. C. f. M. Bufnoir, op. cit., p. 182 et 230.

Observons qu'à l'époque de Justinien, la loi 4 ne peut avoir d'application en ce qui touche le *dies a quo* dans l'établissement des servitudes *pactis atque stipulationibus* ou par quasi-tradition.

SECTION II.

DU TERME EXTINCTIF.

1. — *Propriété.* — La propriété peut-elle, en droit romain, être transférée *à temps* ? Avant d'aborder de front cette importante question, nous croyons utile de présenter deux observations :

1° Les textes fort nombreux qui s'occupent des modalités susceptibles d'affecter la translation de propriété, ne visent pour la plupart que la condition résolutoire. Quelques-uns seulement traitent du *dies ad quem*, et encore ils se rattachent à la dernière époque du droit romain. Nous invoquerons le témoignage de ces divers textes avec une égale confiance. Car la question revient, en définitive, à savoir, qu'il s'agisse d'une condition ou d'un terme, s'il est possible, en transférant la propriété, d'en limiter *ab initio* la durée entre les mains du nouvel acquéreur, de sorte qu'à l'arrivée du terme ou de la condition, elle fasse retour, de plein droit, au précédent propriétaire.

2° Notre question est indépendante du mode translatif employé. Elle n'a rien de commun avec la théorie que nous avons exposée sur les *actus legitimi*, qui, par leur nature, se refusent à l'admission de toute modalité, condition ou terme.

La solution dépend donc, non de la nature de l'acte, mais uniquement de la nature du droit, de la nature de la propriété. Il est essentiel de se placer à ce point de vue, dont l'exactitude, du reste, se justifie par plusieurs considérations :

On peut conférer, par *in jure cessio* aussi bien que par legs, un droit d'usufruit *ad tempus*. Si donc il en est différemment à l'égard de la propriété, cela tient à la nature de ce droit et non à celle de l'acte translatif.

Il ressort des textes relatifs à notre question que la condition résolutoire dans les actes translatifs de propriété est admise ou non, indépendamment de la nature de ces actes.

Enfin, jusqu'à Justinien, le legs d'un droit de propriété *ad tempus* était nul[1]. Or, bien certainement, le legs par lui-même admettait le *dies ad quem*. Cette solution ne tenait donc qu'à la nature du droit de propriété.

La question étant ainsi présentée, nous pensons qu'il faut, pour y répondre, distinguer deux époques.

Dans le droit classique, l'opinion, sinon unanime, du moins dominante des jurisconsultes, semble bien avoir été que la translation de la

1. L. 26 C. de leg. (vi, 37).

propriété ne peut avoir lieu à temps, *ad diem* ou *ad tempus*. Ceci résulte d'abord de ce que l'aliénateur avec clause de retour sous condition, poursuit le retour de la chose entre ses mains au moyen d'une action in *personam*, non d'une action *in rem*. Ainsi nous voyons que dans la donation à cause de mort résoluble sous condition, dans la vente soumise à une condition résolutoire en vertu de l'*addictio in diem* ou d'une *lex commissoria*, le donateur ou le vendeur, dans le cas où par suite de l'accomplissement de la condition la chose donnée ou vendue fait retour à l'un ou à l'autre, n'a pour la recouvrer, qu'une action personnelle [1].

Il en était de même dans une très-ancienne institution du droit Romain, la *fiducie*. Le débiteur aliénait au profit du créancier la chose destinée à lui servir de gage, sous cette clause expresse qu'il rentrerait dans la propriété de l'objet après l'acquittement de sa dette. — Eh bien! le débiteur, une fois libéré, n'avait, comme le donateur et le vendeur, pour recouvrer la propriété de sa chose, qu'une action personnelle aboutissant à une rétrocession. C'est à ce cas que se rapporte cette espèce particulière d'usucapion, appelée *usureceptio*, sur laquelle Gaïus nous donne quelques détails [2].

1. L. 38, § 3, Dig. de usur, (xxii, 1); l. 35, § 3, Dig. de mortis causa donat. (lxix, 6); l. 2, C. de pact. int. empt. et vend. (iv, 54); l. 3, C. eod. loc.
2. Comm. II, § 59 seq.

Enfin deux constitutions impériales nient expressément, pour l'ancien droit, la possibilité de transférer la propriété *ad tempus*.

L'une est une constitution de Dioclétien et Maximien, rapportée au § 283 des fragm. Vatic. : « Si stipendiariorum proprietatem dono dedisti, « ità ut post mortem ejus qui accepit, ad te re- « diret, donatio inrita est, quum ad tempus proprietas transferri nequiverit »

L'autre est une constitution de Justinien[1]. Elle décide, par abrogation du droit antérieur, que les legs et fidéicommis temporaires, c'est-à-dire conférant une propriété *ad tempus*, qui étaient jusque-là tenus pour nuls, seront désormais considérés comme valables. « Illud quod de lega- « tis vel fideicommissis temporalibus, *utpote ir-* « *ritis*, a legum conditoribus definitum est, emen- « dare prospeximus.... »

De ces textes réunis il nous parait résulter, d'une façon positive, que la propriété, dans le droit classique, ne peut être transférée à temps.

Maintenant d'où vient cette prohibition? De ce que la propriété apparaît aux jurisconsultes Romains comme un droit absolu et perpétuel, par suite non susceptible d'être limité dans sa durée. A la vérité le propriétaire peut faire cesser la propriété en sa personne, en la transférant à autrui purement et simplement; il peut aussi, en la

______

1. L. 26, C. de leg. déjà citée (vi, 3).

transférant *ex tempore*, ne garder qu'une propriété *ad tempus*. Mais, dans l'un et l'autre cas il y a là en réalité ou l'exercice suprême plutôt que la fin de son droit, ou une suite de la disposition qu'il en fait lui-même. Ce qui est impossible, c'est de limiter *ab initio* la propriété dans les mains de celui qui l'acquiert, de telle sorte qu'il la reçoive affectée d'un terme à l'arrivée duquel il est dès à présent certain qu'elle finira.

Maintenant, que décider, si, en fait, un droit de propriété a été transféré *ad tempus*? En ce cas, d'après le § 283 fragm. Vatic. ci-dessus transcrit, l'acte est nul pour le tout. Cependant nous avons vu que les obligations contractées *ad tempus*, malgré l'interdiction expresse du législateur, ne sont pas nulles, mais peuvent seulement, à l'arrivée du terme, être paralysées au moyen d'une exception. De même nous verrons que les servitudes prédiales, en droit strict, n'admettent pas le *dies ad quem*, mais que si en fait une servitude a été établie avec cette limitation, le *dies* produit son effet au moyen d'une exception.

D'où vient cette divergence de solutions dans des questions qui offrent une si étroite analogie? En rapporter une raison décisive est malaisé. Cependant on peut justifier cette contradiction apparente par deux considérations :

1° Les obligations et les servitudes sont des droits qui peuvent s'éteindre, mais par des modes limitativement déterminés. Si donc en les constituant, on les affecte d'une cause d'extinction non prévue, par suite non légale comme le temps, on peut, à la rigueur, les maintenir, en supprimant seulement le terme ajouté. Mais la propriété qui peut se déplacer, ne peut pas s'éteindre, pas plus par le temps que de toute autre manière.

Transférer un droit de propriété *ad tempus*, c'est donc transmettre un droit qui n'est pas juridiquement reconnu et par suite, c'est faire un acte nul, comme si par exemple on voulait aliéner une chose hors du commerce.

2° On peut dire encore : la tradition, qui est le mode translatif visé dans le § 283, où il s'agit de fonds provinciaux, est gouvernée, quant à ses effets, par la volonté des parties : or, la pensée du *tradens* a été de ne conférer qu'une propriété résoluble ; cette intention n'étant pas réalisable en droit, comme on ne peut scinder sa volonté, on est conduit à annuler la tradition pour le tout. Cette explication, bonne pour la tradition et le legs, a le défaut d'être inapplicable à la *mancipatio* et à l'*in jure cessio*.

Ainsi, dans le droit classique, la propriété ne peut pas être transférée à temps, mais il n'y a là que l'opinion d'une majorité. En effet Ulpien, reproduisant la doctrine de Marcellus, soutient que dans le cas d'aliénation avec clause de retour sous condition, la propriété, dès que la condition est accomplie, fait retour *ipso jure*, à l'aliénateur. Supposant, à titre d'exemple, une donation *mor-*

tis causâ soumise à une résolution conditionnelle,
il accorde au donateur, pour rentrer dans sa propriété, à l'événement de la condition, une action
en revendication[1]. Cela prouve que, dans l'opinion de ces jurisconsultes, la propriété peut être
limitée *ab initio* dans sa durée et, par suite, transférée valablement *ad tempus*.

Cette solution a été plus tard consacrée définitivement par deux constitutions impériales. La
première, des empereurs Dioclétien et Maximien,
est la même exactement que celle qui est rapportée au § 283, fr. Vat. Seulement, tandis qu'elle
existe dans ce dernier recueil telle qu'elle fut décrétée, les rédacteurs du Code ne l'y ont insérée
qu'en lui prêtant, à l'aide de quelques changements de mots, un sens diamétralement opposé
au sens originel. En voici, du reste, le texte :

Si rerum tuarum proprietatem (dono) dedisti,
ità ut post mortem ejus, qui accipit, ad te redi-
ret, donatio valet : cum etiam ad tempus certum,
vel incertum ea fieri potest, lege scilicet quæ ei
imposita est, conservandâ[2].

La seconde constitution est de Justinien, et
n'est pas moins explicite[3] :

1. L. 29 et 30, Dig. de mort. caus. donat. (LXIX, 6), *junge*,
pour le cas d'une vente soumise à une résolution conditionnelle : l. 41, Dig. de rei vindic. (VI, 1); l. 4, § 3, Dig. de
in diem addict. (XVIII, 2); l. 3, Dig. quib. mod. pign. solv.
(XX, 6) et encore : l. 13, Dig. de pignor. act. (XIII, 7).
2. L. 2, C. de donation. quæ sub mod. (VIII, 55).
3. L. 26, C. de legat. (VI, 37).

Illud quod de legatis, vel fideicommissis temporalibus, utpote irritis, a legum conditoribus
definitum est, emendare prospeximus : sancien-
tes etiam talem legatorum, vel fideicommissorum
speciem valere, et firmitatem habere. Cum enim
jam constitutum sit, fieri posse temporales dona-
tiones et contractus ; consequens est etiam legata, et fideicommissa, quæ ad tempus relicta
sunt, ad eamdem similitudinem confirmari : post
completum videlicet tempus ad heredem iisdem
legatis, vel fideicommissis remeantibus, necessi-
tatem habente legatario, vel fideicommissario
cautionem in personam heredis exponere, ut (ei)
post transactum tempus res non culpa ejus dete-
rior facta restituatur.

En résumé, selon nous, dans le droit classique,
la propriété ne pouvait être transférée à temps, de
façon à faire retour, *ipso jure*, à l'aliénateur. Du
moins c'était la doctrine dominante, bien que
quelques-uns enseignassent déjà une doctrine
contraire. Mais, à l'époque suivante, la doctrine
de cette minorité a prévalu et il a été admis qu'on
peut, en transmettant la propriété d'une chose,
limiter *ab initio* la durée de cette propriété entre
les mains de l'acquéreur. Telle est l'opinion que
Justinien, notamment, consacre en termes exprès.

Maintenant quel est le caractère d'un droit de
propriété ainsi limité? Il semble qu'il doit être
assimilé à un simple droit d'usufruit. En effet,

d'une part le propriétaire *ad tempus* étant privé du *jus abutendi*, ne peut ni faire de la chose un usage définitif, ni consentir valablement sur cette chose des droits qui, comme les servitudes, exigent, chez le constituant, le titre de propriétaire. D'autre part, lorsqu'il s'agit de legs ou de fidéicommis *ad diem*, l'héritier est garanti par une caution contre les détériorations que pourra causer le propriétaire intérimaire.

Pourtant cette assimilation n'est point exacte. Car enfin, le propriétaire *ad tempus* est propriétaire ; dès là il a la faculté de changer la culture et le mode d'exploitation du fonds, et de s'approprier tous les produits qui n'ont pas le caractère de fruits, tels que les produits des mines et carrières non encore ouvertes au moment de son entrée en possession.

Ces droits qui n'appartiennent pas à l'usufruitier peuvent, en pratique, donner des résultats considérables, au moins dans certaines circonstances.

II. — *Usufruit.* — Le droit d'usufruit étant essentiellement temporaire, à la différence du droit de propriété, il a toujours été admis qu'on peut, en le constituant même par *translatio*, le soumettre à un terme extinctif. Nous avons vu que l'*in jure cessio* elle-même admet ce terme[1]

L'usufruit constitué *ad diem* s'éteint de plein

1. § 48, pr. Vatic., l. 35, de usu et usuf. Dig. (xxxiii, 2).

droit à l'arrivée du terme. Seulement, dans un cas spécial, on n'est pas d'accord sur le moment de l'échéance. Il s'agit de l'usufruit établi au profit d'une communauté, par exemple d'un municipe; comme alors il ne peut finir ni par le décès ni par la *capitis deminutio* du titulaire, on lui assigne une durée déterminée qui est, suivant les uns de trente ans, de cent ans suivant les autres[1].

L'usufruit peut-il être établi *ad diem* par voie de *deductio* dans une *mancipatio* ou une *in jure cessio*? Paul, § 50, fr. Vatic., nous fait connaître qu'il y a dissidence sur ce point entre les auteurs et que Pomponius notamment soutient la négative. Quant à lui, il déclare qu'il admet sans hésiter l'affirmative *quia et mancipationem et in jure cessionem lex 12 tabularum confirmat.* L'article de la loi visé dans ce passage, est évidemment celui-ci : *quum nexum faciet mancipiumque, uti lingua nuncupassit, ita jus esto.* D'où il résulte que les pactes adjoints à la mancipation sont obligatoires et que par suite les parties ont la faculté, au moyen de ces pactes, d'imprimer à la mancipation les effets qu'il leur plait. Paul veut donc dire que les parties peuvent, à l'aide d'un pacte, affecter d'un *dies ad quem* l'usufruit qui est l'objet de la retenue opérée dans une mancipation. Quant à l'opinion de Pomponius, elle ne se conçoit plus

---

1. L. 56, Dig. de usufr. (VII, 1); l. 68, pr. Dig. ad leg. Falcid. (XXXV, 2); Paul Sent. lib. III, tit. VI, § 33.

aussi aisément que pour le terme suspensif. Sans doute il cède à cette considération que l'affirmation, qui constitue la mancipation n'a pas, dès à présent, cette certitude qui en est le caractère essentiel, l'élément indispensable. Dans le cas, en effet, où l'usufruitier *ad diem* vient à décéder avant l'échéance, le droit s'éteint, puisqu'il est viager de sa nature, et ne peut, à moins de convention contraire, survivre au titulaire dans la personne de ses héritiers.

Dans une autre hypothèse, une constitution de Justinien donne une solution que notre Code a reproduite (art. 620). Si un usufruit a été légué à une personne jusqu'à ce qu'un tiers ait atteint un âge déterminé, et que le tiers décède avant le temps, l'usufruit durera jusqu'au moment fixé. — La raison de cette décision est que le constituant a considéré non la vie même du tiers, mais l'écoulement d'un certain temps[1].

Servitudes prédiales. — A la différence de l'usufruit, les servitudes prédiales, avons-nous dit, participent de la nature du fonds auquel elles adhèrent et sont, comme lui, perpétuelles. — Conséquemment si une pareille servitude est constituée *ad tempus*, le terme, de même que dans les obligations, est réputé non écrit, et, en droit strict, elle peut être exercée après comme avant

---

1. Neque ad vitam hominis respexit, sed ad certa curricula; l. 12, C. de usufr. et hab. (III, 33).

l'arrivée du terme. — Seulement le propriétaire du fonds servant jouit d'une exception pour repousser le propriétaire du fonds dominant.

Il eût été logique, de la part de Justinien, d'appliquer aux servitudes prédiales la même réforme qu'à la propriété. — Mais il a oublié de le faire, de sorte que, même sous l'empire du Code, une exception est nécessaire au propriétaire du fonds servant pour repousser le propriétaire du fonds dominant qui prétend exercer la servitude après l'arrivée du *dies ad quem*.

DROIT FRANÇAIS.

CHAPITRE I,

DÉFINITION. — DISTINCTIONS. — NOTIONS GÉNÉRALES,

Nous avons déjà défini le Terme : « le moment de l'avenir, fixé ou non fixé par le calendrier, mais devant certainement arriver, jusqu'où est ajournée, soit l'entière réalisation, soit la cessation des effets d'un rapport de droit[1]. »

Ici encore, nous allons reprendre, isolément et tour à tour, chacune des parties de cette définition.

« Le moment de l'avenir. » Le terme se rapporte toujours à l'avenir. — Il en est de même de la condition que nous avons déjà définie: un événement futur et incertain, auquel est subor-

[1]. Comp. Savigny, *System des heutigen Römischen Rechts*, § 125, III; Pothier, *Traité des Oblig.*, 2ᵉ part., nᵒ 228; Ernest Drumel, *du Terme*, thèse de doctorat, p. 1.

donnée la formation ou l'extinction d'un rapport de droit. — Autre point de similitude entre le terme et la condition : l'un et l'autre sont des *modalités* des divers actes juridiques, de sorte qu'on peut les en retrancher sans que ces actes cessent d'être complets, sans qu'ils perdent aucun des éléments essentiels à leur efficacité.

« Fixé ou non fixé par le calendrier. »

Dans le premier cas le terme est *certain* ou *déterminé*, comme quand on dit : je vous paierai 1000 francs au premier janvier prochain.

Dans le second cas, le terme est *incertain* ou *indéterminé* [1].

« Mais devant certainement arriver. » Le terme incertain lui-même ne peut manquer d'arriver. — L'incertitude ne porte que sur l'époque où il arrivera. — C'est là ce qui distingue éminemment le terme incertain de la condition. — Et comme on est tenté souvent de les confondre, il importe de nous arrêter ici, afin de saisir les nuances variées qui caractérisent l'une et l'autre modalité.

L'incertitude peut porter sur le point de savoir si le moment en question arrivera ou n'arrivera pas.

1. M. Demolombe distingue le terme *déterminé* et le terme *indéterminé* d'une part, et le terme *certain* et le terme *incertain* d'autre part. (Obligat., t. 11, nᵒˢ 572 et 575). Il y a là une superfétation. Il suffit de comparer les définitions que cet auteur applique à chacune de ces divisions, pour voir qu'elles rentrent l'une dans l'autre.

Par exemple : je vous donnerai tant, lorsque vous serez nommé préfet, lorsque vous vous marierez, lorsque vous aurez des enfants, etc.

Le moment ainsi désigné, malgré le mot *lorsque*, qu'on applique généralement au terme, constitue une véritable condition.

L'incertitude peut porter seulement sur le point de savoir si le jour ou le temps pris pour terme arrivera, quoique l'époque à laquelle il arrivera, en cas qu'il arrive, soit connue d'avance.

Par exemple : lorsque vous serez majeur, lorsque vous aurez trente ans. — Ce moment, en principe, forme aussi une condition et non un terme.

Enfin l'époque à laquelle arrivera le jour pris pour terme peut être incertaine, quoiqu'il soit certain que ce jour arrivera. Par exemple : lorsque je mourrai, lorsque vous mourrez, lorsque Paul mourra. — Alors, pour savoir si ce jour forme un terme ou une condition, il faut distinguer.

Dans les contrats il ne forme qu'un terme, ou, si l'on veut, une condition nécessaire qui n'ajourne point la naissance ou l'existence de l'obligation, mais qui en ajourne seulement l'exécution ou l'exigibilité jusqu'à l'arrivée du terme. Par exemple, je m'engage à vous donner 1000 francs à ma mort ; vous ne pouvez exiger que je vous paye avant ma mort. — Cependant, dès l'instant du contrat, je suis réellement votre débiteur, et si je vous paye dans l'entre-temps, je ne pourrai pas exercer l'action en répétition. Cette solution, que le droit Romain n'érigea en règle générale que dans les derniers temps, est le corollaire du principe déposé dans l'art. 1122 C. Nap., que nous stipulons non seulement pour nous, mais encore pour nos héritiers ou ayants cause, qui succèdent à nos droits ou à nos obligations con-ventionnels, qu'ils soient d'ailleurs purs et sim-ples ou à terme, ou même conditionnels[1].

Dans les testaments au contraire, ce jour, ce moment qui arrivera certainement, mais on ignore à quelle date, joue le rôle de condition, suivant la maxime de Papinien : *Dies incertus conditionem in testamento facit.* — Ici nous n'avons plus à dis-tinguer, comme en droit Romain, les institutions d'héritier et les legs, puisque ces deux sortes de dispositions, dans notre droit, sont assimilées et, par suite, soumises à des règles identiques[2].

Nous disons donc que le terme incertain, inséré dans les legs, produit les effets d'une condition, de sorte que si le légataire décède avant l'arri-vée du terme, le legs est caduc et ne passe point à ses héritiers. — L'art. 1040, C. Nap. ne laisse pas de doute à cet égard. — Cette solution tient au caractère essentiellement personnel des legs. — Le législateur, partant de cette idée que le testa-

1. Comp. art. 1179, C. Nap.
2. Art. 1002, C. Nap.

teur a voulu gratifier le légataire et non ses héritiers, décide logiquement qu'il n'eût pas légué s'il
eût prévu que le légataire ne profiterait pas de
son don, et qu'il mourrait avant l'arrivée du
terme. — C'est pour cela que dans le cas même
d'un legs pur et simple, le legs est caduc, si le
légataire décède avant le testateur.

On peut présenter ces idées sous une forme
différente, et dire : 1° Tout testament pur et simple contient la condition tacite et légale : Si le légataire survit au testateur, à moins que ce dernier n'ait étendu son legs aux héritiers du légataire; 2° toute disposition de dernière volonté qui
dépend d'un événement, dont la date est incertaine, renferme également la condition tacite et
légale : Si le légataire ne meurt pas avant l'arrivée
de l'événement.

Du reste ces règles du droit Romain que notre
Code a reproduites, avaient été consacrées par le
droit de l'ancienne France[1].

Toutefois, le fondement de la disposition de
l'art, 1040, étant la volonté présumée du testateur, il en résulte qu'il faut avant tout s'attacher
à cette volonté, telle que le testament la manifeste. — Or il est possible que le testateur ait
voulu affecter d'un terme non pas le legs lui-
même, l'existence du legs, mais seulement l'exé-

____

1. Voy. Furgole, testam., chap. vii, sect. iii, Pothier
donat. testam., chap. v, sect. ii, § 1,

cution du legs. Dans ce cas, la logique conduit à
décider, avec l'art. 1041, que le terme incertain
(le mot *condition* employé par cet article embrasse
visiblement notre modalité), « n'empêchera pas
l'héritier institué ou le légataire, d'avoir un droit
acquis et transmissible à ses héritiers. »

Maintenant pour reconnaître, en pratique, quelle
a été l'intention du testateur, il n'existe pas de *criterium* certain. — Il faut s'attacher aux expressions mêmes, à la teneur de l'acte, plutôt qu'à
des conjectures éloignées ou étrangères. — Le
terme incertain vaut condition, selon Ricard[1],
« quand il affecte la substance du legs et qu'il y
est inséparablement conjoint, » Par exemple, je
lègue 1000 francs à Paul, lorsqu'il aura atteint sa
majorité. — Ce legs est conditionnel, car la clause
qui y a été ajoutée en affecte bien la substance
même. — Paul n'aura donc droit au legs, qu'autant qu'il parviendra à sa vingt-et-unième année.
— S'il décède auparavant, il ne transmettra rien
à ses héritiers.

Il n'en est pas de même d'un legs ainsi conçu :
je lègue 1000 francs à Paul, payables à sa majorité. Ici en effet le terme n'affecte plus l'existence,
mais seulement l'exécution du legs. De sorte que
si Paul meurt avant sa vingt-et-unième année, il
transmettra le legs à ses héritiers. Il faut appliquer
la même solution à tous les cas semblables, au

1. Des dispos, condit., trait. II, chap. II, n° 33.

cas, par exemple, où le testateur aurait dit : Je lègue 1000 francs à Paul payables à la mort de Pierre, Telle n'était pas l'opinion de Furgole qui, suivant la doctrine de Jacques Ferrières, ne distinguait pas, dans l'espèce, si la modalité portait sur la substance ou sur l'exécution de la disposition. Il alléguait que le jour incertain fait condition indéfiniment et sans distinction, « ce qui a lieu soit que le jour incertain tombe sur la substance du legs ou sur l'exécution, et par conséquent dès que le légataire n'existe pas lorsque le jour incertain arrive, il ne peut transmettre le droit d'exiger le legs[1]. »

Cette décision, contraire à l'autorité de Ricard, est repoussée formellement par Pothier[2].

Qu'il nous suffise de rappeler, pour l'écarter, qu'elle est inconciliable aujourd'hui avec les termes exprès de l'article 1041.

Ajoutons que dans notre droit, de même qu'en droit Romain, le terme incertain qui consiste dans la mort du légataire, ne constitue jamais une condition. Car, l'échéance devant arriver du vivant du légataire, il est clair que le legs ne sera pas caduc et passera à ses héritiers.

1. Furg. ub. supr.
2. Donat. testam., chap. v, part. II, § 1. Nous aurions pu traiter séparément des règles de l'ancien droit Français qui se rapportent à notre sujet. Nous avons préféré ne les rappeler qu'incidemment, la plupart ayan été empruntées à la législation Romaine que nous avons étudiée.

Il nous reste à parler d'une variété du terme incertain, très-usitée dans les prêts et les contrats de mariage. C'est la clause : je vous paierai *quand je voudrai* ou *à ma volonté*; ou bien : je vous paierai *quand je pourrai, quand cela me sera possible, quand mes moyens me le permettront.*

La validité de ces clauses découle de l'article 1901 C. Nap. qui porte : « S'il a été seulement convenu que l'emprunteur paierait quand il le pourrait ou quand il en aurait les moyens, le juge lui fixera un terme de paiement, suivant les circonstances. » La raison de cette disposition n'étant pas spéciale au prêt, il faut l'étendre à tous les contrats où de pareilles clauses se rencontrent. Seulement quant aux effets de ces clauses, une distinction est nécessaire :

Je vous paierai 1000 francs quand je voudrai ou à ma volonté.

Il y a là un terme qui, en général, suspendra l'exécution jusqu'au décès du débiteur[1].

Je vous paierai 1000 francs quand je pourrai. C'est aux juges qu'il appartiendra de fixer un délai, suivant les circonstances[2].

Remarquons enfin :

1° Que ces clauses ne sont susceptibles de pareils effets, qu'autant qu'elles laissent subsister le lien de droit qui constitue l'obligation. Elles

---

1. Paris, 11 mai 1857; Dev., 58, II, 428.
2. Besançon, 2 août 1864; Dev., 65, II, 48.

seraient nulles et non avenues si elles transformaient l'acte au point que l'accomplissement de l'obligation demeurât subordonné à la volonté purement potestative du débiteur[1].

2° Que l'article 1188 est applicable à ces clauses comme à toute autre espèce de terme, de sorte que le débiteur serait déchu du droit de s'en prévaloir dans les cas énumérés par cet article[2],

« Jusqu'où est ajournée soit l'entière réalisation, soit la cessation des effets d'un rapport de droit. »

Le terme, en tant qu'il ajourne l'entière réalisation des effets d'un rapport de droit, s'appelle proprement terme *suspensif* ou *primordial*. Le second, qui se réfère à la cessation de ces mêmes effets, est le terme *extinctif* ou *final* ou *résolutoire*. Dans la section où le Code Nap. traite du terme, il n'est pas question de ce dernier. C'est que le terme suspensif est, pour ainsi parler, le vrai terme. Le terme extinctif, en dernière analyse, est moins une *modalité*, une manière d'être spéciale, accidentelle pour les contrats où il est le plus usité (louage, société, mandat) qu'une suite de leur nature et de leur durée limitée.

Le terme est *de droit* ou *de grâce*. Il est dit *de droit* lorsqu'il est soit établi par l'acte duquel l'obligation découle ou par un acte postérieur,

1. En ce sens : Bordeaux, 28 mai 1848; Dev., 48, II 604; Colmar, 31 décembre 1850, J. du P., 1853, p. 420; comp. Demol., op. cit., n° 576.

2. Paris, 2 août 1854; Dev., 55, II, 607.

soit concédé par la loi. Le terme légal le plus important est le délai annal que le Code, à l'exemple du droit Romain, accorde au mari, après la dissolution du mariage, pour restituer les sommes dotales[1].

Le terme est dit *de grâce*, lorsqu'il est accordé par le juge.

Le terme de droit est *exprès* ou *tacite*, suivant qu'il est formellement stipulé ou qu'il résulte de la nature même de l'obligation. Le terme tacite présente une importance spéciale en ce qu'étant, par sa nature, indéterminé, la fixation que le juge est tenu d'en faire suivant les circonstances n'est pas toujours exempte de difficultés. Le terme tacite résulte ou de la nature de la chose qui fait l'objet du contrat ou du lieu dans lequel l'exécution doit s'accomplir. Un entrepreneur s'est obligé à me construire une maison, d'après un devis convenu entre nous : « Je dois » dit Pothier[2] « attendre la saison convenable pour exiger de lui qu'il remplisse son engagement. »

Ou bien vous me promettez, à Paris, de me donner 1000 francs à Marseille. En ce cas, bien que nous n'ayons ajouté aucun délai, il est clair que vous avez droit à tout le temps nécessaire pour faire parvenir la somme à Marseille et envoyer vos instructions.

1. Art. 1865, Cod. Nap.
2. Op. cit., n° 228.

C'est un délai tacite de cette espèce que le débiteur a le droit d'invoquer, lorsque le contrat porte qu'il sera tenu d'exécuter son obligation, soit à la volonté du créancier, sur la première sommation, soit après l'expiration du délai convenu, sans qu'il soit besoin de sommation. Cette dernière clause elle-même renferme implicitement, au profit du débiteur, le droit au délai nécessaire pour exécuter l'obligation, dès que le créancier a signifié sa volonté d'être payé, après l'expiration du délai expressément fixé dans la convention[1].

Revenons au terme de grâce. — C'est le terme, avons-nous dit, qui est accordé par le juge, en dehors de la convention, pour des motifs d'humanité. Il faut lire à ce sujet l'article 1244 :

« Le débiteur ne peut point forcer le créancier à recevoir en partie le payement d'une dette, même divisible. Les juges peuvent néanmoins, en considération de la position du débiteur, et en usant de ce pouvoir avec une grande réserve, accorder des délais modérés pour le payement, et surseoir l'exécution des poursuites, ┊toutes choses demeurant en état. »

L'usage de ces délais d'indulgence remonte au droit Romain où nous en avons signalé l'application. Dans notre ancien droit, ils prirent une grande extension, au point que plusieurs ordonnances s'occupèrent de les réglementer.

1. Comp. Pothier, du prêt, n° 48; Troplong, du prêt, n° 260; Demol., t. II, Oblig., n° 571.

On distinguait les *Lettres d'État* et les *Lettres de répit*.

Les *Lettres d'État* ne pouvaient être délivrées que de l'exprès commandement du roi, aux personnes employées ou censées employées au service de l'État, hors de leur résidence ordinaire, en particulier aux militaires. Elles contenaient une surséance de six mois à toutes poursuites de procédures et dettes; pour les attaquer comme *obreptices* ou *subreptices*, il fallait se pourvoir devant le Conseil d'État. Elles pouvaient être renouvelées. L'effet et l'obtention de ces lettres étaient réglés par le titre v de l'Ordonnance du mois d'août 1669 et par une Déclaration du 23 décembre 1702 [1]. Il paraît avéré qu'on les accordait le plus souvent au crédit et à l'intrigue.

Quant aux *Lettres de répit*, elles étaient adressées par le roi aux juges, et leur permettaient d'accorder à l'impétrant, pour payer ses dettes, un délai qui ne pouvait excéder cinq ans, d'où ce répit avait reçu dans la pratique le nom de *quinquennelle*. De secondes lettres pouvaient être accordées pour des causes nouvelles et graves, mais après celles-ci, on n'en pouvait plus obtenir. Du reste, les lettres de répit étaient données à toutes les classes de débiteurs « qui, par des accidents imprévus et fortuits, se trouvaient dans l'impos-

---

1. Voy. Recueil général des anciennes lois Françaises d'Isambert, t. XVIII, p. 358, et t. XX, p. 424.

sibilité de payer leurs créanciers, quand ceux-ci les poursuivaient, mais qui avaient plus d'effets que de dettes, et n'avaient besoin que de quelque délai pour s'acquitter par la vente de leurs biens et par le recouvrement de ce qui leur était dû. »

A l'égard des juges, il leur était expressément interdit, en principe, d'accorder de leur propre autorité des surséances aux débiteurs; ils pouvaient seulement, « en condamnant au payement de quelque somme, donner surséance à l'exécution de la condamnation, qui ne pouvait néanmoins être que de trois mois au plus, sans pouvoir être renouvelée[1]. »

Ces lettres furent abolies en 1791, et la matière ne fut depuis réglementée que par le Code Nap. dans l'article 1244, ci-dessus transcrit. Cette disposition, par une innovation radicale, transporte du pouvoir exécutif au pouvoir judiciaire le droit d'accorder le terme de grâce. Quant au gouvernement, il peut accorder des surséances générales et collectives, lorsque l'intérêt public ou celui d'une grande masse de citoyens l'exige, dans des circonstances extraordinaires. On peut citer, par exemple, les arrêtés du gouvernement du 19 fructidor an X, 23 germinal an XI, et le décret du 20 juin 1807, qui accordent aux colons et à leurs cautions une surséance à toutes poursuites

---

1. Lois citées. Ordonnance d'août 1669, titre VI. La déclaration de décembre 1702 n'a trait qu'aux lettres d'État.

pour le payement des créances antérieures au
1.er janvier 1792, causées pour ventes d'habitations,
de maisons et de nègres à Saint-Domingue, ainsi
que pour avances faites à la culture dans ladite
colonie. Il n'est pas sans intérêt de remarquer que,
d'après l'article 4 du premier arrêté, le temps de
la suspension accordée ne pouvait être compté
pour la prescription. C'était l'application d'un
principe que le droit Romain avait consacré et que
nous retrouverons dans notre droit.

Nous avons vu que les Lettres d'État étaient
accordées en particulier aux individus sous les dra-
peaux. On peut se demander, après l'abrogation
de ces lettres, quelle situation est faite à ces personnes par la loi actuelle. Il faut décider que les
militaires et marins, même en activité de service,
ne jouissent d'aucune surséance, parce qu'ils peuvent agir ou se faire représenter par des manda-
taires. Quant à ceux qui n'en ont pas, on doit,
pour le règlement de leurs intérêts, combiner les
dispositions du Code Napoléon sur l'absence en
général, avec les prescriptions spéciales des lois
des 11 ventôse an II et 13 janvier 1817[1].

Aujourd'hui, nous le répétons, il appartient aux
tribunaux d'accorder un délai de grâce au débiteur, suivant les circonstances. Ce principe n'est
pas absolu. — Par exemple, les juges ne peuvent
prolonger le délai de cinq ans fixé par l'art. 1661

1. Comp. MM. Aubry et Rau, § 161.

pour l'exercice du pacte de retrait. Ils ne peuvent pas non plus accorder de délai à l'acheteur poursuivi par le vendeur en payement de son prix, lorsqu'il est convenu que la vente sera résolue de plein droit, faute de payement du prix au terme convenu, et sans qu'il soit besoin d'acte pour constituer l'acheteur en demeure [1].

L'article 1900, se référant au prêt de consommation, dispose que : « s'il n'a pas été fixé de terme pour la restitution, le juge peut accorder à l'emprunteur un délai suivant les circonstances. » Il semble découler de là que le juge n'a pas qualité pour concéder un délai de grâce, lorsqu'un terme a été stipulé expressément au profit de l'emprunteur. Mais ce n'est qu'une apparence. Il n'y a pas de raison pour refuser aux tribunaux, dans ce cas spécial, l'exercice du droit qu'ils tiennent de l'article 1244. Seulement, l'emprunteur devra tenir compte au prêteur des intérêts durant le délai de grâce, en vertu de l'article 1904, qui porte : « Si l'emprunteur ne rend pas les choses prêtées ou leur valeur au terme convenu, il en doit l'intérêt du jour de la demande en justice. » Remarquons, toutefois, que le juge ne peut condamner le débiteur à payer les intérêts, qu'autant que le demandeur les a expressément réclamés dans ses conclusions. Autrement, le juge statuerait *ultra petita* et encourrait la requête civile [2].

[1]. Art. 1656, c. b. n. avec art. 1139, C. Nap.
[2]. Voy. art. 480, al. 3, C. pr. c.

D'après l'article 1912 Code Nap., « le débiteur d'une rente constituée en perpétuel peut être contraint au rachat, 1° s'il cesse de remplir ses obligations pendant deux années.... » On se demande si ce délai de deux années est fatal, de sorte qu'une sommation ne soit pas nécessaire, et qu'après l'expiration de ce temps le débiteur ne soit pas reçu à purger la demeure par des offres ?

Il faut distinguer. Si la rente est *portable*, tout le monde reconnaît que le juge ne peut accorder au débiteur un délai de grâce. Mais pourquoi ? Ici, on n'est plus d'accord. D'après la Cour de Cassation[1], si le terme est fatal, c'est parce qu'il s'agit d'un prêt, c'est-à-dire d'un contrat unilatéral et que la disposition de l'article 1184, qui exige une demande en justice, ne concerne que les contrats synallagmatiques. Mais cette raison nous semble inadmissible : 1° parce que, dans l'ancien droit, où la rente constituée avait le caractère unilatéral autant qu'aujourd'hui, le débiteur pouvait purger la demeure, conformément à la disposition de l'article 1184 ; 2° parce que les articles 1184 et 1912 découlent d'une même source, savoir la nécessité de faire prévaloir la bonne foi dans les contrats, synallagmatiques ou unilatéraux, et que si ces articles diffèrent, ce n'est pas en principe, mais seulement dans le mode de faire opérer la condition résolutoire.

1. Arrêt du 8 avril 1818, Dalloz, v° rente, p. 553 ; arrêt du 10 novembre 1818, eod. loc.

Nous repoussons aussi l'explication proposée par Zachariæ, qui consiste à dire que le législateur a voulu moins prononcer une résolution du contrat que relever le créancier de la renonciation conditionnelle par lui faite à la faculté d'exiger son remboursement [1]. En effet, cette explication, assez peu claire, peut être ramenée à cette idée que le contrat est résolu, c'est-à-dire qu'en réalité elle n'explique rien.

Nous nous rallions à l'explication de M. Troplong. Nous croyons, avec l'éminent auteur, qu'il est plus vrai de dire « que dans des rapports de créancier à débiteur qui se renouvellent tous les ans et doivent durer indéfiniment, la loi a pensé qu'il fallait se montrer plus sévère envers le débiteur, afin que sa contumace n'embarrassât pas, par des retards sans cesse renaissants, le crédirentier qui compte sur son revenu, et ne convertît pas la perception régulière de la rente en une source de difficultés, d'inquiétudes et de contestations [2]. »

Tel est le principe, quand la rente est portable. Il ne cesse d'être applicable que si c'est par la faute du créancier que le débiteur n'a pas régulièrement payé les arrérages ; par exemple, si le créancier n'a pas fait connaître son nouveau domicile [3], ou si, ayant stipulé que la rente serait

1. T. III, p. 102.
2. Du prêt, n° 477.
3. Req. 19 août 1831 ; Dev., 1831, 1, 284.

portée au domicile d'un fondé de pouvoir, le crédi-rentier a laissé ignorer au débiteur le rempla-
çant de ce mandataire révoqué ou décédé[1].

Dans le cas où la rente est *quérable*, c'est-à-
dire payable au domicile du débiteur, le créancier ne peut exiger le remboursement qu'autant
qu'il prouve, par des moyens réguliers, qu'il s'est
présenté à son domicile pour recevoir ce payement. Ainsi la demande du créancier doit être
précédée d'une sommation faite par un huissier
porteur des pièces, afin de recevoir et de donner
quittance. — Maintenant, après cette sommation,
le débiteur peut-il obtenir un délai de grâce ?
En principe, et sauf les circonstances extraordinaires, laissées à l'appréciation des tribunaux, il
faut décider que non. La loi, en effet, est formelle : que la rente soit quérable, qu'elle soit portable, le débiteur doit toujours être prêt à l'é-
chéance. Un acte de sommation n'est requis, en
cas de rente quérable, que dans le but de prouver que le créancier était présent sur les lieux au
jour marqué pour recevoir son payement[2].

Une dernière remarque, pour en finir avec l'article 1912. — Ces termes du texte : « s'il cesse
de remplir ses obligations pendant deux années, »
doivent être ainsi entendus : « si le débiteur cesse
pendant deux années consécutives, le service de

1. Req. 8 décembre 33 ; Dev., 34, 1, 65.
2. Comp. Troplong, op. cit., nᵒˢ 479-483.

la rente, de manière à se trouver, après la seconde échéance annuelle, en retard de deux années d'arrérages. » Il ne faut pas croire, quoi qu'on en ait dit, que les deux années ne commencent à courir qu'à partir du jour fixé pour la première échéance annuelle [1].

La disposition de l'article 1244, qui permet aux juges d'accorder au débiteur un délai de grâce, a été l'objet des appréciations les plus diverses. Les uns la trouvent éminemment humaine et sage, les autres n'y voient qu'une atteinte injuste à l'inviolabilité de la loi du contrat. Cette divergence se réfléchit dans une double controverse que soulève l'interprétation de l'article 1244 et qu'il faut examiner :

1° On se demande d'abord si le juge peut accorder un délai de grâce au débiteur, dans le cas où celui-ci y a renoncé d'avance par la convention ?

Dans l'ancien droit, il ne semble pas y avoir eu de règle fixe à cet égard. D'une part, en effet, nous trouvons dans les Instituts coutumières de Loysel [2] cette maxime : « on peut renoncer aux répits, mais non au bénéfice de cession, » et la coutume de la Marche, dans son article 44, autorisait pareillement cette renonciation. D'autre

1. Comp. Toullier, VI, 566; MM. Aubry et Rau, § 398, texte et note 7; civ. Cass., 12 novembre 22, Sir., 23, I, 174.
2. Liv. 4, tit. VI, n° 11.

part, l'Ordonnance de 1669, dans l'art. 12 du tit. vi, ne permettait pas aux débiteurs de renoncer au bénéfice des lettres de répit ; tandis que la Déclaration du 23 décembre 1702, art. 9 et 10, admettait la renonciation aux lettres d'État.

Sous l'empire du Code Napoléon, on invoque en faveur de la validité de la renonciation, les raisons suivantes :

La disposition de l'article 1244 est fondée sur la volonté présumée des parties. Le législateur, toujours favorable au débiteur[1], suppose que le créancier, en contractant, entend laisser au débiteur, dans le cas où il ne pourrait s'exécuter à l'époque fixée, le temps de se retourner et de se libérer. Dès là, notre article devient inutile si la convention témoigne de la volonté contraire du créancier. Pour qu'il en fût autrement, il faudrait que le législateur eût interdit expressément la renonciation du débiteur au terme de grâce, comme il a pris soin de le faire à l'égard de la cession de biens et de la rescision de la vente pour cause de lésion de plus des 7/12[2].

Secondement, la disposition de l'article 1244 est exorbitante et contraire à l'exacte justice qui, dans les conventions, doit, avant tout, s'attacher aux engagements des parties. « Cette disposition, qui paraît d'abord dictée par l'humanité indul-

1. Art. 1162, 1187, 1602.
2. Art. 1268 et 1674.

gente, n'en est pas moins impolitique ; elle détruit le crédit et la confiance ; elle fomente la chicane ; et les effets de cette funeste indulgence peuvent finir par ruiner le débiteur pour le soulagement duquel elle a été permise. L'espérance d'obtenir des délais l'empêche de prendre à temps les mesures nécessaires pour s'acquitter ; et sa négligence entraîne sa ruine en frais et intérêts. »

Enfin, et cet argument, selon nous, est péremptoire, la preuve que la renonciation est licite résulte des travaux préparatoires du Code. Nous avons là-dessus deux témoignages démonstratifs :

« On demanda au Conseil d'État » dit Maleville[1] « si la faculté accordée aux juges par l'art. 1244 s'étendrait au cas où il y aurait une stipulation contraire dans l'obligation, *et il fut répondu négativement.* »

D'autre part, nous lisons dans le Procès-Verbal du Conseil d'État, rapportant la séance du 18 Brumaire an XII, tenue sous la présidence du consul Cambacérès[2] : « L'art. 140 (1244 du Code) est discuté. Le consul Cambacérès demande si cet article autoriserait le juge à prononcer la division du payement, *même lorsqu'il y aurait une stipulation contraire.* Il pense que ce serait donner trop de pouvoir aux tribunaux.

1. Analyse raisonnée de la discussion du Code civil au conseil d'État, t. III, p. 96.
2. Locré, législ. civ., t. XII, n° 44.

« M. Regnault (de Saint-Jean-d'Angely) observe que plus la loi laisse de latitude aux tribunaux pour modifier les conventions, moins il existe de crédit. *M. Bigot-Préameneu dit qu'il n'a pas été dans l'intention de la section de donner à la disposition l'étendue dont a parlé le consul*[1]. »

Dans le système contraire on répond :

Il n'est pas vrai que la disposition de l'art. 1244 soit fondée sur l'intention présumée des parties, car elle permet aux juges d'autoriser la division du payement. Or, cette division est contraire à l'intention des parties, puisque, d'après l'alinéa Ier de ce même article, *le débiteur ne peut point forcer le créancier à recevoir en partie le payement d'ne dette même divisible.* Le vrai motif sur lequel repose l'art. 1244 est un motif d'humanité et de secourable indulgence. Le législateur, prévoyant les cas où un débiteur honnête se trouverait momentanément hors d'état d'acquitter son engagement, a voulu justement que les juges pussent lui tenir compte des circonstances, de sa bonne foi, de sa solvabilité assurée, et lui accorder un délai modéré. Cette disposition est d'ordre public, et, comme telle, elle subit l'application de l'art. 6 du Code Nap. aux termes

1. En ce sens : MM. Aubry et Rau, sur l'art. 1244; Toullier, VI, 658; Larombière, t. III, art. 1244, n° 28; Colmet de Santerre, V, 183 *bis*, IX; Rolland de Villargues, Répert. du notar., v° Terme, n° 13; Bordeaux, 28 avril 1830, Sir., 30, 2, 268; Bordeaux, 23 juillet 1838, Sir., 39, 2, 147.

duquel « on ne peut déroger par des conventions particulières aux lois qui intéressent l'ordre public et les bonnes mœurs. »

En second lieu, si ces renonciations étaient permises, elles deviendraient, comme on dit, *de style*; les créanciers, empressés à ne perdre aucun de leurs avantages, ne manqueraient jamais de les imposer aux débiteurs. Résultat fâcheux, qui serait contraire à l'esprit de la loi et rendrait inutile le tempérament si sage par où elle a voulu modérer la rigueur des contrats.

Ajoutez que cette doctrine concilie toutes les exigences; de deux choses l'une, en effet : ou le créancier aura stipulé la renonciation du débiteur par des motifs légitimes, et parce que le moindre retard dans le payement lui causerait un préjudice, et alors, les juges, sans doute, qui doivent tenir compte avant tout des circonstances, n'accorderont aucun délai au débiteur;

Ou au contraire, le débiteur, ayant expressément renoncé au délai de grâce, il apparaît, à l'échéance du terme, que la concession d'un délai lui serait utile, nécessaire, et n'entraînerait d'ailleurs aucun dommage pour le créancier. Dans ce cas, pourquoi les juges ne pourraient-ils pas, malgré la clause contraire, reculer le moment du payement[1]?

---

1. En ce sens : Delvincourt, t. II, p. 769; Carré et Chauveau, Lois de la procédure, I, quest. 529; Rodière, contr.

A vrai dire, nous trouvons ces raisons excellentes; mais, le fussent-elles cent fois plus, nous n'en persisterions pas moins à défendre la première opinion qui s'inspire de l'esprit du législateur. Le législateur a-t-il voulu que le débiteur pût renoncer au terme de grâce par la convention? Oui, cela résulte incontestablement des travaux préparatoires. A-t-il eu raison d'autoriser cette renonciation? C'est une tout autre question. L'effort principal de la seconde opinion tend à prouver qu'il a eu tort. Nous confessons que c'est aussi notre avis. Mais, encore une fois, là n'est pas la question. Notre devoir à nous, interprètes, est de rechercher quelle a été l'intention du législateur, et, cette intention une fois reconnue, de nous y conformer, de nous y soumettre absolument, fût-il prouvé d'ailleurs que cette volonté est contraire à l'équité et à la droite raison. Autrement, on n'interprète plus la loi, on la plie arbitrairement à ses convenances et à ses fantaisies.

2° La seconde question soulevée par l'art. 1244 est celle-ci : les juges peuvent-ils accorder un délai au débiteur poursuivi en vertu d'un titre exécutoire?

La plupart des auteurs enseignent qu'ils ne le peuvent pas. Nous pensons, au contraire, qu'ils le

et procéd., I, p. 369; Taulier, 4, 371; Marcadé, sur 1244, n° 2; Demol., t. II, Oblig., n° 590-593; Colmar, 29 juillet 1850; Sir., 51, II, 272.

peuvent. Et voici les raisons qui nous rangent à cette opinion, soutenue par la minorité des auteurs, il est vrai, mais aussi par une jurisprudence unanime.

D'abord, à considérer l'art. 1244 en lui-même, on voit qu'il est conçu dans des termes généraux qui ne comportent aucune distinction.

La place qu'occupe cet article corrobore cette observation. En effet, il fait partie d'une section, dont la rubrique, *du payement en général*, s'applique évidemment au titre exécutoire.

Enfin, cet article dispose que les juges peuvent «..... surseoir l'exécution des poursuites, toutes choses demeurant en état. » Expressions qui supposent que des poursuites ont été commencées, pour être reprises, s'il y a lieu; or, les poursuites n'ont pu être commencées qu'en vertu d'un titre exécutoire.

D'ailleurs, on ne comprendrait pas que l'application de l'art. 1244 fût restreinte aux seules poursuites exercées en vertu de jugements. Le fondement même de cette disposition qui est une raison d'humanité et de protection pour le débiteur malheureux et de bonne foi en commande l'extension au cas qu'on prétend en excepter. Car alors la force exécutoire de l'acte, la promptitude et la vigueur des poursuites rendent le secours de la loi particulièrement nécessaire et urgent.

A ces raisons on objecte d'une part les articles

2212 du Code Nap. et 122 Code de procéd., et d'autres part les travaux préparatoires.

L'article 2212 s'exprime ainsi : « si le débiteur justifie, par baux authentiques, que le revenu net et libre de ses immeubles pendant une année, suffit pour le payement de la dette en capital, intérêts et frais, et s'il en offre la délégation au créancier, la poursuite peut être suspendue par les juges, sauf à être reprise, s'il survient quelque opposition ou obstacle au payement. »

Ainsi, disent nos adversaires, voilà un cas, le seul mentionné par le Code Napoléon, où le débiteur poursuivi en vertu d'un titre exécutoire, peut obtenir un délai de grâce. Or, si la disposition de l'article 1244 était générale, à quoi bon cet article 2212 ? Si le principe était que le débiteur, poursuivi par un créancier muni d'un titre exécutoire, a droit à un délai de grâce, comment le législateur, dans un cas spécial, eût-il cru nécessaire de lui reconnaître ce droit expressément ? Ce qui corrobore cette explication, c'est la condition très-sérieuse, presque sévère à laquelle la loi subordonne pour le débiteur, même dans ce cas favorable, l'obtention d'un terme de grâce.

Notre réponse sera simple, et même empruntera à l'article en question un nouvel argument en notre faveur. Nous dirons : l'article 2212 établit purement et simplement que dans le cas d'une saisie immobilière les juges ne peuvent accorder un délai au débiteur que sous la condition spéciale qu'il détermine ; mais sous cette condition ils peuvent lui en accorder un : donc l'article 2212 lui-même prouve que tout débiteur a droit à un délai de grâce, lorsqu'il est poursuivi en vertu d'un titre exécutoire.

L'article 122, Code de procéd., porte : « Dans les cas où les tribunaux peuvent accorder des délais pour l'exécution de leurs jugements, ils le feront par le jugement même qui statuera sur la contestation, et qui énoncera les motifs du délai.»

Ainsi, dit-on, il résulte de cette disposition que le délai de grâce est accordé au débiteur par le jugement qui tranche la contestation. Or lorsque le créancier poursuit en vertu d'un titre exécutoire, la nature même du titre rend toute contestation impossible, donc le juge ne peut concéder de délai par un jugement qu'il n'est pas appelé à prononcer.

Nous répondons : Il n'est pas exact de dire qu'il ne peut s'élever de contestation sur un titre exécutoire. Un pareil titre, en effet, peut fort bien être argué de nullité, soit pour vice de forme, soit pour cause d'erreur, de dol ou de violence. Donc dans ce cas au moins l'objection tombe absolument.

Mais nous n'avons même pas besoin de supposer un débat de ce genre. Voici comment nous pouvons expliquer l'article 122 : ce qui résulte de cette disposition, c'est que, dans le cas où les juges sont saisis d'un différend, ils doivent tout régler par un seul et même jugement et qu'ils ne peuvent accorder après coup, ni un délai qu'ils avaient d'abord refusé ni un délai nouveau. Disposition, du reste, qui se justifie d'elle même, car autrement on aurait eu tous les inconvénients inséparables de décisions nouvelles rendues par les mêmes juges sur le même objet, et dont le plus grave est la contrariété des jugements.

Enfin on tire un dernier argument des travaux préparatoires.

L'article du projet autorisait les juges à permettre la division du payement, 1° en considération de la position du débiteur; 2° *en cas de contestation de la dette* [1]. Le tribunat demanda la suppression de ce second cas, en disant : « Ou le titre est exécutoire ou il ne l'est pas ; dans le premier cas le juge ne peut arrêter l'exécution; dans le second, l'exécution est suspendue de plein droit, dès qu'il y a contestation [2]. » Effectivement le second cas fut supprimé. Mais nous observerons simplement qu'il y avait à cela une bonne raison, absolument étrangère à notre question, à savoir, que le juge ne peut pas arrêter l'effet d'un titre exécutoire par cela seul qu'il y a contestation de la part du débiteur.

A l'appui de cette explication ajoutons que M. Jaubert, pour justifier devant le Corps législatif

1. Fenet, t. XIII, p. 25.
2. Ibid., p. 158.

la disposition de l'article 1244, cita précisément
le cas où le débiteur est poursuivi en vertu d'un
titre exécutoire [1].

Remarquons, 1° qu'il résulte de l'article 122 du
Code de procédure, que les juges ne peuvent, par
exception, accorder de délai au débiteur poursuivi en vertu d'un titre exécutoire, quand ce titre
est un jugement antérieur de condamnation;
2° que de même, aux termes de l'article 2212,
dans le cas de saisie immobilière, le débiteur,
poursuivi en vertu d'un titre exécutoire, ne peut
obtenir de délai qu'en satisfaisant à la condition
spéciale requise par ledit article.

Nous avons vu que dans l'ancien droit les diverses surséances qui pouvaient être accordées
aux débiteurs étaient toutes limitées à une certaine durée. L'article 1244 n'en assigne aucune
au délai de grâce. Il s'en rapporte complétement à
la sagesse des juges. L'abus de ce pouvoir ne peut
constituer qu'un grief d'appel, non une ouverture
à cassation. Cette idée, qui découle naturellement
des principes, est confirmée par le témoignage de
Maleville: « On demanda encore si la Cour de
Cassation pourrait examiner si les juges avaient
bien ou mal à propos accordé un délai au débiteur; il ne fut pas répondu directement à cette

____

1. Locré, législat. civ., t. XII, p. 465. Voy. en ce sens,
MM. Aubry et Rau, sur 1244; Larombière, t. III, art. 1244,
n° 33; Massé et Vergé, t. III, p. 426; Marcadé, art. 1244,
n° 3.

question; mais il est bien constant que la Cour s'en rapporte à ce qui est décidé par les juges sur les faits et les circonstances [1]. »

De même il ne faut pas hésiter à reconnaître que le délai de grâce ne peut être accordé au débiteur qu'à la charge par lui de justifier : 1° que ses biens sont suffisants pour répondre de ses engagements; 2° que l'exécution immédiate de l'obligation, dont on poursuit le payement, lui causerait un préjudice sérieux [2].

Ajoutons qu'il résulte des termes de l'art. 1244, lequel recommande aux juges de prendre en considération la position du débiteur, sans parler du créancier, que les malheurs de celui-ci ne forment point absolument obstacle à ce que le débiteur obtienne un délai de grâce. Toutefois, il est entré certainement dans la pensée du législateur que les juges devraient tenir compte, dans une juste mesure, de la position du créancier [3].

Enfin, d'après l'art. 123, Code de proc., « le délai courra du jour du jugement, s'il est contradictoire, et de celui de la signification, s'il est par défaut. » Il résulte de cette disposition une conséquence importante : c'est que le terme de grâce peut être accordé d'office par le juge, alors même que le débiteur n'y a pas conclu expressément.

1. Op. cit.
2. MM. Aubry et Rau, § 319, texte et note 21.
3. Demol., eod. loc.

Qu'on n'objecte pas que l'art. 480, § 3, du même Code, interdit aux tribunaux de statuer sur une chose non demandée. Le cas ici n'est pas précisément le même. Ce qui est vrai, c'est que le tribunal, en accordant au débiteur un délai auquel il n'a pas conclu, n'adjuge pas à son adversaire tout ce qu'il demandait. En effet, ce que voulait le créancier, c'était une condamnation pure et simple à un paiement immédiat. Le tribunal lui accorde une partie de sa demande, en reconnaissant la créance, seulement il subordonne le paiement à un délai plus ou moins long. Ce n'est donc pas là statuer *ultra petita*, ce n'est pas violer le § 3 de l'art. 480[1].

— « Le terme de grâce, » d'après l'art. 1292, « n'est point un obstacle à la compensation. » Nous verrons qu'il en est autrement du terme de droit. Cette différence s'explique. La compensation est un paiement fictif. Or, le terme de grâce n'a été concédé au débiteur que parce qu'il lui était impossible de s'exécuter. Sitôt donc que le paiement devient possible, directement ou indirectement, il n'y a plus de raison pour maintenir le terme au préjudice du créancier. Ajoutons que forcer le créancier de payer son débiteur qui ne le paie pas lui-même, ce serait l'exposer à subir une double perte.

L'art. 125, Code pr., porte : « Les actes con-

1. Comp. Boitard, proc. civ., t. I, n° 266.

servatoires seront valables nonobstant le délai
accordé. » Nous verrons en effet que le terme de
droit lui-même ne s'oppose point à ces actes. Il
n'est pas toujours facile de déterminer le véritable
caractère d'un acte donné, et de décider si c'est
un acte d'exécution ou un acte simplement conservatoire. A l'égard du terme de grâce, on se
demande en particulier s'il ne met pas obstacle à
la saisie-arrêt. Nous pensons qu'il faut répondre
négativement.

1° La question en effet revient à savoir si la
saisie-arrêt est un acte d'exécution. Ce qui est
sûr, c'est qu'elle ne peut être pratiquée, en principe, nonobstant le terme de droit. On ne peut
nier, du reste, qu'une mesure qui aboutit à faire
passer dans les mains du créancier les deniers du
débiteur, ne soit jusqu'à un certain point une
mesure d'exécution. Mais on ne peut nier non
plus que la saisie-arrêt ne diffère profondément
des actes d'exécution ordinaires. La preuve en est
que tandis qu'en principe aucun acte d'exécution
proprement dit ne peut avoir lieu qu'en vertu
soit d'un jugement, soit d'un acte authentique et
exécutoire[1], la saisie-arrêt, aux termes de l'art.
557, peut être pratiquée par tout créancier, en
vertu de titres authentiques *ou privés*. Ainsi la
saisie-arrêt apparaît comme un acte mixte qui
tient, par certains côtés aux actes d'exécution,

1. Art. 545, C. procéd.

par d'autres aux actes conservatoires. De sorte qu'à cette question : le terme met-il obstacle à la saisie-arrêt ? nous répondons *oui*, pour le terme de droit, *non* pour le terme de grâce. Et il n'y a pas là de contradiction : car pour l'un nous nous attachons au caractère d'acte d'exécution, pour l'autre au caractère d'acte conservatoire qu'offre la saisie-arrêt ;

2° Outre les raisons tirées des textes et des principes, notre opinion se recommande par des considérations de haute justice. Un débiteur poursuivi par son créancier, obtient un délai des juges. Advient l'échéance d'une créance dont il est le titulaire. Il peut, usant de son droit, se faire payer la somme et la dissiper. Quoi de plus juste, en pareil cas, que d'accorder au créancier la faculté de faire verser la somme entre ses mains jusqu'à concurrence de sa propre créance, surtout s'il demande que ce versement ne soit effectué qu'à l'expiration du délai de grâce ? Nous admettrions toutefois un tempérament. Si le créancier était pourvu d'une garantie réelle, comme une hypothèque, un gage, ou d'une caution sûre, nous comprendrions qu'on refusât de valider une saisie-arrêt qu'il aurait pratiquée, puisqu'il ne court aucun risque sérieux. Mais, dans tout autre cas, lorsque le créancier n'a pas de sûreté, de garantie spéciale, que la position du débiteur s'aggrave de jour en jour par ses désordres, nous ne voyons plus aucune raison pour lui refuser le seul moyen qui lui reste de conserver ses droits, sans nuire aucunement, remarquons-le bien, à son débiteur[1].

Le terme de grâce étant fondé uniquement sur une raison d'humanité, on conçoit que le débiteur le perde plus facilement que le terme de droit, qui est une partie intégrante du contrat. Aussi les causes de déchéance sont-elles plus nombreuses pour le premier que pour le second.

Le débiteur ne peut ni obtenir un délai de grâce ni jouir de celui qui lui a été accordé, d'après l'art. 124, Code procéd. : 1° si ses biens sont vendus à la requête d'autres créanciers; 2° s'il est en état de faillite (ou de déconfiture); 3° s'il est en état de contumace (telle qu'elle est définie par les articles 465 et 470, Code inst. crim.); 4° s'il est constitué prisonnier (mais voy. la loi du 22 juillet 1867, abolitive de la contrainte par corps); 5° s'il a diminué par son fait les sûretés qu'il avait données par le contrat à son créancier; 6° ajoutons d'après les art. 157 et 187, Code com., si la poursuite a lieu en vertu d'effets négociables[2].

Observons toutefois :

1° Que les dispositions des articles 157 et 187 Code de Comm. doivent être considérées comme exceptionnelles, car elles se justifient par le carac-

1. En ce sens : Toullier, t. VI, 673.
2. Req. rej. 20 décembre 1842; Sir., 43, 1, 223; Pardessus, cours de dr. commerc., t. II, p. 73; Carré et Chauveau, Quest. 522; Demol., loc. cit., n° 603; MM. Aubry et Rau, § 319, texte et notes 72 et 73.

tère particulier des engagements qui en font l'objet. En effet, de la nature de la lettre de change et du billet à ordre ainsi que de la circulation à laquelle ces effets sont destinés résulte la nécessité d'un paiement à jour fixe ; autrement ce n'est pas seulement le créancier, ce sont aussi les tiers qui souffriraient un préjudice. Mais ces motifs disparaissent quand il s'agit d'obligations même commerciales qui n'ont d'effet qu'entre le créancier et le débiteur. En pareil cas il n'y a plus de raison pour ne pas revenir à la règle posée dans l'article 1244 Code Napoléon,

2° Que les arrêts en sens contraire [1] ne peuvent infirmer ces principes, car ils se réfèrent ou à l'exception même ou à des hypothèses réellement étrangères à notre question.

1. Colmar, 24 novembre 1806 ; Sir., 1806, II, 974 ; Douai, 13 avril 1814 ; Sir., 1816, II, 99,

CHAPITRE II

DU TERME SUSPENSIF DANS LES OBLIGATIONS.

SECTION I.

LES EFFETS DU TERME AVANT L'ÉCHÉANCE.

1. — Voyons d'abord les effets du terme à l'égard du débiteur. D'après l'article 1185, « le terme diffère de la condition, en ce qu'il ne suspend point l'engagement, dont il retarde seulement l'exécution. » Ainsi l'obligation à terme existe dès l'instant de la formation du contrat. Seulement la poursuite de cette obligation est ajournée jusqu'à l'échéance. En un mot, le droit existe dès à présent, mais l'exercice en est suspendu. C'est en ce sens qu'il faut entendre le dicton. « qui a terme ne doit rien. »

Ainsi donc, le principal effet du terme, relativement au débiteur, est d'empêcher qu'il ne puisse être contraint de payer avant l'arrivée de ce terme.

Mais le débiteur peut-il obliger le créancier à recevoir le paiement avant l'échéance ? Il faut distinguer : il le peut, si le terme n'a été stipulé qu'en sa faveur, et comme ce cas est le plus ordinaire, il est présumé par la loi, dans le silence de la convention[1]. Au contraire, le débiteur ne peut devancer le terme, s'il a été aussi convenu dans l'intérêt du créancier.

Chacun de nous est maître de renoncer à un droit établi pour lui seul. Le débiteur peut donc, en principe, devancer le terme et payer avant l'échéance. Il va sans dire qu'il ne saurait être admis, en pareil cas, à exercer aucune répétition.

Mais que décider, s'il a payé d'avance par erreur, dans l'ignorance du terme qui existait en sa faveur ? Faut-il, même en ce cas, lui refuser toute action en répétition ? La question est vivement controversée.

Lisons d'abord l'article 1186 : « Ce qui n'est dû qu'à terme ne peut être exigé avant l'échéance du terme; mais ce qui a été payé d'avance, ne peut être répété. »

Il semble bien résulter des derniers termes de cet article que le débiteur qui a payé d'avance, même par erreur, est privé de tout recours, car ces termes sont absolus. Tel n'est pas notre avis cependant, et nous croyons qu'il est plus conforme à l'esprit de la loi d'accorder au débiteur une action en répétition, dans la mesure que nous allons déterminer.

Le débiteur qui paie avant l'échéance, livre au

1. Art. 1187.

créancier le capital ou le fonds d'abord, et en
outre une valeur représentée par les intérêts ou
les revenus qu'on peut en retirer dans l'entre-
temps. Cette *valeur d'usage* est distincte du capital ou du fonds. Cela posé nous dirons : Qu'est-ce
que devait le débiteur, même avant l'échéance ?
Le principal évidemment, mais il ne devait pas
la valeur d'usage, c'est tout aussi évident. Or,
d'après l'article 1376, « celui qui reçoit par erreur
ou sciemment ce qui ne lui est pas dû, s'oblige à
le restituer à celui de qui il l'a indûment reçu »
D'où nous concluons que le débiteur qui a payé
par erreur avant l'arrivée du terme, a le droit de
répéter du créancier, non le principal, mais toute
la valeur d'usage, c'est-à-dire les intérêts ou les
revenus du capital ou du fonds.

Remarquons d'abord, à l'appui de cette décision, que le texte de l'article 1186 ne la contrarie
en rien : « ce qui a été payé d'avance ne peut être
répété, » nous ne disons pas autre chose. Ce que
le débiteur a payé, c'est le principal, et quand il
répétera les intérêts ou le loyer, il ne réclamera
pas une part intégrante de ce principal, mais une
valeur qui en est distincte, et qui, en lui faisant
retour, n'enlèvera au créancier aucune parcelle
du principal.

La solution que nous proposons se concilie
donc parfaitement avec le texte de la loi. Est-il
besoin de la justifier au point de vue de l'équité ?
Nous avons vu que la dette à terme existe dès

l'instant de sa formation, de sorte qu'on peut dire jusqu'à un certain point, que le débiteur qui l'acquitte avant l'échéance ne paie que ce qu'il doit. Mais il est certain qu'en devançant le terme il paie réellement plus qu'il ne doit. Si je vous dois 100 000 francs, par exemple, payables dans dix ans, et que je vous les livre le quinzième jour de la première année, on peut soutenir, à la rigueur, que je paie ce que je dois, et rien de plus. Mais comment nier que je paie, au fond, en sus de ma dette, soit les les intérêts de cette somme de 100 000 francs, pendant près de dix années, soit toute autre valeur équivalente que vous en pourrez retirer pendant le même temps ? Il en serait de même si la dette avait pour objet un immeuble.

Dans le système qui dénie au débiteur d'une façon absolue l'action en répétition, on prétend tirer du droit Romain et de notre ancien droit Français, un argument redoutable. On nous dit :

Il est constant qu'en droit Romain l'action en répétition de l'indû, la *condictio indebiti* n'était point accordée au débiteur à terme. C'est ce que Pomponius [1] établit nettement, en décidant que, suivant la nature différente du terme et de la condition, dont l'un suspend l'exécution seulement, l'autre l'existence même de la dette, le paiement fait par erreur avant l'événement de la condition

____

1. L. 16, § 1, de condict. indebit.

peut être répété, tandis que le paiement fait avant l'arrivée du terme ne peut pas l'être [1].

Il n'est pas moins avéré, ajoute-t-on, que la même doctrine était consacrée par notre ancien droit, ainsi que cela résulte de plusieurs passages de Pothier, et particulièrement de celui-ci : « On ne peut pas à la vérité répéter la somme ou la chose qui a été payée avant l'échéance du terme du paiement ; mais celui qui a payé, par erreur, avant le terme, ne peut-il pas au moins répéter la valeur du bénéfice que celui à qui le paiement a été fait, a dû ressentir de l'anticipation du terme ? Non, ce serait exiger un escompte ; l'escompte n'étant pas plus licite que l'intérêt du prêt et ne pouvant être licitement stipulé, il ne peut pas, à plus forte raison, être demandé, lorsqu'il n'a pas été promis. »

Ces précédents sont en effet constants, mais ils ne prouvent rien contre notre opinion.

En effet, pourquoi la *condictio indebiti* était-elle refusée en droit Romain au débiteur à terme ? Uniquement parce que la *condictio* était une action de droit strict. Or, notre droit ne distingue plus les actions de bonne foi et les actions rigoureuses, « les conventions légalement formées doivent être exécutées de bonne foi, » dit en termes généraux l'art. 1134, de sorte que, la distinction qui est la base de ce premier argu-

1. Conf., l. 10, hoc tit.

ment n'existant plus, cet argument est sans valeur.

Bien plus, nous avons des preuves directes que, dans la pensée des jurisconsultes Romains, le débiteur qui devance le terme paie réellement plus qu'il ne doit. C'est d'abord la loi 10, § 12 et 16, ff., quæ in fraud. credit., que nous avons examinée dans notre première partie. Cette loi, qui accorde aux créanciers l'action Paulienne à la suite des paiements anticipés effectués par le débiteur à terme, en donne cette raison : *nam et prætor fraudem etiam in tempore fieri intelligit.*

Plus clair encore est le § 33 des Instit. de action. lib. IV : « plus autem quatuor modis debetur : re, tempore, loco, causâ..... *tempore, veluti si quis ante diem,* vel ante conditionem, *petierit.* »

Ainsi, le droit Romain, loin de nous être contraire, affirme, proclame le principe qui est le fondement de notre système, à savoir que le débiteur qui paie avant le terme, paie plus qu'il ne doit.

Quant au témoignage de Pothier, il suffit d'examiner la raison qu'il donne lui-même de sa doctrine pour voir que cette doctrine, aujourd'hui, n'a plus de fondement. Pourquoi, en effet, le débiteur qui devance le terme ne peut-il répéter au moins la valeur d'usage? « parce que, » dit-il, « ce serait exiger un escompte... qui n'est pas plus licite que l'intérêt du prêt..... »

Ainsi l'unique raison que Pothier allègue, c'est

que l'escompte n'est pas licite, non plus que l'intérêt. — Fort bien. — Mais aujourd'hui l'intérêt peut, très-licitement, être stipulé et, par suite, aussi l'escompte. — Qu'on ne nous oppose donc pas l'ancien droit.

On nous dit encore :

Votre doctrine peut être exacte et fondée en théorie. Mais en pratique elle n'est bonne qu'à soulever des difficultés inextricables. Un exemple vous le prouvera : supposez un testament contenant au profit de Paul un legs, pur et simple, de 100000 francs. Paul s'empresse de donner cette somme en dot à sa fille, ne gardant pour lui que les 3000 francs de rente qui composent toute sa fortune. Mais voilà qu'on découvre un second testament aux termes duquel le legs ne devait être délivré à Paul que dix ans après le décès du testateur, et sans intérêts jusqu'à la délivrance. D'après vous, l'héritier, ayant payé par erreur avant l'échéance, a le droit d'exiger de Paul, sinon le capital, au moins les intérêts pendant dix ans. Ainsi, vous condamnez Paul, qui n'a pour vivre que 3000 francs de rente, à payer pendant dix années 5000 francs d'intérêts à la fin de chaque année. Ce n'est pas seulement la ruine de Paul que vous demandez, c'est l'impossible. Et vous prétendez que votre doctrine est équitable !

Voilà un raisonnement spécieux. Mais il ne prouve rien, parce qu'il prouve trop. En effet,

nous allons faire à notre tour une hypothèse.
Supposons que le second testament, au lieu de
reculer l'exigibilité du legs, le révoque. Que
diront, en ce cas, nos adversaires? Certes, la
situation de Paul sera plus intéressante encore
que dans leur hypothèse, puisqu'il devra restituer,
non plus seulement les intérêts, mais le capital en
entier. Car, là-dessus, tout le monde est d'accord
et la loi est formelle : l'héritier pourra répéter le
capital. Or, si, dans ce cas, l'héritier est admis à
exercer l'action en répétition, il est clair qu'il doit
avoir le même droit, à plus forte raison, dans
celui qu'il leur plaît d'imaginer. Qu'ils laissent
donc de côté ces exemples qui se retournent contre
leur propre doctrine.

Ajoutons même que, dans les cas les plus ordinaires, les plus fréquents, la répétition ne souffrira
pas de difficulté. Le plus souvent, en effet, le
créancier sera encore en possession de l'argent
qu'il aura touché, soit qu'il le détienne personnellement, soit qu'il l'ait remis à son notaire, pour en
faire le meilleur usage. Il en sera de même toutes
les fois que l'objet de la dette sera un fonds de
terre ou un bâtiment. Qu'est-ce qui empêchera le
créancier qui aura reçu avant le terme, de restituer au débiteur les revenus ou les loyers?

En faveur de l'opinion que nous défendons,
on invoque volontiers les travaux préparatoires.
M. Bigot-Préameneu, orateur du Gouvernement,
déclara devant le Corps Législatif que « si le débi-

teur a *librement* et d'avance satisfait à son engagement, il ne serait pas juste de l'autoriser à en demander la répétition pour ne le payer qu'à l'échéance. » On infère de cette expression *librement* que, dans la pensée des rédacteurs, pour que le débiteur fût privé du droit de répéter, il fallait qu'il eût payé *sciemment, en connaissance de cause.* Nous déclarons sincèrement que cet argument, superflu d'ailleurs, ne nous semble pas fondé. Car on peut tout aussi bien entendre *librement* dans le sens de *spontanément,* avant toutes poursuites de la part du créancier[1].

Ainsi que nous l'avons observé ci-devant, le débiteur ne peut devancer le terme, toutes les fois qu'il a été stipulé dans l'intérêt du créancier. Mais dans quels cas le terme est-il établi en faveur de ce dernier? L'article 1187 nous répond : « Le terme est toujours présumé stipulé en faveur du débiteur, à moins qu'il ne résulte de la stipulation ou des circonstances, qu'il a été aussi convenu en faveur du créancier. »

Ainsi, il peut être dérogé à la règle générale, posée en tête de l'article 1187, soit par une clause expresse ou tacite du contrat, soit par les circonstances.

1. Voy. dans notre sens : Duranton, t. XI, n° 113; Marcadé, art. 1136 et 1377, n° 3; Bugnet sur Pothier, t. II, p. 109; Demol. t. XXV, n° 633-636. — Contr. MM. Aubry et Rau, oblig., § 303, texte et note 10; Colmet de Santerre, t. V, n° 103 *bis*; Larombière, t. II, art. 1186, n° 34.

— 167 —

D'abord par une clause expresse du contrat.
Ceci est très-simple et fréquemment usité dans
les prêts et les constitutions de rente. Ainsi, d'a-
près l'article 530 Code Nap., qui s'occupe d'une
rente établie à perpétuité pour le prix de la vente
d'un immeuble ou comme condition de la
cession à titre onéreux ou gratuit d'un fonds
immobilier : « Il est permis au créancier de stipuler que la rente ne pourra lui être remboursée
qu'après un certain terme... » De même, l'article 1911, parlant de la rente constituée en perpétuel à prix d'argent, ajoute : « les parties peuvent convenir que le rachat ne sera pas fait...
*sans avoir averti le créancier au terme d'avance
qu'elles auront déterminé.* »

Mais le cas n'est plus aussi simple lorsque c'est
d'une clause tacite ou des circonstances qu'on
prétend induire que le terme a été aussi stipulé
dans l'intérêt du créancier.

Par exemple, dans un contrat de prêt à intérêts fait pour un temps déterminé, sans autre addition ni désignation, on voit généralement cette
clause tacite : l'emprunteur ne pourra contraindre
le prêteur à recevoir le capital avant l'échéance,
alors même qu'il offrirait les intérêts jusqu'au
jour du paiement[1]. Le plus souvent, en effet, le

1. Toullier, VI, 677 ; Duranton, t. XI, n° 109 ; Larombière, t. II, art. 1187, n° 8 ; Colmet de Santerre t. V,
n° 110 *bis* ; Demol., n° 628-631.

prêteur a pour but de s'assurer le revenu de son argent pendant le temps fixé; et sans doute un remboursement anticipé serait contraire à ses intérêts, puisqu'il aurait pour effet d'interrompre inopinément ce revenu et de mettre entre ses mains un capital dont il serait fort embarrassé de trouver immédiatement l'emploi.

Pourtant nous pensons que la prudence conseille au prêteur, en stipulant un terme, d'ajouter expressément qu'il entend que l'emprunteur ne pourra le rembourser avant l'échéance.

Malgré l'unanimité des auteurs sur ce point, nous comprendrions fort bien qu'un tribunal décidât, dans notre exemple, que l'emprunteur est libre de rembourser, pourvu qu'il offre les intérêts jusqu'au jour du paiement. Car enfin, d'après notre article 1187, pour que le terme ne soit pas censé stipulé uniquement dans l'intérêt de l'emprunteur, il faut qu'il résulte « de la stipulation ou des circonstances qu'il a été aussi convenu en faveur du créancier. » Or, dans l'espèce, la stipulation étant muette sur ce point, d'une part, et les circonstances ne renfermant aucun indice particulier (les auteurs le supposent tous) d'autre part, nous ne voyons pas quel argument le prêteur pourrait tirer de l'article 1187 pour repousser le paiement anticipé offert par l'emprunteur.

Mais supposons que l'emprunteur ne puisse pas rembourser avant l'échéance, parce que le terme a été aussi stipulé, expressément ou tacitement, en faveur du prêteur. Dans ce cas, l'emprunteur pourra-t-il astreindre le prêteur à recevoir le paiement avant le terme, en offrant dès à présent la totalité des intérêts à échoir jusqu'à l'échéance? Une telle hypothèse sera rare, sans doute, dans la pratique; et si elle se présente, il sera plus rare encore de voir le prêteur refuser un paiement offert à ces conditions. Mais nous croyons qu'il en aurait le droit. Car le paiement anticipé l'obligerait à garder un capital dont il ne devait disposer qu'au terme fixé par le contrat, n'ayant sans doute aucun placement sûr ou du moins calculé à en faire auparavant. En outre, il pourrait répugner à sa conscience de recevoir des intérêts dont la capitalisation anticipée n'est pas exempte de toute apparence usuraire. Cette raison, nous le savons, est traitée légèrement et même tournée en ridicule par certains auteurs. Mais nous la tenons pour sérieuse, étant de ceux qui pensent que les scrupules d'une conscience droite méritent honneur et respect. Enfin le prêteur pourrait avoir un intérêt grave à refuser le paiement avant l'échéance, si le débiteur ne l'offrait que pour profiter, à son détriment, d'une crise politique ou financière qui aurait déprécié les espèces ou jeté du papier-monnaie dans la circulation [1].

1. Comp. Toullier, t. VI, n° 677; Larombière, t. II, art. 1187, n° 5; Demol. n° 630.

Supposons, à l'inverse, que le terme ait été établi uniquement en faveur de l'emprunteur. Alors il a le droit de se libérer avant l'échéance. S'il use de ce droit le créancier peut-il exiger les intérêts du capital, non-seulement jusqu'au jour du paiement, mais aussi jusqu'à l'échéance? Nous pensons qu'il n'en a pas le droit, d'abord parce que ce serait imposer au débiteur des intérêts pour un temps pendant lequel il n'a pas joui du capital, ce qui est contraire à la nature des intérêts, et ensuite parce qu'il ne serait pas exact de dire que le terme profite au débiteur, si celui-ci était tenu, en se libérant *avant*, de payer tout autant que s'il se libérait *après*. Les mêmes raisons nous conduisent à décider que l'emprunteur a le droit de déduire les intérêts, s'ils ont été, au moment du contrat, comme cela a lieu quelquefois, *englobés* dans le capital [1].

Les circonstances, avons-nous dit, peuvent indiquer que le terme a été aussi convenu en faveur du créancier. Par exemple, si un métayer achète des bœufs à la fin de l'automne pour n'être livrés qu'au printemps, afin que le vendeur les nourrisse pendant l'hiver [2].

En matière commerciale, nous trouvons une exception à la règle que le terme est présumé sti-

---

1. En ce sens, Demol. n° 63 ; comp. Larombière, t. II, art. 1187, n° 5. — Contra. Duranton, t. XI. p. 109

2. Toullier, n° 678 ; Demol. n° 627.

pulé en faveur du débiteur. Déjà les Déclarations des 28 novembre 1713 et 20 février 1714 [1] ordonnaient que les débiteurs des lettres ou billets de change payables au porteur ou à ordre, et des billets ou promesses, valeur en marchandises, ne pourraient obliger les porteurs d'en recevoir le paiement avant l'arrivée du terme. Pareillement, l'article 146 Code Com. veut que le porteur d'une lettre de change ne puisse être contraint d'en recevoir le paiement avant l'échéance. Cette disposition est appliquée aux billets à ordre par l'article 187 et elle doit être étendue à toutes les promesses et obligations relatives aux affaires de commerce. Lorsque nous nous sommes occupé de l'article 157 Code Com. qui défend aux juges d'accorder aux débiteurs un délai de grâce pour le paiement d'une lettre de change, nous avons limité cette disposition aux effets négociables. Et cela par la raison qu'étant fondée sur l'intérêt des tiers, cette disposition n'a pas de cause dans toutes les autres obligations commerciales où le lien de droit est concentré entre le créancier et le débiteur. Il n'en est pas de même de la disposition de l'article 146. Elle repose, en effet, sur cette considération que les commerçants ne faisant en général des opérations que dans l'intention d'être payés ou livrés à des époques certaines pour lesquelles ils se tiennent prêts, le terme de paiement

1. Recueil de Jousse, t. II, p. 814.

ou d'exécution de leurs engagements doit être présumé stipulé en faveur du créancier autant qu'en faveur du débiteur. Conséquemment, si le débiteur veut devancer le terme, c'est à lui de prouver qu'il a été dérogé à la règle; comme dans les obligations qui ne sont point de commerce, c'est au créancier de prouver que le terme a été aussi convenu en sa faveur.

Nous avons vu que le terme de grâce ne met point obstacle à la compensation. Il en est autrement du terme de droit. Cette règle, qui se justifie d'elle-même du reste, découle de la disposition de l'art. 1291, qui est ainsi conçue : « La compensation n'a lieu qu'entre deux dettes qui ont également pour objet une somme d'argent, ou une certaine quantité de choses fongibles de la même espèce et qui sont également liquides et *exigibles*. »

Le dernier des effets du terme à l'égard du débiteur, et non le moins important, est de mettre obstacle à la prescription de la créance. Cela résulte de l'art. 2257 qui dispose que : « la prescription ne court point, à l'égard d'une créance qui dépend d'une condition, jusqu'à ce que la condition arrive,... à l'égard d'une créance à jour fixe, jusqu'à ce que ce jour soit arrivé. » Bien que la rubrique de la section qui renferme cet article porte : « des causes qui *suspendent* le cours de la prescription, » il ne faut voir dans cette disposition qu'une application de la règle : *Ac-*

tioni non natæ non præscribitur. En effet, la suspension de la prescription suppose que l'action à
laquelle la prescription doit s'appliquer est déjà
ouverte, et c'est ce qui n'a pas lieu dans les
hypothèses de l'art. 2257. Il est clair par exemple que, jusqu'à l'arrivée du terme, le créancier
est dépourvu d'action, du moins de l'action que
la créance est destinée à produire.

Du reste, malgré ces mots de l'art. 2257 : « à
jour fixe, » il faut en étendre la disposition, *à fortiori*, aux créances à terme incertain qui, pour la
fixation du point de départ de la prescription,
peuvent et doivent être assimilées à des créances
conditionnelles[1].

Dans le cas de plusieurs codébiteurs solidaires,
dont l'un est obligé à terme, on se demande s'il
peut, et dans quelle mesure, invoquer la prescription accomplie au profit de son codébiteur
pur et simple. La question revient à savoir, d'a-
près les distinctions établies dans cette matière
par l'art. 1208, si l'exception qui résulte de la
prescription est commune ou personnelle ou
purement personnelle.

Dire que cette exception est purement personnelle, c'est dire que le débiteur à terme ne peut

---

1. Nous rappelons que dans le cas d'une rente perpétuelle
ou viagère, le fonds de la rente, c'est-à-dire le droit d'exiger
le service des arrérages, se prescrit à partir du jour du contrat de constitution. A ce point de vue, il n'y a pas à tenir
compte des divers termes de payement.

aucunement se prévaloir de la prescription. Résultat inadmissible : car ou il aurait un recours pour partie contre son codébiteur, de sorte que celui-ci ne profiterait réellement pas de la prescription, ou il serait privé de tout recours, ce qui constituerait sans raison une aggravation singulière de sa position.

Reste à savoir si l'exception résultant de la prescription est personnelle ou commune. On a soutenu qu'elle est personnelle, et conséquemment qu'elle ne peut être opposée que pour partie au créancier par le codébiteur à terme[1]. On se fonde principalement sur une raison d'analogie tirée de l'art. 1285, d'après lequel la remise de dette faite expressément à un seul des codébiteurs solidaires ne profite aux autres que pour partie. En effet, dit-on, il existe une étroite affinité entre la renonciation à la créance qualifiée remise de dette et la renonciation implicite qui résulte de la prescription.

Nous ne suivrons pas cette manière de voir; nous pensons qu'il est plus conforme et à la nature de la prescription et au sens général de l'art. 1185, et enfin au but du terme, de considérer l'exception qui nous occupe comme formant une exception commune. En effet, d'abord, la prescription est fondée sur cette présomption que le créancier qui est resté inactif pendant le temps

1. M. Colmet de Santerre sur l'art. 1208, n° 142 bis, V.

requis pour son accomplissement, a été payé, ou, s'il n'a pas été payé, a du moins renoncé à sa créance ; donc la prescription, en réalité, repose plutôt sur une présomption de paiement que sur l'idée de renonciation.

Secondement, on invoque l'art. 1285. Lisons cet article : « La remise ou décharge convention-nelle au profit de l'un des codébiteurs solidaires, libère tous les autres, à moins que le créancier n'ait expressément réservé ses droits contre ces derniers. Dans ce dernier cas, il ne peut plus répéter la dette que déduction faite de la part de celui auquel il a fait la remise. » Il résulte claire-ment de cette disposition qu'en règle générale la remise de dette faite à l'un des codébiteurs pro-fite aux autres pour le tout. Dès là, en admettant même que la prescription soit une remise de dette, la seule décision par analogie qui ressorte logiquement de cet article est que la prescription constitue une exception commune. Enfin cette décision est aussi la seule qui réponde au but que s'est proposé le débiteur en stipulant un terme : car il a voulu évidemment se mettre dans une situation plus avantageuse que son codébiteur pur et simple[1].

Dans le cas d'un débiteur principal et d'une caution, la question que nous venons d'examiner ne se présentera pas. En effet, ou le débiteur

____

1. En ce sens, Ernest Drumel, loc. cit., p. 125 et 126.

principal et la caution sont l'un et l'autre obligés à terme, et la prescription ne court pas à leur profit[1], ou la caution seule a un terme, ce qui est licite, puisqu'elle peut s'engager sous des conditions moins onéreuses, et alors il lui est permis d'invoquer la prescription accomplie au profit du débiteur[2]. Nous ne parlons pas du cas où la caution serait obligée purement et simplement, tandis que le débiteur principal aurait stipulé un terme. Alors en effet il y aurait lieu d'appliquer l'art. 2013 qui dispose que : « …. le cautionnement qui excède la dette, ou qui est contracté sous des conditions plus onéreuses, n'est point nul : il est seulement réductible à la mesure de l'obligation principale. »

La disposition de l'art. 2257 n'est applicable ni à l'acquisition des droits réels par usucapion, ni à l'extinction de pareils droits au profit d'un tiers possesseur. Cela résulte de ces expressions : *créances* conditionnelles et à terme. Du reste cette différence se justifie aisément. En effet, le fondement de la prescription des actions personnelles est la négligence du créancier. Or, supposons par exemple une créance à terme. Le débiteur assurément n'ignore ni l'existence de son obligation, ni la modalité qui retarde pour le créancier la faculté d'en poursuivre l'exécution. Il n'existe donc

1. Art. 2257.
2. Art. 2036.

pas de motif dans ce cas pour faire courir la prescription contre le créancier, et pour le soumettre
à la nécessité de l'interrompre avant que l'échéance
du terme lui permette d'exercer l'action même
naissant de sa créance. Mais il n'en est pas de
même en matière d'usucapion ou de prescription
de droits réels au profit d'un tiers possesseur.
D'une part, en effet, la prescription étant, en pareil cas, principalement fondée sur la possession,
elle doit, de sa nature, pouvoir s'accomplir, malgré les obstacles temporaires qui empêcheraient
la personne au préjudice de laquelle elle procède,
de poursuivre actuellement l'exercice effectif de
ses droits. D'autre part, le tiers possesseur peut
ignorer l'existence des droits qu'on aurait à lui
opposer; et cette ignorance est même légalement
présumée; car elle constitue ici la bonne foi, et,
aux termes de l'art. 2268 « la bonne foi est toujours présumée, et c'est à celui qui allègue la
mauvaise foi à la prouver. » De là, et à un double point de vue, la nécessité d'une demande interruptive, qui comme mesure conservatoire peut
toujours être formée par ceux-là même dont les
droits ne sont que conditionnels ou ajournés[1].
On doit d'autant moins hésiter à reconnaître
cette nécessité que l'usucapion et la prescription
de droits réels au profit d'un tiers détenteur,
n'atteindraient plus le but en vue duquel elles

____

1. Art. 1180.

ont été admises, si le cours devait en être arrêté par l'effet seul d'une condition ou d'un terme, et indépendamment de toute action interruptive[1].

Une application importante de ces principes se présente à l'égard du tiers détenteur d'un immeuble hypothéqué pour sûreté d'une créance à terme. Distinguons d'abord : tant que l'immeuble reste entre les mains du débiteur, la prescription ne commence de courir ni à l'égard de l'obligation dont il est tenu d'après l'art. 2257 précité, ni à l'égard de l'hypothèque qui la garantit. L'hypothèque, en effet, est le corrollaire, l'accessoire de l'obligation, et conséquemment elle en suit le sort. C'est ce qu'exprime clairement l'art. 2180, 4°, 2° alin. : « La prescription est acquise au débiteur, quant aux biens qui sont dans ses mains, par le temps fixé pour la prescription des actions qui donnent l'hypothèque ou le privilége. » Ce premier cas, très-simple, ne présente aucune difficulté. Mais, dès que le bien hypothéqué est sorti par l'aliénation des mains du débiteur, l'hypothèque se sépare de l'obligation, en devient indépendante, et, par suite, peut être prescrite différemment. « Quant aux biens qui sont dans la main d'un tiers détenteur, elle lui est acquise par le temps réglé pour la prescription de la pro-

1. Nous avons emprunté ces explications presque mot pour mot à MM. Aubry et Rau, § 213, note 17. Voy. les auteurs et les arrêts qu'ils citent.

priété à son profit : dans le cas où la prescription suppose un titre, elle ne commence à courir que du jour où il a été transcrit sur les registres du conservateur. » Dès là, l'art. 2257 étant étranger à l'extinction des droits réels au profit du tiers possesseur, nous disons : la prescription de l'hypothèque commence à courir, non pas du jour de l'échéance, mais du jour soit de l'entrée en possession, soit de la transcription du titre. Cette doctrine était suivie dans notre ancien droit qui accordait, en conséquence, au créancier la faculté d'interrompre la prescription au moyen de l'action en reconnaissance ou déclaration d'hypothèque. Cette action est implicitement consacrée par la disposition de l'art. 2173 qui suppose que le tiers détenteur « a subi condamnation en cette qualité seulement. » Toutefois, et malgré l'unanimité des auteurs sur ce point, de nombreux arrêts ont repoussé l'existence de cette action[1].

Que décider dans le cas où l'immeuble se trouve entre les mains du tiers qui l'a hypothéqué pour la dette d'autrui, sans s'obliger personnellement ? D'abord il est évident que ce tiers ne peut invoquer la prescription de dix à vingt ans, qui exige la bonne foi. Quant à la prescription de trente ans, il peut l'invoquer, aux termes de l'art. 2262, alors même que le créancier aurait conservé son action personnelle contre le débiteur. Qu'on n'ob-

---

1. MM. Aubry et Rau, § 213, texte et note 24.

jecte pas que toute cause qui interrompt la prescription de l'action personnelle contre le débiteur, doit aussi interrompre la prescription de l'action hypothécaire contre la caution réelle. L'art. 2250, à la vérité, dispose que : « l'interpellation faite au débiteur principal, ou sa reconnaissance, interrompt la prescription contre la caution. » Mais cette disposition, qui repose sur l'idée, fort contestable en elle-même, que la caution est représentée par le débiteur principal pour tout ce qui concerne la conservation des droits du créancier, ne peut s'appliquer à la caution réelle, parce que, en tant que propriétaire de l'immeuble hypothéqué, elle ne peut, à aucun point de vue, être considérée comme représentée par le débiteur personnel [1]. De même il faut décider, selon nous, que, dans le cas d'une créance à terme, la caution réelle commence de prescrire, avant l'échéance, l'hypothèque qui grève son bien.

II. — Examinons maintenant les effets du terme à l'égard du créancier.

D'après l'art. 1186, déjà cité, le créancier à terme ne peut agir avant l'arrivée du terme. Cette règle ne reçoit exception que quand le terme a été stipulé exclusivement dans son intérêt, par exemple, en cas de dépôt [2].

Mais en principe, nous le répétons, tant que le

1. MM. Aubry et Rau, § 203, texte et note 16.
2. Art. 1944.

terme dure, le créancier ne peut contraindre le débiteur à l'exécution. Contre toute demande anticipée de sa part le débiteur est muni d'une exception péremptoire, et, s'il fait défaut, les juges sont tenus de la suppléer d'office[1]. Du reste le créancier qui devance le terme ne subit qu'un rejet; d'une part il peut agir de nouveau, et cette fois efficacement, à l'arrivée du terme ; d'autre part il n'encourt plus aucune déchéance qui ressemble à la *plus-petitio* des Romains. Notre ancien droit lui-même avait laissé de côté complétement la *plus-petitio* et ses effets rigoureux. Que décider si l'échéance se produit au cours de l'instance? De deux choses l'une : ou le débiteur paie volontairement, et alors le créancier supporte tous les frais; ou le débiteur refuse de s'exécuter, et alors le tribunal le condamne à payer. Dans tous les cas, le débiteur peut, s'il y a lieu, se prévaloir de l'article 1382 et réclamer au créancier des dommages-intérêts en réparation du préjudice porté à son crédit par cette demande anticipée.

Ainsi, dans l'entre-temps, le créancier ne peut exercer aucune poursuite, à fin d'exécution de l'obligation : ni saisie-exécution, ni saisie-immobilière, ni saisie-brandon; ni même, en principe, de saisie-arrêt. Nous avons démontré que le terme de grâce ne met point obstacle à la saisie-arrêt qui

---

1. Argum., art 160, Code procéd.

n'en est pas moins, par certains côtés, un acte d'exécution. Quand il s'agit du terme de droit, c'est ce caractère d'acte d'exécution qui prévaut, et il faut décider que jusqu'à l'échéance, le créancier n'a pas le droit de l'exercer. Mais cette règle reçoit exception toutes les fois que la saisie-arrêt apparaît, dans la pratique, comme un acte éminemment conservatoire. C'est ce qui a été décidé, en faveur du cédant d'un office, pour le cas d'une revente par son cessionnaire. Dans une des espèces qu'offre la jurisprudence, l'arrêt mentionnait que la saisie-arrêt était le seul moyen qui restât au cédant de *conserver ses droits* [1].

Le créancier à terme ne peut donc, en principe, exercer, avant l'échéance, aucun acte d'exécution. Autrement la volonté des parties contractantes serait violée, et le terme n'aurait pas d'effet. Est-ce à dire que le créancier à terme ne puisse pourvoir à la sûreté de sa créance, prendre les mesures nécessaires pour en garantir l'efficacité? En un mot, si le créancier à terme ne peut, tant que dure le terme, exercer son droit, ne peut-il pas du moins le conserver? Il le peut. En effet, celle faculté que la loi accorde expressément au

1. Bourges, 1er mars 1844; Sir., 47, II, 232; Paris, 26 avril 1850; Sir., 50, II, 388; Cass., 18 juillet 1860; Dev., 60, I, 590; Cass., 8 août 1865; Dev., 66, II, 224; comp. Demol., n° 610.

créancier conditionnel [1] doit être reconnue, à plus forte raison, au créancier à terme.

Parmi les actes conservatoires on peut citer :

Les actes interruptifs de prescription;

Les réquisitions d'inscriptions pour priviléges ou hypothèques, ou de transcription ;

Les oppositions aux scellés après décès ou faillite ;

Les réquisitions tendant à l'apposition et à la levée des scellés;

Les demandes à fin de confection d'inventaire, les oppositions à partage ;

Les demandes de séparation des patrimoines, de passation de titre nouvel ;

De reconnaissance d'écriture.

Le dernier de ces actes conservatoires, la demande en reconnaissance d'écriture ou plus exactement, de signatures, apposées à un acte obligatoire sous seing privé, présente une importance particulière et mérite une place à part. Traçons-en d'abord l'historique.

Dans l'ancien Droit Français, l'Ordonnance de Villers-Cotterets, rendue en 1539, articles 92 et 93, permettait au créancier à terme de citer son débiteur en justice avant l'échéance, dans quelque lieu qu'il le trouvât, et sans qu'aucune incompétence pût être alléguée, pour le faire condamner

---

1. Art. 1180 : « le créancier peut, avant que la condition soit accomplie, exercer tous les actes conservatoires de son droit. »

à reconnaître ou à dénier l'écriture d'un billet sous seing privé.

Si le débiteur faisait défaut, l'écriture était tenue pour confessée, et la sentence emportait hypothèque du jour où elle était rendue, comme si l'écriture eût été reconnue; si le débiteur comparaissant déniait son écriture, l'hypothèque prenait naissance le jour de la dénégation, quand celle-ci se trouvait mal fondée.

Les frais de l'instance étaient supportés par le créancier, si le débiteur reconnaissait franchement son écriture, et par le débiteur, s'il l'avait déniée sans fondement ou s'il avait fait défaut.

Il paraît que les créanciers abusèrent des actions en reconnaissance au point que le commerce en ressentit de réelles souffrances. Aussi, pour réprimer ces abus, la Déclaration du 2 Janvier 1717[1] ordonna, non pas que ces demandes ne pourraient plus à l'avenir être formées en matière de commerce, mais que le jugement qui interviendrait n'emporterait plus hypothèque.

La législation intermédiaire supprima ces restrictions et revint au système de l'Ordonnance de Vilers-Cotterets[2].

Le code Nap. consacre purement et simple-

1. Recueil de Jousse, t. III, p. 64.
2. L. 9 messidor an iii, art. 10; l. 11 brumaire an vii, art. 3; comp. M. Valette, Revue française et étrangère, 1849, t. VI, p. 918.

ment cette doctrine, en statuant dans l'article
2123 que : « l'hypothèque judiciaire résulte aussi
des reconnaisances ou vérifications, faites en jugement, des signatures apposées à un acte obligatoire
sous seing privé. »

Cette disposition souleva, dans les premiers
temps qui suivirent la promulgation du Code une
vive controverse sur la question de savoir si le
créancier pouvait, avant l'arrivée du terme, requérir l'inscription de cette hypothèque sur les
immeubles du débiteur.

Les Cours d'Appel décidaient que le créancier ne
pouvait prendre inscription qu'après l'échéance.

La Cour de Cassation, au contraire, soutenait
qu'il pouvait requérir inscription tout de suite
après la sentence, sans nul délai.

C'est pour trancher ce différend que fut portée
la loi du 3 septembre 1807, dont l'article 1er est
ainsi conçu :

« Lorsqu'il aura été rendu un jugement sur une
demande en reconnaissance d'obligation sous seing
privé, formée avant l'échéance ou l'exigibilité
de ladite obligation, il ne pourra être pris aucune inscription hypothécaire en vertu de ce
jugement, qu'à défaut de paiement de l'obligation
après son échéance ou son exigibilité, à moins
qu'il n'y ait eu stipulation contraire. »

Ainsi la loi de 1807 a pris un moyen terme entre
l'Ordonnance de 1539 et la Déclaration de 1717.
Le législateur a pensé que la première blessait les

intérêts du débiteur et la loi du contrat, mais que la seconde sans doute allait trop loin en enlevant au créancier à terme la faculté d'acquérir, avec l'hypothèque, une garantie certaine d'une exécution ponctuelle. Il a donc voulu, en évitant ces deux extrêmes, ménager les intérêts des débiteurs sans nuire à la conservation des droits des créanciers. A-t-il atteint son but? Nous ne le pensons pas, malgré l'avis contraire d'auteurs éminents [1]. A notre sens, la loi de 1807, encore qu'elle restreigne les droits des créanciers, les étend outre mesure. Car enfin, armé de cette loi, le créancier peut obtenir, avant l'échéance du terme, une hypothèque générale sur tous les biens du débiteur, c'est-à-dire non-seulement ce que le contrat lui refusait, mais encore ce que le contrat n'aurait pas pu lui accorder, puisque l'hypothèque conventionnelle est spéciale, à la différence de l'hypothèque judiciaire qui est générale [2].

Cette appréciation va nous servir à prendre parti dans une question que soulève l'application de la loi de 1807.

L'hypothèque judiciaire résulte 1° des jugements qui prononcent des condamnations, ou qui, en constatant l'existence d'une obligation dont l'une des parties est tenue vis-à-vis de l'au-

---

1. Voy. Toullier, loc. cit., n° 663; Larombière, t. II, art. 1186, n° 19.

2. Comp. Demol., n° 616 et suiv.

tre, contiennent le germe d'une condamnation future ou éventuelle; 2° des simples reconnaissances ou vérifications faites en jugement, des signatures apposées à un acte obligatoire sous seing privé[1]. La loi de 1807, qui ne vise expressément que les jugements de reconnaissance doit être indubitablement étendue aux jugements de condamnation. Or, cette loi ne s'occupe que des obligations sous seing privé; elle garde le silence sur les obligations purement verbales et par acte authentique. D'où la question de savoir si le créancier peut, en assignant le débiteur avant le terme, soit en payement, soit même seulement en reconnaissance de la dette, obtenir une hypothèque sur les biens, alors que l'obligation est purement verbale ou relatée dans un acte authentique.

Nous répondons : non, le créancier ne le peut pas. Nous lui accorderions ce droit, nous consentirions à élargir les termes de la loi, si elle reposait sur un fondement solide. Mais, la jugeant sévèrement, nous sommes conduit logiquement à la restreindre aux cas qu'elle prévoit expressément. Ainsi, nous repoussons cette extension parce que la loi de 1807, en accordant une hypo-

---

1. Cette distinction, indiquée par Toullier, n°ˢ 663 et 664, très-soigneusement marquée par MM. Aubry et Rau, § 265, est complétement mise en oubli par M. Demolombe, n° 616. Il en résulte, dans le développement de son argumentation, une confusion dont le sujet n'a pas besoin.

thèque générale au créancier sur les biens de son débiteur, porte une atteinte publique au crédit de celui-ci, viole manifestement la loi de contrat, et enfin aboutirait, si on voulait l'étendre, à ramener dans notre jurisprudence les enquêtes d'*examen à futur* que l'ancien droit avait d'abord admises, afin d'éviter le dépérissement des preuves, dans l'intérêt de la partie qui demandait à agir préventivement[1].

Il n'y a qu'un cas où nous admettrions le créancier à demander une condamnation contre le débiteur avant l'échéance, sauf à ne l'exécuter qu'après. C'est le cas où le débiteur lui-même aurait dénié la dette avant l'échéance. Alors le créancier ne ferait plus que se défendre ; le débiteur, par la dénégation anticipée de ses droits, l'aurait autorisé à les faire reconnaître en justice[2].

Parmi les actes conservatoires, nous avons cité les actes interruptifs de prescription. Le créancier à terme aurait donc qualité pour les exercer. Mais il n'en a pas besoin ; en effet, d'après l'article 2257, déjà cité, la prescription ne court point à l'égard d'une créance à terme, jusqu'à ce que ce terme soit arrivé. Cette disposition dé-

---

1. En ce sens, Demol., n° 617. — Contr. : Larombière, oblig. sur 1186, n° 24 ; Toullier, ubi supr.

2. Cass., 14 messidor an XIII ; Bordeaux, 5 juillet 1839 ; D. Recueil alphabétique, h. v. n° 1277.

coule équitablement de l'impossibilité où est le créancier, tant que dure le terme, de poursuivre son débiteur[1].

— Le créancier à terme peut-il exercer les droits et actions de son débiteur, conformément à l'article 1166 ?

Nous ne le pensons pas. Selon nous, l'exercice par le créancier du droit de son débiteur ne peut être considéré comme un acte purement conservatoire. On allègue à la vérité que l'exercice du droit par le créancier n'en dépossède pas le débiteur, que c'est au nom et pour le compte du débiteur que le créancier l'exerce, qu'ainsi, on ne saurait voir là un acte de poursuite ou d'exécution. Mais nous répondons que l'exercice du droit par le créancier substitue à l'initiative du débiteur une initiative étrangère, qu'il met en mouvement dans son patrimoine une action qui aura pour effet, non de *maintenir* ou de *conserver*, mais d'en changer, d'en altérer notablement la composition. Or, un acte qui entraîne de pareils résultats n'est pas un acte conservatoire[2].

Nous ajouterons une considération qui nous semble décisive.

Si le créancier à terme peut exercer les droits de son débiteur, il faut décider que le créancier

1. Comp. Pothier, n° 665.
2. Nous n'admettons d'exception que dans le cas où l'exercice du droit par le débiteur lui-même constituerait un acte purement conservatoire.

sous condition le peut aussi, par application de l'article 1180. Mais cette doctrine est inadmissible. Laissons ici parler M. Labbé :

« Comment, » dit notre vénéré maître, « moi de qui vous ne pouvez actuellement rien exiger ; moi, qui préviendrai peut-être vos poursuites par un payement ; moi qui, par la défaillance d'une condition, ne vous aurai peut-être jamais rien dû ; je ne resterais pas maître de ma fortune et de mes actions ! Vous allez vous mêler de mes affaires. Je veux avoir des égards, user de procédés, accorder des répits ; et vous allez exercer des rigueurs en mon nom ! J'aliénerais un de mes biens que vous n'auriez rien à y voir, rien à critiquer jusqu'à l'échéance de votre obligation ; et une simple négligence de ma part vous autoriserait à vous ingérer dans mon patrimoine, à me supplanter dans l'exercice de mes actions ; vous voulez me traiter préventivement comme si j'étais homme à manquer à mes obligations ! Cela est intolérable ; cela est contraire à tous les principes ! vous avez suivi ma foi ; vous avez eu confiance en ma loyauté ; attendez que j'aie manqué à ma promesse, ou que je me sois mis hors d'état de la remplir (art. 1188), avant d'user des moyens que la loi vous donne pour obtenir, malgré moi, votre payement[1]. »

<hr>

[1]. Revue critique de législ. et de jurispr., t. IX. *De l'exercice du droit d'un débiteur par son créancier.*

Cette réfutation vigoureuse ne nous laisse rien à ajouter.

Nous avons vu ci-devant que le créancier, en vertu d'un titre à terme, n'a pas le droit de pratiquer une saisie-arrêt. A l'inverse, on se demande si un créancier pur et simple a le droit de saisir-arrêter une créance à terme dont son débiteur est le titulaire. On reconnaît presque unanimement qu'il a ce droit. En effet, d'une part, les art. 2092 et 2093 disposent en termes généraux que tous les biens du débiteur forment le gage commun de ses créanciers, et d'autre part, le Code de procédure, dans l'énumération qu'il fait des causes qui s'opposent à la saisie-arrêt, ne mentionne pas la non-exigibilité de la créance à saisir. Sur ce premier point donc pas ou peu de doute. Mais la question de savoir si la créance à terme, après la saisie-arrêt effectuée, peut être vendue, et le prix en être distribué entre les créanciers, est sérieusement controversée. La Cour de Paris, dans deux arrêts[1], a décidé que la créance peut être réalisée avant l'échéance, suivant les formes requises pour la vente des rentes saisies sur particuliers. L'argument principal de la Cour est tiré du rapprochement des art. 557 et 579 Code Procéd. « Considérant, qu'aux termes de l'art. 557 Code Procéd., tout créancier peut

1. Paris, 5 août 1842; Dev., 44, II, 154; Paris, 24 juin 1851; Dev., 51, II, 365.

saisir-arrêter entre les mains des tiers les sommes et effets appartenant à son débiteur, et qu'aux termes de l'art. 579 du même Code, quand la saisie-arrêt a été déclarée valable, il doit être procédé à la vente et à la distribution du prix, suivant qu'il est prescrit au titre de la distribution par contribution; considérant qu'il est incontestable que ces deux articles s'appliquent aussi bien aux créances exigibles ou non exigibles du débiteur qu'à ses effets mobiliers; que dès lors, il y a lieu d'employer le même mode, c'est-à-dire d'en effectuer la vente, pour en réaliser le prix;... »

Dans une autre opinion[1], on dénie au créancier le droit de réaliser le titre saisi avant l'échéance. Nous pensons que cette doctrine est la plus juridique. En effet, le plus souvent une créance à terme, surtout quand ce terme est éloigné, se vend à vil prix, et quoique le mode de réalisation visé par la Cour de Paris soit plus avantageux que la vente sur la place publique, il n'en est pas moins vrai que presque toujours la valeur obtenue sera fort au-dessous de la valeur nominale du titre. Or, l'intérêt du saisi n'est pas seul en jeu. La créance est le gage commun de tous ses créanciers, et il ne serait pas juste évidemment, de sacrifier l'intérêt général à l'impatience irréfléchie d'un seul créancier plus avide que sage. On

1. Roger, de la saisie-arrêt, n° 168, s. Bioche, journ. de proc., n° 2342.

objecte que dans ce système le créancier saisissant sera exposé à 1 ir le débiteur devenir insolvable, et, par suite, à n'avoir plus à l'échéance qu'un titre sans valeur entre les mains. Cela est vrai ; mais il n'y a là qu'une suite naturelle du principe admis par la jurisprudence, que le créancier saisissant est subrogé par le jugement de validité de la saisie, au lieu et place de son débiteur. Dès là, en effet, que le créancier saisissant est traité comme le cessionnaire, l'ayant-cause de son débiteur, c'est sur lui et non sur le débiteur que doit retomber l'insolvabilité du tiers saisi.

— Le créancier à terme peut-il exercer l'action Paulienne avant l'échéance?

Il semble bien que non. Car, d'abord, cette action ne peut être exercée qu'après discussion préalable des biens du débiteur ; or, le terme met obstacle à cette discussion. En outre, comment attribuer un caractère purement conservatoire à une action révocatoire, laquelle est éminemment un acte d'exécution[1] ?

Nous pensons pourtant qu'il faut accorder au créancier à terme le droit d'exercer l'action Paulienne. Cela ne fait pas de doute pour les cas mentionnés dans l'art. 1188, où le débiteur est déchu du bénéfice du terme. Mais il faut décider de même, selon nous, encore que le débiteur, n'ayant encouru aucune déchéance, jouisse de la plénitude de son droit.

1. Comp. Duranton, t. X, n° 585.

En effet, l'action Paulienne suppose la fraude du débiteur. Or, la fraude, le dol, ainsi que l'observe Proudhon[1], constitue pour le créancier un titre spécial, distinct de son titre de créance. L'action directe résultant de la créance est à terme, à la vérité, et n'est pas encore ouverte d'après la lettre du titre ; mais le dol fait naître au profit du créancier une autre action, laquelle n'est suspendue dans son exercice par aucun délai. Dès que l'équité l'exige, l'action ou l'exception qui dérive du dol peut être exercée ; ideo autem hanc exceptionem proposuit prætor, ne cui dolus suus per occasionem juris civilis contra naturalem æquitatem prosit.

Ainsi, du moment que la fraude sera prouvée, du moment qu'il sera avéré que le débiteur ne peut fournir de garantie à ses créanciers ; du moment qu'il ne peut établir qu'il lui reste encore des facultés suffisantes pour l'acquit de ses dettes, l'action résultant du dol doit avoir pour effet d'entraîner l'exigibilité de la créance. Car le terme n'est censé avoir été accordé par le créancier que sous la condition que le débiteur n'en abuserait pas en pratiquant des manœuvres coupables pour le frustrer de ses droits. Dans l'opinion contraire, le débiteur pourrait, par sa fraude, ruiner son créancier sans que celui-ci fût en état de le prévenir : ce résultat incompatible avec les règles que

1. Traité de l'usufruit, n° 2415.

nous venons de tracer, est la condamnation de doctrine tout entière.

Si le débiteur paye avant l'échéance un de ses créanciers, les autres ont-ils le droit d'exercer l'action Paulienne? Oui, certainement. Car le créancier désintéressé par avance a reçu réellement quelque chose qui ne lui était pas dû, à savoir la valeur d'usage du capital ou de l'immeuble qui fait l'objet de l'obligation, valeur représentée par l'escompte. Les autres créanciers pourront donc obtenir le remboursement de cette valeur.

— Le créancier à terme a le droit de requérir la déclaration de faillite de son débiteur. En effet, l'art. 440 du Code Com. ne distingue pas entre les créanciers dont les titres sont échus et ceux dont les titres sont à terme : cela devait être puisque les uns et les autres ont leur gage à sauvegarder. La réquisition du jugement déclaratif de faillite constitue purement et simplement de la part du créancier un acte conservatoire. Voilà la vraie raison de cette disposition. Quant à l'exigibilité anticipée résultant du jugement déclaratif, elle ne saurait être alléguée ici, puisqu'elle suit nécessairement la réquisition du jugement. On ne peut l'invoquer sans mettre l'effet avant la cause. Il en était autrement sous l'empire de l'ancien art. 448, d'après lequel l'exigibilité était une suite de l'*ouverture de la faillite;* mais depuis le nouvel art. 448, qui fait découler cette exigibilité du ju-

gement déclaratif, cet argument n'est qu'une pétition de principe[1].

— L'art. 1138, relatif à l'obligation de donner,
soulève une question importante par l'obscurité
de sa rédaction. D'après cet article « l'obligation
de livrer la chose est parfaite par le seul consentement des parties contractantes. Elle rend le
créancier propriétaire et met la chose à ses risques *dès l'instant où elle a dû être livrée….* » Ces
derniers mots, pris à la lettre, conduisent à distinguer si l'obligation de livrer est pure et simple
ou à terme.

Dans le premier cas, peut-on dire, la propriété
est transférée du jour du contrat ; dans le second,
comme la livraison ne doit être effectuée qu'après
l'arrivée du terme, c'est à ce moment seulement
que le créancier devient propriétaire. Tel n'est
pas, selon nous, le sens de la loi. D'abord, le
terme ayant pour effet, d'après l'art. 1185, de
suspendre non la naissance, mais seulement l'exécution de l'engagement, on conçoit qu'il retarde
la tradition matérielle, non la translation de la
propriété de la chose. En outre l'art. 1583
suppose expressément que l'acheteur peut acquérir
la chose, en devenir propriétaire, avant toute
livraison. Enfin un argument péremptoire se
tire de l'art. 1302 combiné avec notre disposition. En effet, les termes en question s'appliquant

1. Comp. M. Demangeat, note 3, sur Bravard, t. V.

à la fois à la mutation de propriété et aux risques ; s'ils veulent dire : *après l'échéance*, il faut en conclure qu'avant l'arrivée du terme les risques sont pour le débiteur ; or cette conclusion est directement contraire à l'art. 1302, lequel, s'occupant spécialement des risques, les met à la charge du créancier sans distinguer entre les obligations ajournées et les obligations pures et simples. Ainsi ces mots : *dès l'instant où elle a dû être livrée*, ne doivent pas être pris dans leur acception grammaticale. Quel sens faut-il donc leur donner ? Là-dessus les auteurs se divisent ; les uns proposent de lire *dès l'instant où la livraison est censée faite* : les autres : *dès l'instant où la livraison a été due*. Nous repoussons l'une et l'autre correction. Nous pensons qu'il n'y a rien à changer aux termes de l'article, mais qu'il suffit de préciser à quelle *livraison* ils s'appliquent. On distingue en effet la livraison ou tradition matérielle et la tradition civile ou fictive. Notre article, on le sait, introduit une innovation considérable en attribuant au seul consentement des parties la force de transférer la propriété de l'une à l'autre, indépendamment de toute tradition effective, en vertu d'une sorte de tradition civile qui s'opère par le contrat et qui équivaut à cette clause de *dessaisine-saisine* si usitée dans l'ancienne France. Eh bien ! selon nous, c'est à la tradition fictive que notre art. 1138 se réfère ; il ne signifie donc autre chose sinon que cette tradition fictive, suffisante pour opérer la translation de la propriété, est réputée accomplie dès l'instant de la formation du contrat, alors même que la tradition éelle est différée par un terme.

On peut objecter que cette interprétation est inadmissible dans le cas où les parties auraient, par une clause expresse, retardé jusqu'à l'arrivée du terme la translation de la propriété. Alors les partisans de la seconde correction : *dès l'instant où la livraison est due*, triomphent. Nous leur ferons une réponse bien simple. C'est que la loi n'a prévu que le cas le plus ordinaire, celui où, soit que l'obligation demeure pure et simple, soit que la tradition ait été reculée par un terme, la mutation de propriété n'en a pas moins lieu dès le jour du contrat. Quant à la clause que nous signalons, elle est si rare, si peu usitée dans la pratique, que la loi n'a pas songé à la comprendre dans les termes de sa rédaction.

Le dernier alinéa de l'art. 1138 est ainsi conçu : « elle (l'obligation de livrer la chose) rend le créancier propriétaire et met la chose à ses risques, dès l'instant où elle a dû être livrée, encore que la tradition n'en ait point été faite ; à moins que le débiteur ne soit en demeure de la livrer ; auquel cas la chose reste aux risques de ce dernier. »

Ainsi, en ce qui touche les risques, de deux choses l'une : ou le contrat est unilatéral, et alors le débiteur est entièrement libéré par la perte fortuite de la chose due, de sorte qu'il n'est tenu de livrer ni la chose ni un équivalent quelconque; ou le contrat est synallagmatique, et alors, d'une part, l'obligation du débiteur est éteinte, d'une façon absolue, d'autre part l'obligation corrélative du créancier continue de subsister. Autrement il ne serait pas exact de dire que la chose est aux risques du créancier.

Cette règle est simple. Mais quel en est le fondement? Est-ce le principe Romain *res perit creditori*, ou le principe moderne *res perit domino*? Les auteurs ne sont pas d'accord; nous pensons pour notre part, qu'il faut rattacher la théorie des risques, telle qu'elle est exposée dans l'art. 1138, au principe nouveau qu'on exprime vulgairement par cette formule : *res perit domino*.

Cette formule peut être ainsi traduite : à la suite de tout contrat synallagmatique, les risques ne commencent pour une des parties, que lorsque l'objet qu'elle a prétendu acquérir est entré dans son patrimoine, donnant ainsi naissance à un *jus in re*. Tant que cette partie n'a sur l'objet qu'un droit de créance, *jus ad rem*, elle ne répond pas de la perte de cet objet. La raison de cette règle vient de ce que, dans l'esprit du législateur moderne, toutes les fois que, pour obtenir un avantage, on promet un équivalent, la dette de cet équivalent, prix ou loyer, a pour cause, non pas la créance, mais la réalisation, l'acquisition consommée de l'avantage convenu; si un cas fortuit prive de cet avantage celui qui en était créancier, son obligation de fournir une valeur égale s'éteint, faute de cause.

Nous croyons inutile de faire remarquer combien, au point de vue de l'équité, de la raison pure et même de la raison pratique ce principe est supérieur au principe Romain : *res perit creditori*. Un de ses plus utiles résultats est de supprimer les différences arbitraires qui existaient à Rome entre les contrats consensuels, par exemple entre la Vente et le Louage.

Revenons à notre controverse. Le plus souvent elle sera sans intérêt, en ce sens que dans la plupart des cas les deux systèmes rivaux conduiront à une solution identique. Prenons pour exemple la Vente : qu'elle soit pure et simple, ou à terme, les risques, jusqu'à la tradition, sont à la charge de l'acheteur. La loi est expresse et les deux opinions se réunissent ici naturellement, puisque l'acheteur, dans notre droit, est en même temps créancier et propriétaire de la chose vendue. Cependant on peut concevoir des hypothèses où les solutions différeront suivant qu'on partira de l'un ou de l'autre principe. Tel est le cas où la vente a pour objet un corps certain dont le vendeur n'est pas actuellement propriétaire. Ou encore supposons que les parties conviennent expressément de retarder jusqu'à un certain jour et la tradition de la chose et la mutation de propriété. Dans l'intervalle la chose périt par cas fortuit. Pour qui sera la perte, pour le vendeur ou pour l'acheteur? Dans l'opinion que nous combattons, on répond : pour l'acheteur, puisqu'il est même en ce cas créancier de la chose, suivant la maxime : res perit creditori. Nous répondons : pour le vendeur, car si l'acheteur est créancier, le vendeur est encore propriétaire de la chose, selon la maxime : res perit domino.

Notre solution nous semble commandée par la lettre de la loi, par l'intention clairement manifestée du législateur, enfin par l'équité des résultats.

1° L'art. 1138 établit nettement la corrélation qui existe entre ces deux faits : le créancier devenu propriétaire et la charge des risques qui lui incombe : « Elle (l'obligation de livrer la chose) rend le créancier propriétaire et met la chose à ses risques. »

2° Qu'on ne prétende pas voir dans ce rapprochement un hasard favorable de la rédaction, plutôt que la volonté arrêtée du législateur de rattacher l'un à l'autre ces deux faits, comme l'effet à la cause. M. Bigot-Préameneu, dans son Exposé des motifs, est très-explicite : « C'est le consentement des contractants, dit-il, qui rend parfaite l'obligation de livrer la chose, il n'est donc pas besoin de tradition réelle pour que le créancier doive être considéré comme propriétaire aussitôt que l'instant où la livraison doit se faire est arrivé. Ce n'est plus alors un simple droit à la chose qu'a le créancier, c'est un droit de propriété, *jus in re* : si donc elle périt par force majeure ou par cas fortuit, depuis l'époque où elle a dû être livrée, la perte est pour le créancier, suivant la règle *res perit domino*. »

3° Enfin notre doctrine nous paraît plus équitable, en ce qu'elle est plus conforme à l'intention des parties. Dans l'espèce, la chose ayant péri avant la livraison, nous décidons que l'acheteur est libéré, qu'il ne doit pas payer le prix. Comment soutenir que telle n'était pas l'intention des contractants et que l'acheteur ne s'engageait pas à payer le prix, à cette condition seulement qu'il deviendrait propriétaire? On nous dit : mais l'acheteur profite des chances d'augmentation, il doit donc subir les chances de diminution et de perte, suivant l'axiôme : Eumdem sequi debent incommoda, quem sequuntur commoda. Cet argument ne nous semble pas sérieux. En effet, les chances de perte sont bien plus grandes que les chances d'augmentation, de telle sorte qu'on ne peut prétendre que les unes balancent les autres. Cela est si vrai que si on oppose aux chances de *diminution*, de *détérioration*, les chances d'*augmentation*, d'*amélioration*, à la chance de *perte*, de perte *totale*, qu'oppose-t-on, à l'avantage de l'acheteur? Rien.

Telles sont les raisons directes qui peuvent être invoquées en faveur de la doctrine que nous défendons. L'art. 1867, relatif aux Sociétés, nous fournit aussi un très-sérieux argument. Cet article règle les suites de la perte d'un corps certain dont un associé a promis l'apport. Il distingue : Si la Société est déjà propriétaire de l'objet au moment où il périt, il périt pour elle, de sorte que la Société continue de subsister. Si, au contraire, l'associé qui a promis l'apport ne l'a point effectué et en est encore propriétaire, c'est lui qui subit la perte, et cette perte entraîne la dissolution de la Société. Pourtant, dans ce dernier cas, la Société est créancière de l'objet, de sorte que, si le législateur eût maintenu la règle *res perit creditori*, il eût dû, pour être conséquent, faire retomber la perte sur la Société. Au contraire, il résulte de notre disposition que la chose périt pour l'associé qui est resté propriétaire : ce qui ne peut s'expliquer qu'en admettant la maxime : *res perit domino.*

Du reste, nous avons une preuve que cette induction est exacte et conforme à la pensée de la loi. C'est le passage suivant du rapport du tribun Boutteville au Tribunat :

« ..... Mais si c'est la propriété même de la chose qui a été ou dû être mise en commun, l'on sent combien il importe de distinguer si la chose a déjà ou n'a pas encore été apportée à la Société lorsqu'elle vient à périr. Au premier cas, *la chose, on le conçoit, périt pour le compte de la Société, puisqu'elle en est devenue propriétaire,* et l'extinction ou la perte de la chose ne peut, ne doit pas opérer la dissolution de la Société. Dans le deuxième cas, non-seulement l'associé demeuré propriétaire de la chose en supporte nécessairement la perte, mais il suit encore qu'il ne peut plus exister de Société du moment que cet associé est dans l'impossibilité de réaliser la mise et de contribuer au fonds de la Société[1]. »

— D'après l'art. 2167, le tiers détenteur d'un immeuble hypothéqué jouit des termes et délais accordés au débiteur originaire. C'est une application toute naturelle de la règle déposée dans l'art. 1186 : Ce qui n'est dû qu'à terme ne peut être exigé avant l'échéance du terme. La circonstance que le créancier est ici pourvu d'une hypothèque ou d'un privilége, ne peut, à ce point de vue, rien ajouter à ses droits. D'autant plus que le tiers détenteur ne peut être traité plus rigoureusement que le débiteur direct, à la place de qui il s'exécute. Des auteurs restreignent cette solution au terme de droit et déclarent le tiers détenteur déchu du terme de grâce. Nous repoussons cette doctrine, qui implique que l'aliénation aurait pour effet d'améliorer la position du créancier, ce qui ne peut se justifier ni au point de vue du droit ni au point de vue de l'équité. En outre, en paraissant n'enlever le bénéfice du terme de

1. Locré, Législ. civ., XIV, p. 542, n° 20. Dans notre sens : MM. Labbé, *Étude sur quelq. difficul...*, n° 127-130; Valette, cité par M. Labbé; Larombière, Oblig., t. I, article 1138, n° 23. — Contra: Demol., t. XXIV, n° 424, s.

grâce qu'au tiers détenteur, elle en priverait réellement le débiteur direct. Car le tiers détenteur exercerait son recours contre celui-ci. De sorte que, par le fait, le débiteur se trouverait encourir une véritable déchéance du terme de grâce, ce qui est inadmissible, puisque la loi, dans l'énumération limitative qu'elle a pris soin de donner, ne fait aucune mention de celle-là[1].

Dans la purge des priviléges et hypothèques, le terme donne lieu à des considérations intéressantes à un double point de vue :

D'abord au point de vue des délais qui avaient été accordés au débiteur par ses créanciers. Le tiers détenteur, en purgeant, renonce au bénéfice de ces délais. Cela résulte de l'art. 2184 qui statue « qu'il déclarera qu'il est prêt à acquitter *sur-le-champ* les dettes et charges hypothécaires » sans distinction entre les dettes exigibles et celles qui ne le sont pas. La loi du 11 brumaire, an VII, disposait, au contraire, dans son art. 30, que l'acquéreur devait acquitter les dettes échues et à échoir « dans les mêmes termes et de la même manière qu'elles ont été constituées. » Le système du code Nap. réalise un sensible progrès. En effet, sous l'empire de la loi de brumaire, le créan-

1. En ce sens, MM. Aubry et Rau, § 287, note 1 ; Pont, priv. et hypoth., n⁰ˢ 1130 et 1131 ; Grenier, t. II, n⁰ 361 ; Persil, art. 2167. — Contra : Duranton, t. XX, n⁰ 232 ; Taulier, t. VII, p. 381.

cier à terme avait le droit de s'opposer à la col-
location de tous les créanciers postérieurs, encore
qu'ils fussent purs et simples, s'il craignait qu'en
les payant on ne diminuât la valeur de son gage
au point qu'il ne lui assurât plus le recouvrement de sa créance, à l'échéance du terme. Il en
résultait des retards et des complications qui en-
travaient les ordres, de telle sorte que ces ordres
souvent n'avaient pas de fin. Aujourd'hui, toutes
les créances devenant exigibles par les offres de
l'acquéreur, ces inconvénients ont disparu.

En second lieu il peut arriver que le vendeur
ait accordé des délais à l'acquéreur pour le paiement de son prix. L'acquéreur pourra-t-il les
opposer aux créanciers? Non assurément, en
vertu de l'art. 1165[1].

Quant aux intérêts du prix, nous croyons
qu'en principe l'acquéreur en doit compte aux
créanciers hypothécaires, mais du jour seulement
de son offre. Il les doit, disons-nous, car ces intérêts sont la représentation des fruits de l'immeuble, et, d'après l'art. 2176, il est tenu de la
prestation des fruits dès que l'hypothèque se
réalise d'une manière effective. Nous ajoutons
qu'il ne les doit qu'à dater des offres qu'il notifie
aux créanciers, parce qu'en cas de purge, c'est
cette notification qui ouvre la série des actes ten-

1. MM. Aubry et Rau, § 204, C, texte et notes 30, 31,
32, et les arrêts qu'ils citent.

dant à la réalisation de l'hypothèque ou du privilége. Ici encore l'acquéreur ne peut invoquer une clause contraire de l'acte d'aliénation. Cette décision qui peut paraître, sinon contraire aux principes, du moins dure pour l'acquéreur, ne blesse pas réellement l'équité. En effet l'acquéreur avait un moyen bien simple de ne pas perdre le bénéfice du terme qu'il avait stipulé. D'abord il lui était loisible de ne pas purger. En outre, il n'avait, avant d'acheter, qu'à consulter le registre des inscriptions hypothécaires. Il eût connu les dangers qu'il allait courir.

Cependant il peut résulter des circonstances que les intérêts ont été englobés dans le prix. En ce cas l'acquéreur serait admis à se prévaloir de la clause le dispensant de payer les intérêts; autrement les créanciers les toucheraient réellement deux fois. C'est ce qui arrivera notamment lorsque la dispense du paiement des intérêts aura été restreinte à un délai préfix. Cette distinction semble concilier les décisions en apparence contradictoires de la jurisprudence[1].

1. Rej. req., 17 février 1820, Sir., 39, I, 435, à la note; Bordeaux, 26 juillet 1831, Sir., 32, II, 193; Bordeaux, 19 juin 1835, Sir., 36, II, 28; Civ. rej., 29 avril 1839, Sir., 39, I, 435; civ. rej., 20 avril 1839, Sir. 39, I, 435, civ. rej., 4 novembre 1863, Sir., 64, I, 121.

SECTION II.

DE L'ÉCHÉANCE DU TERME.

I. — Voyons d'abord à quel moment a lieu l'échéance du terme.

Pour répondre sûrement à cette question, il importe de connaître les règles suivies dans la supputation des délais.

D'abord le jour de l'échéance, le *dies ad quem*, est compris tout entier dans le terme[1]; ce n'est que le lendemain que le débiteur peut être poursuivi par le créancier. Ce qu'on exprime encore en disant que le jour de l'échéance est accordé tout entier au débiteur; et cela, parce que, tant que ce jour n'est pas écoulé, il n'est pas certain qu'il ne paiera pas. Par exemple, si je me suis engagé à vous payer 1000 francs le 1er Avril prochain, ce n'est que le 2 Avril que vous pourrez me demander le paiement. C'est en vertu de cette règle que le refus de paiement d'une lettre de change doit être constaté le lendemain du jour de l'échéance. Ainsi, le jour de l'échéance appartient tout entier au débiteur, mais c'est le dernier,

---

1. Nous n'avons pas besoin de remarquer que le mot *terme* n'est pas pris ici dans son acception générique, la seule que nous ayons considérée pour le définir. Ici il désigne le délai lui-même, le laps de temps tout entier dont le *terme* proprement dit suit immédiatement le dernier instant.

et il peut être poursuivi dès le lendemain[1].
Toutefois il en est autrement dans le cas d'un
délai qui, d'après une disposition expresse ou vir-
tuelle de la loi, doit être *franc*, c'est-à-dire d'un
délai pendant toute la durée duquel on n'est point
obligé de faire l'acte qu'il s'agit d'accomplir, et
qui, par conséquent, n'est censé expirer que le
lendemain de son échéance. C'est ce qui a lieu
pour les délais auxquels se rapportent l'art. 1033
Code Proc., l'art. 9 de la loi du 2 juin 1862, relative aux pourvois en cassation, et les art. 3 à 5 de
la loi du 20 mai 1838, sur les vices rédhibitoires.
Cependant les délais même dont s'occupent les
articles qui viennent d'être cités ne sont plus
francs, lorsque, par des formules inclusives, résultant par exemple de l'emploi des propositions
dans ou *pendant*, le législateur a clairement ma-
nifesté l'intention de restreindre le délai au jour
de son échéance[2].

Quant au jour du terme, le *dies a quo*, à l'inverse il n'est pas compris dans le terme[3]. Je m'engage le 1er avril à vous payer 1000 francs dans
10 jours. Quand pourrez-vous me poursuivre? le
12 avril seulement, puisque, d'une part, le
1er avril, jour du terme, ne devant pas être
compté, l'échéance aura lieu le 11, et que, d'au-

1. Art. 162, code com.
2. MM. Aubry et Rau, § 49, Introduct. au Cod. Nap. et
les notes.
3. Voy. note 1.

tre part, eu vertu de notre première règle, le 11,
jour de l'échéance, m'appartient tout entier. Cette
séconde règle n'avait pas toujours été admise dans
l'ancien droit, mais elle avait fini par prévaloir,
ainsi que l'atteste la maxime : *dies termini a quo
non computatur in termino.* Du reste la règle, en
elle-même, se justifie aisément, car si le jour du
terme était compris dans le terme, il faudrait,
pour faire un calcul exact, déduire les heures de
ce jour déjà écoulées au moment de la formation
du contrat. Mode de supputation qui eût entraîné
d'inextricables difficultés dans la pratique. Voilà
pourquoi l'art. 2260, tranchant aussi une ancienne controverse, dispose que : « la prescription
se compte par jours et non par heures[1] ».

Cependant les parties pourraient employer des
expressions telles qu'il fût permis d'en conclure
qu'elles ont entendu, expressément ou tacitement,
comprendre le *dies a quo* dans le terme. C'est ce
qu'il faudrait décider, par exemple, si je m'étais
engagé le 1er avril à vous payer 1000 francs d'aujourd'hui en dix jours.

Les parties, du reste, dans la fixation du terme,
peuvent choisir l'unité de temps qu'il leur plaît,
l'heure, le jour, le mois ou l'année. Sur chacun
de ces délais, cette question se pose : quand
sera-t-il révolu ? Reprenons-les tour à tour.

1. Dunod, Traité des prescriptions, part. II, ch. 1, p. 117;
Merlin, Répert. v° délai, § 3; Demol., n° 643; MM. Aubry
et Rau, § 49.

L'heure est censée écoulée au premier coup de l'horloge qui annonce l'heure suivante : il n'est pas nécessaire que tous les coups soient frappés[1].

Le jour est un espace de vingt-quatre heures qui se calcule de minuit à minuit[2]. C'est du *jour civil* que s'entend ordinairement le mot jour, bien qu'il y ait des exceptions comme on peut en voir dans les art. 781 et 1037, Code proc. Le *jour naturel* est l'espace de temps compris entre le lever et le coucher du soleil[3].

Les *mois* doivent être pris tels qu'ils sont fixés par le Calendrier Grégorien. On ne savait d'abord quelle durée il fallait assigner *au mois*, dans les relations juridiques. Les uns proposaient de compter le mois pour trente jours indistinctement, les autres pour trente et un jours lorsque le délai était favorable, pour trente lorsqu'il ne l'était pas. C'était de l'arbitraire, et on peut s'étonner qu'on n'ait pas plus tôt mis la main sur un texte qui tranche nettement la question. C'est l'art. 132, Code Com. qui porte que les usances sont de trente jours et *les mois tels qu'ils sont fixés par le Calendrier Grégorien.* Cette disposition est applicable aux matières ordinaires aussi bien qu'aux matières de commerce ; car on ne comprendrait pas qu'on calculât les délais de deux manières, lorsqu'il y

1. Merlin, Répert. prescript., sect. ii, § 1, n° 3.
2. Merlin, Répert. v° date, n° 2.
3. Art. 386, C. pénal.

a identité de raison et que d'ailleurs la manière
indiquée par le Code Com. est la plus naturelle,
la plus conforme à l'usage ordinaire, puisque les
mois du Calendrier sont la manière de compter
la plus généralement usitée.

Il faut donc compter les délais de mois, non
par révolution de trente jours, mais de quantième
à quantième. Par exemple, le 28 Février je vous
promets 1000 francs dans un mois; l'échéance
aura lieu le 31 mars et vous ne pourrez me poursuivre que le 1ᵉʳ avril[1]. Cette règle cesse de recevoir son application toutes les fois qu'il y est
dérogé expressément, soit par la loi[2], soit par la
convention des parties. Du reste, il faut l'appliquer, lors même que le Calendrier Républicain
aurait été en usage à l'époque de la promulgation
de la loi dont il s'agit d'apprécier les délais[3].

Les *années* doivent être prises aussi telles qu'elles
sont fixées par le Calendrier Grégorien. Elles sont
communes ou bissextiles, les premières sont de
trois cent soixante-cinq jours, les secondes de
trois cent soixante-six. Le jour bissextile qui
était chez les Romains le *dies bissextus* des Calendes de Mars et qui forme chez nous le vingt-

1. Civ. Cass., 21 juillet 1818, Sir., XIX, 1, 237; Orléans,
3 mars 1819, Sir., XIX, 2, 166.
2. Art. 2183, C. b. n. avec 2169.
3. Merlin, Répert., vᵒ mois, Paris, 9 août 1811, Sir.,
XI, 2, 444; crim. Cass., 27 décembre 1814, Sir., XII, 1,
199.

neuvième jour du mois de Février, fait nombre dans les délais de jours; mais dans les délais d'années il se confond avec le jour qui précède[1]. Si, par exemple, je vous promets le 1er Avril de vous payer 1000 francs dans un an, l'échéance aura lieu le 1er Avril de l'année suivante, et vous ne pourrez me poursuivre que le 2 avril : peu importe que l'année où nous nous trouvons, au moment du contrat, soit commune ou bissextile. Qu'on n'objecte pas qu'il y aura, à ce compte, deux 1er Avril dans cette année-là, le 1er Avril jour du terme, le 1er Avril jour de l'échéance. Il suffit, pour répondre à cette objection, de rappeler que le 1er Avril, jour du terme, n'est point compris dans l'année; et c'est pour cela qu'il faut ajouter le 1er Avril de l'année suivante, pour avoir une année complète[2].

La locution *an et jour*, empruntée de l'ancien Droit Allemand, est synonyme des expressions *au delà d'une année*.

Les délais qui se composent d'un certain nombre d'heures, se calculent à partir du moment où le délai commence jusqu'à celui où il finit.

Les délais ne comportent pas en général d'extension à raison des jours fériés qui s'y rencontrent ou auxquels ils expirent. Cette règle, étrangère de sa nature même aux délais qui ne se

1. Merlin, Répert., v° jour bissextile.
2. Toullier, n° 683 ; Demol., n° 648.

composent que d'un jour, paraît devoir recevoir exception, non-seulement dans les cas formellement prévus par la loi, mais encore toutes les fois qu'il s'agit de délais francs, en ce sens que si le dernier jour utile est un jour férié, le délai est prorogé au lendemain[1].

II. — Considérons maintenant les effets du terme après l'échéance.

Le créancier, en principe, n'est pas tenu de poursuivre l'exécution de l'obligation tout de suite après l'échéance. Il peut agir immédiatement, mais rien ne l'y oblige. Son inaction, après l'arrivée du terme, ne l'expose à d'autre déchéance que celle qui résulte de la prescription accomplie au profit du débiteur.

Cette règle n'est pas contestée en ce qui touche les rapports du créancier et du débiteur principal.

Il n'en est pas de même des rapports du créancier avec la caution. On a soutenu que le créancier doit être déclaré déchu de son recours contre la caution, pour n'avoir pas exigé son paiement après l'échéance, si le débiteur, solvable à ce moment, est devenu plus tard insolvable[2].

Cette opinion nous paraît inadmissible. En effet, l'art. 2039, dispose que :

1. MM. Aubry et Rau, § 46, et les nombreux auteurs et arrêts qu'ils citent.

2. Ainsi jugé par le tribunal civil de Périgueux, le 23 juillet 1859. Cette sentence, du reste, a été cassée. Dev., 1861, I, 583.

« La simple prorogation de terme, accordée par le créancier au débiteur principal, ne décharge point la caution, qui peut, en ce cas, poursuivre le débiteur pour le forcer au paiement. »

Ainsi la prorogation de terme, lorsqu'elle est expresse, ne libère pas la caution. Or, l'inaction du créancier, après l'échéance, n'est, à vrai dire, qu'une prorogation tacite de terme. Pas plus que la prorogation expresse elle ne nuit au fidéjusseur, puisqu'il peut, « même avant d'avoir payé, agir contre le débiteur, pour être par lui indemnisé.... 4° lorsque la dette est devenue exigible par l'échéance du terme pour lequel elle avait été contractée[1]. » Donc l'inaction du créancier ne peut être invoquée par la caution comme une cause de libération. La Cour de Caen, dans un arrêt du 22 janvier 1849[2], développe très-nettement cette démonstration : « Attendu.... » dit-elle, « que suivant l'art. 2039, Code civil, la simple prorogation de terme accordée par le créancier au débiteur principal, ne libère point la caution qui peut, en ce cas, poursuivre le débiteur pour le forcer au paiement; que, d'après l'art. 2032, même Code, la caution, même avant d'avoir payé, peut agir contre le débiteur pour être par lui indemnisée, lorsque la dette est devenue exigible

1. Art. 2032.
2. Sir., 49, I, 186.

par l'échéance du terme sous lequel elle avait été
contractée ; attendu, dès lors, que si le paiement
n'a pas été effectué par suite de l'insolvabilité du
débiteur survenue quelque temps après l'exigibilité de la dette, [la caution ne peut demander
contre le créancier la réparation du prétendu
préjudice qui résulterait de la négligence de ce
créancier à réclamer le paiement en temps op-
portun contre le débiteur principal ; qu'en effet
cette négligence ne pouvait causer aucun dommage à la caution qui avait la faculté d'agir directement, et qui, par suite, si elle a perdu le
bénéfice utile de son recours, l'a perdu par sa
négligence personnelle.... »

On pourrait être tenté de nous opposer
l'art. 2037, qui est ainsi conçu : « la caution est
déchargée lorsque la subrogation aux droits,
hypothèques et priviléges du créancier, ne peut
plus, par le fait de ce créancier, s'opérer en
faveur de la caution. »

Mais cette disposition n'établit rien contre
nous ; car, supposé, ce qui n'est pas démontré,
qu'elle doive être étendue aux simples faits
d'omission, il est certain qu'elle ne peut s'appliquer qu'à ceux de ces faits que le créancier ne doit
pas omettre. Or, nous venons de voir précisément
que le créancier a le droit d'omettre de poursuivre le débiteur immédiatement après l'échéance,
et de n'exiger le paiement que quand il lui plaît[1].

1. En ce sens : Troplong, du Cautionn., n° 568 ; Pont, 2,

Toutefois cette règle recevrait exception dans le cas où le fidéjusseur, en vertu d'une clause expresse du contrat, se serait obligé sous cette condition suspensive : s'il est prouvé par la discussion que le créancier fera des biens du débiteur, que celui-ci est hors d'état de s'exécuter. Dès là, on conçoit que le fidéjusseur ait le droit de reprocher au créancier des retards sans lesquels la condition ne se serait pas réalisée. Mais ceci n'est pas applicable au cas de fidéjussion ordinaire, alors que l'obligation du fidéjusseur n'a rien de conditionnel[1].

Revenons à l'art. 2039, qui déclare la caution non recevable à se prévaloir de la prorogation de terme accordée expressément par le créancier au débiteur principal. Comprenons bien la portée de cette disposition : lorsque le fidéjusseur s'est engagé purement et simplement, elle est pleinement applicable ; la prorogation ne le libère pas. Cela est juste, parce que, d'une part, si, pendant ce délai, le débiteur peut faire de mauvaises affaires, au préjudice du fidéjusseur, il peut aussi en faire de bonnes, à son profit, et parce que, d'autre part, le fidéjusseur, s'il redoute l'avenir, peut, ou payer, ou forcer le débiteur à payer.

382 ; Demol., XXV, n° 650 ; Aubry et Rau, § 429, 4 ; Agen, 26 Novembre 1836 ; Sir., 37, II, 102 ; civ. Cass., 22 Janvier 1849 ; Sir., 49, I, 182 ; Nancy, 13 Avril 1867 ; Sir., 68, II, 81.

1. Comp. Dupret, Rev. étrang., 1845, p. 412, déjà cité, et Troplong, du caution., n° 569.

Mais, si le fidéjusseur a stipulé un terme propre, distinct du terme accordé au débiteur principal, faut-il appliquer l'art. 2039? évidemment non. Dès que ce terme sera arrivé, il sera libéré. Car une obligation limitée à un certain temps ne peut être prorogée au delà contre la volonté de l'obligé[1].

Du reste, il faut décider : 1° que l'art. 2039 s'applique au cas où le cautionnement aurait été fourni pour sûreté de loyers ou de fermages stipulés payables d'avance et par anticipation[2].

2° que le renouvellement de billets, même négociables, garanti par un cautionnement, doit être plutôt considéré comme une simple prorogation de terme que comme une novation de nature à entraîner l'extinction de la dette[3].

La règle que le créancier à terme n'est pas tenu de poursuivre l'exécution de l'obligation, immédiatement après l'échéance, reçoit exception en matière de commerce. En effet le porteur d'une lettre de change est tenu de réclamer le paiement le jour de l'échéance ; dans le cas où la lettre est payable à vue ou à un certain délai de vue, le paiement doit être demandé ou la présentation faite dans le délai de trois mois, à partir de la date de la lettre : et ce, à peine de déchéance contre les endosseurs, et même contre le

1. Vinnius, quæst. lib. II, c. xLII; Troplong, n° 575.
2. Req. rej., 17 août 1859; Sir., 60, I, 145.
3. Req. rej., 16 juin 1846; Sir., 46, I, 440; comp. cepend., Caen, 24 mai 1842; Sir., 42, II, 488.

tireur, si celui-ci établit qu'il y avait provision. Cette dérogation à la règle a été introduite en considération de tous ceux qui concourent à la lettre de change; tous, en effet, sont intéressés à savoir promptement s'ils seront ou non soumis à un recours[1].

— A ce sujet se rattache une question récemment soulevée par les lois et décrets rendus dans les années 1870-1871, afin de proroger les délais accordés aux porteurs d'effets de commerce, pour la confection du protêt qu'ils sont tenus de dresser, faute de paiement à l'échéance par le débiteur ou tiré. Le délai de droit commun est le jour qui suit celui de l'échéance; faute par le porteur de faire le protêt dans ce temps, il perd tout recours contre les endosseurs. Les lois et décrets en question, à la suite des douloureux événements des années 1870-1871, ont étendu ce délai diversement. Pas de difficulté d'application pour les billets à ordre souscrits et négociés payables en France, non plus que pour les lettres de change tirées d'une ville Française sur une autre ville de France, et revêtues d'endossements opérés sur le territoire Français. Mais que décider à l'égard d'une lettre de change payable en France et endossée dans des pays étrangers, dont la loi commerciale, semblable à la loi Française, oblige le porteur, sous peine de déchéance, à faire le

1. Art. 160, 161, 170, 171, Code Com.

protêt le lendemain de l'échéance ? L'endosseur étranger contre qui le porteur Français ne recourait qu'après la prorogation accordée par les lois précitées, pouvait-il, alléguant que ces lois ne lui étaient pas applicables, repousser ce recours comme tardif ? Ou bien, devait-il, en vertu de ces lois, désintéresser le porteur, comme si celui-ci eût fait le protêt le lendemain de l'échéance ?

La question ainsi posée a été portée devant plusieurs tribunaux étrangers et diversement résolue. La cour de Turin et le tribunal d'appel de Genève, dans trois arrêts, ont répondu : non, l'endosseur étranger ne peut pas repousser l'application des lois Françaises et refuser de payer le porteur qui a satisfait à ces lois. Au contraire, le tribunal de commerce de Hambourg, par deux arrêts, le tribunal de Cologne, le tribunal de commerce du canton de Zurich, et enfin le tribunal suprême de Leipsig, cassant une décision de la Cour d'appel de Berlin, ont répondu : oui, l'endosseur étranger peut refuser de payer le porteur Français qui n'a pas fait le protêt le lendemain de l'échéance, car à son égard les lois en question sont non avenues.

De ces deux solutions laquelle est la bonne ? M. Lyon-Caen défend la solution donnée par la cour de Turin et critique l'arrêt de la cour de Leipsig[1]. Là-dessus nous demandons à présenter quelques observations.

1. Recueil de Sirey, 1872, II, 217, en note; voir aussi :

L'argumentation de M. Lyon-Caen peut être résumée ainsi qu'il suit :

Les lois et décrets en question ont prorogé réellement, non les échéances des effets de commerce, mais, ce qui est bien différent, les délais dans lesquels doivent être faits les protêts, les actes conservant les recours selon la loi Française. Ce qui le prouve, c'est qu'aux termes formels de ces lois et décrets, les intérêts étaient dus depuis le jour de l'échéance jusqu'à celui du paiement effectué, et qu'en outre, supposant le non-paiement du souscripteur ou du tiré, ces lois et décrets refusent au porteur le droit de demander, pendant les délais prorogés du protêt, le remboursement aux endosseurs. Ainsi les lois en question se rapportent exclusivement au protêt. Or, quels sont les principes du droit international privé en matière de lettre de change? Il faut distinguer. L'étendue des obligations des différents endosseurs est réglée par la loi du lieu où chaque endossement est opéré. Mais pour tout ce qui tient aux formalités à remplir par le porteur en cas de refus de paiement, on suit la loi du lieu du paiement. C'est donc cette loi qui détermine le délai dans lequel le porteur doit dresser le protêt pour conserver la plénitude de ses droits contre les endosseurs et le tireur. Tels sont les principes

Recueil de jurisprud. génér. de Dalloz, 1872, II, 1. On trouve là les motifs des arrêts rendus par les deux cours.

admis en France par la jurisprudence et les auteurs, et consacrés formellement par l'art. 86 de la loi Allemande sur le change.

Dès là, quel que soit le délai accordé en France pour la confection du protêt, le porteur d'une lettre de change tirée sous l'empire de la loi qui édicte ce délai, a le droit, par cela seul qu'il a fait le protêt dans le délai légal, de recourir contre les endosseurs et è tireur, alors même que la loi commerciale du pays de ceux-ci obligerait le porteur à dresser le protêt le lendemain du jour de l'échéance. Mais dans l'espèce, les lois Françaises qui ont accordé au porteur un délai extraordinaire sont postérieures à l'époque de l'émission et de l'endossement des lettres de change. C'est cette circonstance spéciale de la date de la promulgation des lois et décrets qui est le siége de la difficulté.

Ici se produit le principal argument de la Cour de Leipsig : au moment où les endosseurs et le tireur se sont engagés, quelle était la loi Française existante, la seule en vue de laquelle ils consentissent à contracter leurs engagements? C'était la loi qui obligeait le porteur à dresser le protêt le lendemain du jour de l'échéance. Puis, voilà que plus tard, des lois spéciales prorogent ce délai en faveur du porteur. Mais prétendre les soumettre à ces lois ultérieures, ce serait violer manifestement un droit acquis, ce serait porter atteinte au principe de non-rétroactivité des lois.

L'argument serait juste, si ces lois établissaient définitivement un droit nouveau. Car, si en principe, les lois relatives à la forme des actes, ne sont pas soumises à la règle de non-rétroactivité, il en est autrement de la loi qui fixe le délai du protêt. La raison de cette exception se tire de ce que cette loi, bien que de pure forme, réagit sur le fond, en mesurant la durée de l'obligation des endosseurs à la durée du délai pendant lequel le protêt peut être dressé. Mais les lois rendues en 1870-1871, n'ont pas introduit une innovation définitive. Elles ont un caractère accidentel, passager comme les circonstances qui les ont rendues nécessaires. Les événements de ces deux années constituaient pour le porteur des effets payables en France, un véritable cas de force majeure. Or, la force majeure, d'après nos lois, dispense le porteur de l'obligation de dresser le protêt le lendemain du jour de l'échéance. Par conséquent en tout état de cause, les endosseurs de traites payables en France doivent se dire que la durée de leur responsabilité peut se trouver prolongée, par suite de la reconnaissance d'un cas de force majeure ayant empêché le porteur de faire le protêt le lendemain du jour de l'échéance.

A la vérité, cette reconnaissance qui appartient en principe aux tribunaux, émanait dans l'espèce du pouvoir législatif ou exécutif. Mais cette reconnaissance n'en était que plus incontestable.

—Cette argumentation assurément est aussi serrée qu'ingénieuse. Elle pose la question dans ses vrais termes; elle met en lumière des principes essentiels que la Cour de Turin, notamment, a oubliés ou laissés dans l'ombre. Enfin la solution qu'elle défend semble la plus conforme à l'équité. Nous ne l'adopterons pas cependant. Nous pensons que la Cour de Turin est dans le faux, que la Cour de Leipsig est dans le vrai. Voici, en peu de mots, les raisons qui nous déterminent :

1° D'abord, il n'est pas prouvé démonstrativement que la prorogation portait sur les délais du protêt, et non sur les échéances. A la vérité les lois en question faisaient courir les intérêts depuis les échéances stipulées jusqu'au paiement effectué, ce qui implique que le principal était payable à ces échéances Mais, d'autre part, ainsi que l'observe la Cour de Leipsig, on rencontre à chaque instant, dans le cours des débats, ces expressions : *délai, sursis, surséance, suspension de poursuites*, qui supposent réellement un atermoiement, une prorogation du jour du paiement. Voici un fait qui corrobore cette induction : on avait d'abord proposé de proroger l'échéance, en termes exprès. Mais le président de la Commission fit remarquer qu'on violerait ainsi les contrats conclus avant la promulgation de la loi. « Tous les tribunaux du monde, ajoutait-il, vous diront : Vous n'avez pas le pouvoir de modifier les contrats. » On observa que la prorogation du délai du protêt conserverait le recours à l'étranger, tandis que la prorogation de l'échéance préjudicierait à ce recours, si les autres pays refusaient de la reconnaître. Ainsi la Cour de Leipsig est fondée à dire que si, en apparence et d'après la rédaction officielle et définitive, les auteurs des lois en question ont voulu proroger les délais accordés pour la confection du protêt, il résulte tant de l'historique de la rédaction que de termes souvent répétés, qu'au fond ils ont voulu proroger les échéances mêmes des effets de commerce.

2° La force majeure, dites-vous, dispense, d'après la loi Française, le porteur de dresser le protêt le lendemain de l'échéance. Les endosseurs de traites payables en France, lorsqu'ils se sont engagés, devaient donc prévoir cette éventualité et ses suites. C'est vrai, mais cet argument n'a de valeur que si la dispense résultant de la force majeure est aussi admise dans le pays des endosseurs, l'Allemagne, dans l'espèce. En effet, il ne faut pas oublier que nous traitons une question de droit international, et que, par suite, il n'y a de règles obligatoires pour les parties contractantes que celles qui sont admises à la fois par les lois des deux pays auxquels l'une et l'autre appartiennent. Sans doute, les endosseurs Allemands ont dû tenir compte, en s'engageant, des prescriptions de la loi Française ; mais réciproquement, les Français, en recevant cet engagement, ont dû considérer la loi Allemande. Il faut voir, par conséquent, quels effets la loi Allemande at-

tribue à la force majeure dans votre matière. Là-
dessus, la Cour de Turin, qui semble ne douter
de rien, dit : « Si la loi Allemande sur le change
ne tient pas expressément compte de la force majeure, elle ne l'exclut pas cependant. » La Cour
de Leipsig, plus réservée et peut-être mieux in-
struite, distingue : si la force majeure a été de
nature à n'occasionner qu'un retard dans la confection du protêt, le porteur ne peut s'en prévaloir, et il est déchu de tout recours. Mais si la
force majeure a mis le porteur dans l'impossibilité absolue de dresser le protêt, il conserve son
recours contre qui de droit. Comme exemple d'une
force majeure de cette nature, la Cour cite la loi
Française, qui aurait interdit à tout officier ministériel de dresser un protêt avant l'expiration des
délais de la prorogation. Cela posé, est-ce que les
porteurs Français étaient dans l'impossibilité de
faire les protêts le lendemain de l'échéance, par
suite des décrets rendus en 1870-1871 ? Non, de
l'aveu de tous. Tout au plus, peut-on dire que
ces lois créaient pour le porteur une impossibilité
morale : mais assurément il n'en résultait pas une
impossibilité matérielle, abolue, juridique. Donc,
la force majeure que le porteur pouvait invoquer
n'a pas les caractères requis par la loi Allemande,
donc il était déchu vis-à-vis des endosseurs Allemands, et il ne pouvait invoquer les lois en question.

3° Enfin, voici la raison qui pour nous est la

plus grave et où nous nous retrancherions, au défaut des autres. Nous admettons, si l'on veut, que la force majeure, même d'après la loi Allemande, constitue, pour le porteur, une dispense suffisante de dresser le protét le lendemain du jour de l'échéance. Suivant M. Lyon-Caen, d'où résultait, dans l'espèce, la force majeure? De la reconnaissance même qu'en avait faite le gouvernement Français. Ainsi, d'après vous, pour qu'il y ait force majeure obligeant les tribunaux étrangers, il suffit que le gouvernement Français ait déclaré qu'il y avait en effet force majeure. Cela nous paraît inadmissible. La force majeure, elle résulte des circonstances, elle ne peut pas résulter d'une reconnaissance quelconque; elle est un *fait*, elle n'est pas une *déclaration*.

Il peut y avoir eu effectivement force majeure sans que le gouvernement Français l'ait déclarée; à l'inverse il peut l'avoir déclarée sans qu'il y ait eu réellement force majeure. Ce que nous exprimerons d'une façon générale en disant :

Supposé que la loi étrangère, en principe, tienne compte de la force majeure, dans la même mesure que la loi Française, qu'en résulte-t-il? Uniquement que le porteur en retard peut l'alléguer devant le tribunal étranger saisi de son recours, et que ce tribunal est tenu de rechercher s'il y a eu réellement force majeure. Il examinera donc les faits ; si le législateur ou le gouvernement du pays du porteur a déclaré qu'il y avait force majeure, sans doute cette déclaration constituera en faveur du porteur un témoignage, une présomption. Le tribunal en tiendra compte dans la mesure que lui indiquera sa sagesse, mais c'est tout. Prétendre qu'il soit lié par cette déclaration et qu'il doive rendre une sentence conforme, cela nous semble inadmissible. Un principe pareil, selon nous, est destructif de la notion même de la souveraineté nationale dont le pouvoir judiciaire, dans tout état et dans une certaine mesure, est le dépositaire et le gardien. Dans l'espèce dont il s'agit, qu'on fasse l'hypothèse inverse de la véritable, et on saisira mieux peut-être la gravité de la solution que nous rejetons [1].

Nous terminerons par une observation qui montrera combien la question qui nous occupe est délicate à traiter et difficile à résoudre. Nous avons raisonné d'état à état. Mais il n'est pas même démontré qu'en France la déclaration de force majeure émanée du gouvernement ait force obligatoire. On peut soutenir que le pouvoir judiciaire a seul qualité pour rendre de pareilles déclarations. Et voici le témoignage autorisé que nous alléguerons :

En 1840, les communications ayant été interrompues pendant plusieurs jours dans le dépar-

---

1. On dit que la Science n'a pas de patrie. Pourtant j'ai dû me faire violence pour discuter froidement cette question et surtout pour la résoudre comme on voit.

tement du Rhône et les pays environnants, par
suite de la crue extraordinaire des eaux du Rhône,
de la Saône et de leurs affluents, les négociants de
ces contrées s'adressèrent au garde des sceaux, à
l'effet d'obtenir qu'une ordonnance royale proro-
geât les délais fixés par le Code de commerce pour
la présentation et le protêt des effets négociables,
et relevât les porteurs des déchéances encourues
à défaut de protêt. Le Conseil d'Etat, saisi de la
question, rendit l'arrêt suivant :

« Le Conseil d'Etat, vu l'avis du Conseil d'État
du 25 janvier 1814 ;

Considérant qu'aux termes de la Charte Cons-
titutionnelle, le gouvernement ne peut jamais suspendre les lois elles-mêmes ni dispenser de leur
exécution; considérant que l'application des lois
et l'appréciation des circonstances qui peuvent
faire fléchir la rigueur de leur application sont
confiées à l'autorité judiciaire;

Est d'avis qu'il appartient, non à l'administration, mais aux tribunaux, dans l'exercice de leur
juridiction, d'apprécier, sous le double rapport
du fait et du droit, les circonstances de force majeure qui leur sont signalées, à l'effet de relever,
s'il y a lieu, les porteurs de lettres de change des
déchéances encourues à défaut de protêt à
l'échéance et de dénonciation dans les délais pres-
crits [1]. »

1. Sir., 1840, II, 470.

— La demeure du débiteur est le retard qu'il met à exécuter son obligation. La demeure produit deux effets importants : 1° elle met la chose aux risques du débiteur ; 2° elle le rend passible de dommages-intérêts, si elle lui est imputable et qu'elle cause un préjudice au créancier.

Nous avons agité la question de savoir si le droit Romain suivait la maxime : *dies interpellat pro homine,* qui peut être ainsi traduite : dans le cas d'une obligation à terme, la seule échéance du terme constitue le débiteur en demeure. Nous avons démontré que le droit Romain ne l'a jamais admise. Ce qui est incontestable, c'est que notre ancien droit ne l'appliquait pas : « Suivant nos usages, » dit Pothier, « un débiteur n'est mis en demeure de donner la chose due que par une interpellation [1]. »

Enfin, le Code Nap. rejette absolument la maxime dans l'article 1139, qui est ainsi conçu :

« Le débiteur est constitué en demeure, soit par une sommation ou par un autre acte équivalent, soit par l'effet de la convention, lorsqu'elle porte que, sans qu'il soit besoin d'acte et par la seule échéance du terme, le débiteur sera en demeure. »

Ainsi, en principe, la seule échéance du terme ne suffit pas pour constituer le débiteur en demeure. Il faut une interpellation, c'est-à-dire une

1. Traité des Oblig., 1re part., chap. II, n° 144.

injonction adressée par le créancier au débiteur d'avoir à s'exécuter. La loi, favorable au débiteur, présume que le créancier qui ne le poursuit pas immédiatement après l'arrivée du terme, consent tacitement à ajourner l'exécution; présomption très-sage, qui protége le débiteur contre les piéges d'un créancier perfide, sans nuire jamais à ce créancier, maître de la faire cesser à son gré par une interpellation qui annonce la volonté d'être payé.

Quant à l'interpellation, elle se manifeste soit par une sommation, soit par une citation en justice ou un commandement.

Par exception, la demeure du débiteur résulte de la seule échéance du terme :

1° Toutes les fois que la loi consacre expressément la maxime : *dies interpellat pro homine.* Il y a là une sorte de mise en demeure légale. On en trouve des exemples dans les articles 1302 al. 4, 1378 c. b. n. 1379, et 1657;

2° Toutes les fois que l'obligation ne pouvait être exécutée que dans un certain temps que le débiteur a laissé passer[1]. On peut citer, à titre d'exemple, le cas où une personne donne mandat à une autre de renouveler, au nom de la première, une inscription hypothécaire ou d'exercer une faculté de réméré, dans un temps déterminé. La mise en demeure résulte alors d'une conven-

1. Art. 1146.

tion tacite des parties. En effet, dans toutes les hypothèses de ce genre, l'objet même de la convention implique essentiellement la clause que le débiteur sera en demeure et devra des dommages-intérêts, s'il n'accomplit pas l'obligation dans le délai indiqué, après lequel elle ne pourrait plus être utilement exécutée. Il suit de là que le retard du débiteur n'entraîne sa mise en demeure qu'autant qu'il a connu, soit par la nature du contrat, soit par une mention expresse ou par les circonstances, que la chose ne pouvait être donnée ou faite que dans un certain temps, sous peine de dommage pour le créancier. De sorte que si la nature de la chose à livrer ou du fait à accomplir ne l'en avertit pas suffisamment, c'est au créancier à l'en instruire;

3° Toutes les fois que les parties sont convenues expressément que la mise en demeure résulterait de la seule échéance du terme, sans qu'il fût besoin d'aucun acte[1]. Dans l'ancien droit, les magistrats, même dans ce cas, avaient un pouvoir d'appréciation absolu sur les effets de la convention : ils pouvaient décider que cette clause expresse n'avait qu'un caractère comminatoire, et que, par suite, le débiteur ne devait pas être considéré comme étant en demeure, même après l'échéance du terme. Le Code Nap., en déclarant cette clause obligatoire absolument et sans distinction,

___

1. Art. 1139, *in fine*.

a consacré une innovation que les auteurs les plus éminents réclamaient depuis longtemps : innovation très-justifiée assurément, puisqu'elle n'est qu'une application de ce principe fondamental, que les conventions légalement formées tiennent lieu de loi à ceux qui les ont faites[1]. Du reste, il n'y a pas de termes sacramentels et les parties ne sont pas tenues de reproduire la formule de l'article 1139[2].

L'article 1230 consacre une application importante du principe déposé dans l'article 1139, en disposant que :

« Soit que l'obligation primitive contienne, soit qu'elle ne contienne pas un terme dans lequel elle doive être accomplie, la peine n'est encourue que lorsque celui qui s'est obligé soit à livrer, soit à prendre, soit à faire, est en demeure. »

L'obligation de fournir une somme d'argent est soumise aux règles générales que nous venons de retracer. Pour que les intérêts courent à dater de l'échéance du terme, il faut une stipulation expresse. Cela est d'autant plus vrai que la mise en demeure, entraînant l'obligation de payer des dommages-intérêts, ne résulte plus, pour ces obligations spéciales, comme pour les conventions ordinaires, d'une sommation ou d'un acte équi-

1. Art. 1134.
2. Demol., t. XXIV, sur l'art. 1139.

valent. La loi exige formellement une demande en justice[1].

Ici, nous rencontrons deux questions qui se posent très-fréquemment dans la pratique :

1° Les intérêts cessent-ils de courir après l'échéance, lorsque le débiteur s'est obligé de payer le capital à un certain terme, *avec les intérêts jusqu'à l'échéance ?*

Les principes conduisent à répondre affirmativement. En effet, tant que le terme n'est pas arrivé, les intérêts courent en vertu d'une convention expresse ; mais, advenant l'échéance du terme, la convention cesse, et, avec elle, la *cause* des intérêts. Il ne reste plus qu'une obligation de payer une somme d'argent, laquelle, d'après l'article 1153 précité, ne peut produire que des intérêts judiciaires, en vertu d'une demande formée par le créancier[2].

2° A l'inverse, les intérêts doivent-ils courir après l'échéance, lorsque le débiteur s'est obligé de payer le capital à un certain terme, *sans intérêts jusqu'à l'échéance ?*

Les principes, ici, ne commandent pas une solution aussi simple que dans la première question. A la rigueur, il faudrait s'en tenir à l'article 1153, et décider que les intérêts ne courront, même

1. Art. 1153.
2. Comp. Cass., 10 sept. 1811, Sir., 3, I, 405 ; Bordeaux, 2 mai 1826, Sir., 26. 2, 286. Demol., t. XXV.

après l'échéance, qu'en vertu d'une demande en justice. Mais nous croyons qu'il est plus sûr de s'en remettre sur ce point à la sagesse des tribunaux. Qu'ils considèrent les circonstances, qu'ils analysent soigneusement les expressions employées par les parties. Ainsi le mot *seulement* peut imprimer à la clause une signification non douteuse. Si, en effet, les parties sont convenues que la dette serait sans intérêts *seulement* jusqu'à l'échéance, il semble difficile de ne pas admettre que les intérêts devront courir de plein droit du jour de l'échéance[1].

— Terminons par une observation relative au cas où une convention renferme à la fois une condition et un terme. Nous allons reproduire la distinction que nous avons trouvée si nettement établie en droit Romain.

Si le terme, distinct et indépendant de la condition, affecte l'obligation elle-même, le créancier n'en peut demander l'exécution au débiteur qu'après l'arrivée du terme, alors même que la condition serait depuis longtemps accomplie.

Par exemple, je m'oblige à vous payer 1000 fr. d'ici à trois ans si tel événement arrive. Ici l'obligation est tout à la fois sous condition et à

1. Comp. Agen, 10 juin 1824, D. 25, II, 42; Bourges, 25 avril 1826, D. 27, 2, 41; Bordeaux, 28 mai 18 2, Dev., 32, 2, 626; Toulouse, 19 janvier 1844, Dev., 44, 2, 272; Merlin, Répert., v° Intérêts, § 2, n° 12; Demol., n° 653 et 654.

terme. Si donc la condition se réalise dès le lendemain de la convention, ce n'est qu'au bout de trois ans que vous pourrez me poursuivre.

Au contraire, si le terme n'affecte que la condition, dès que celle-ci est accomplie, le créancier peut agir. Par exemple, je m'oblige à vous payer 1 000 francs, si tel événement arrive d'ici à trois ans. — Dès que l'événement se réalisera, vous pourrez me poursuivre. Ici, en effet, il n'y a, comme dit Pothier, qu'un terme joint à une condition[1].

SECTION III.

DES CAS OU LE DÉBITEUR EST DÉCHU DU BÉNÉFICE DU TERME.

L'art. 1188 porte : « le débiteur ne peut plus réclamer le bénéfice du terme lorsqu'il a fait faillite, ou lorsque par son fait il a diminué les sûretés qu'il avait données par le contrat à son créancier. »

Lorsque le créancier accorde un délai au débiteur, c'est qu'il trouve sa sécurité dans la solvabilité du débiteur ou dans des garanties réelles spéciales. C'est là, ainsi que le disait Pothier, le fondement du terme. D'où il résulte que, dès que la sûreté du créancier vient à manquer, l'effet du terme doit cesser. L'art. 1188 consacre cette conséquence.

1. Traité des Oblig., n° 237.

Occupons-nous successivement des deux causes de déchéance qu'il mentionne, et d'abord de la première, qui est générale et collective, la faillite.

I. — L'art. 444 Code Com. est ainsi conçu :

« Le jugement déclaratif de faillite rend exigibles, à l'égard du failli, les dettes passives non échues. »

Cette disposition, qui confirme, en la complétant, celle de l'art. 1188, repose sur un double motif :

1° D'abord sur cette considération générale que nous venons de présenter, à savoir que lorsque le fondement du terme manque, le terme doit aussi disparaître. Le créancier, en suivant la foi de son débiteur, se reposait sur sa solvabilité. Or la faillite prouve que cette solvabilité était illusoire, en ruinant le crédit du débiteur. Il est donc logique et juste que le créancier ne porte pas la peine de sa confiance et de son humanité.

2° Mais la disposition de l'art. 444 est fondée sur une autre raison, spéciale à la faillite et très-importante : la nécessité de simplifier et d'accélérer la liquidation générale à laquelle la faillite donne naissance. Le but de la faillite, en effet, est de réaliser l'actif du débiteur commun, puis de le répartir entre les divers créanciers au marc le franc, c'est-à-dire en attribuant à chacun d'eux un dividende proportionnel au montant de sa créance. Or, si l'on n'eût déclaré exigibles immédiatement les créances à terme, il eût fallu : ou payer seulement les créances exigibles, à l'exclusion des créances non exigibles. — Mais cela était inadmissible, car il eût été contraire à toutes les règles de la justice de condamner certains créanciers à attendre qu'il ne restât plus rien pour les désintéresser. — Ou retarder la répartition générale jusqu'à l'échéance du terme le plus éloigné. — Ou enfin procéder sans délai à la répartition, mais en faisant des escomptes. Ces deux derniers partis eussent été féconds en lenteurs et en complications de tout genre. — Le législateur a donc pris le parti le plus simple, celui de ne faire aucune distinction entre les créanciers. De sorte que l'exigibilité anticipée, ici, a pour but de rendre plus commode et plus prompte la liquidation de l'actif du débiteur commun.

Nous insistons particulièrement sur cette seconde raison de l'exigibilité anticipée, parce qu'elle va nous servir à résoudre une question d'un haut intérêt, qui a soulevé dans la doctrine et dans la jurisprudence les plus ardentes controverses. Il s'agit de savoir si la disposition de l'art. 444 s'applique aux créanciers pourvus d'une garantie réelle, quelle que soit d'ailleurs cette garantie, hypothèque, privilége ou gage.

On se demande, en particulier, si le propriétaire dont le failli est le locataire, peut se prévaloir de l'art. 444 pour exiger tous ses loyers à échoir jusqu'à l'expiration du bail. La question dans ce cas spécial, offre une importance pratique telle, qu'on ne la discute le plus souvent, dans la jurisprudence, qu'à ce point de vue.

Nous allons donc la traiter dans ces termes, en prenant garde de ne pas invoquer une seule raison, un seul argument qui ne puisse être étendu à tous les cas analogues.

L'opinion dominante dans la jurisprudence et la doctrine peut être ainsi résumée : le propriétaire est investi d'un privilége sur les meubles de son locataire, mais, pour être privilégié, il n'en est pas moins créancier, et, comme tel, il a les mêmes droits que les créanciers ordinaires, les créanciers qu'on appelle chirographaires. Donc, comme les créanciers chirographaires, il peut invoquer l'exigibilité anticipée édictée par l'art. 444 et, d'après l'art. 2102 Code Nap., exercer immédiatement son privilége, pour tous les loyers à échoir, en dirigeant individuellement, isolément, en dehors des autres créanciers, des poursuites sur les biens du failli.

Cela résulte :

1° Des art. 1188 Code Nap. et 444 Code Com. qui disposent en termes généraux, que le jugement déclaratif de faillite rend exigibles les créances à terme, sans distinction entre les créances chirographaires et les créances privilégiées.

2° De la discussion qui eut lieu au Conseil d'État. Les travaux préparatoires sont d'une netteté sur ce point qui ne laisse rien à désirer. Nous y voyons que plusieurs membres du Conseil d'État, trouvant la rédaction du projet trop générale, disaient que : « la faillite du débiteur ne rendait exigibles les obligations à terme que lorsqu'elles étaient chirographaires, » mais la majorité des conseillers, favorables à la rédaction générale de l'article, répondaient que : « toutes les obligations, de quelque nature qu'elles fussent, devenaient immédiatement exigibles, parce qu'on ne pouvait se dispenser de procéder à la liquidation générale des dettes du failli[1]. » Ainsi il est hors de doute que le législateur n'a voulu établir aucune distinction[1].

Nous ne saurions admettre cette doctrine. Certes les textes ne distinguent pas, le législateur lui-même ne distingue pas, mais il s'agit de limiter, de préciser la portée de cette idée. Nous espérons démontrer qu'on ne peut édifier sur cette base le système que nous venons d'exposer.

Et d'abord, le législateur a voulu que toutes les obligations, quelles qu'elles fussent, devinssent immédiatement exigibles. — Mais pourquoi?

1. Fenet, trav. prépar., t. XII, p. 68-69; Locré, législ. civ., t. XII, p. 161.

2. En ce sens : Paris, 2 janvier 1861, J. du Pal., 1861, p. 17; Angers, 15 mars 1861, Dev., 61, 2, 442; Cass., 28 mars 1865, Dev., 65, 1, 201; Agen, 20 février 1866, Dev., 66, 2, 154; Marcadé, art. 1188, n° 11; Mourlon, Rev. prat. de dr. franç., 1867, t. XXIV, p. 480 et s.

« Parce qu'on ne pouvait se dispenser de procéder à la liquidation générale des dettes du failli. »
Cette raison, que nous avons précédemment mise en relief, n'est pas la seule. — Les créances à terme deviennent exigibles aussi parce que, le fondement du terme disparaissant avec le crédit du débiteur, par suite de la déclaration de faillite, le terme lui-même conséquemment s'évanouit. Or nous soutenons que ni l'une ni l'autre de ces raisons ne peut être appliquée aux créanciers munis d'un privilége ou d'une hypothèque, ou d'un gage, ni, en particulier, au propriétaire, que nous considérons en ce moment.

D'abord, le fondement du terme, en ce qui le concerne, n'est nullement atteint par la faillite. Le crédit du débiteur est détruit, mais que lui importe, puisqu'il a un privilége? Cette garantie, indépendante de la solvabilité du débiteur, corroborée par un droit de suite demeure, *après* la faillite, ce qu'elle était *avant*; il ne peut donc, pour devancer le terme, alléguer la perte de la sûreté moyennant laquelle il l'avait consenti.

2° Il en est de même de la seconde raison : la nécessité de simplifier et d'accélérer les opérations de la liquidation. Car le propriétaire, en exerçant des poursuites individuelles, ne pourrait que l'entraver; le plus souvent il mettrait obstacle au résultat le plus désirable pour les créanciers, à un concordat, qui, en remettant le failli à la tête de ses affaires, lui permettrait peut-être de les rétablir entièrement et de faire honneur à ses engagements. Qu'on saisisse bien notre argument. Le jugement déclaratif de faillite entraîne l'exigibilité immédiate de toutes les dettes à terme; ainsi tous les créanciers sont mis sur un pied d'égalité, et forment une seule et même *masse*, représentée par les syndics. Ceux-ci concentrent entre leurs mains toutes les actions, et il est interdit à tout créancier d'agir individuellement, pour son propre compte. Dès là, comment admettre que le législateur ait voulu reconnaître au propriétaire le droit d'exercer des poursuites individuelles, en vertu de son privilége ? D'une part, il aurait organisé un système complet de liquidation, d'autre part il aurait permis au propriétaire de déranger, d'entraver, souvent d'empêcher cette liquidation ! D'une part, il aurait décrété l'exigibilité anticipée dans l'intérêt de la masse, de l'autre, il aurait autorisé le propriétaire à invoquer l'exigibilité anticipée contre cette même masse ! Il y a là une contradiction inadmissible.

Nous dénions donc au propriétaire le droit d'exercer, en vertu de son privilége, des poursuites individuelles, en dehors de la masse, pour tous ses loyers à échoir.

Est-ce à dire que, selon nous, le propriétaire ne puisse invoquer la disposition des articles 1188 et 444? Non, assurément. Nous avons admis nous-même que ces articles ne distinguent pas, et nous avons rapporté des témoignages d'où il résulte

évidemment que le législateur n'a pas voulu distinguer non plus. Le propriétaire peut donc se
prévaloir de l'exigibilité anticipée. Seulement nous
pensons qu'il faut limiter ce droit et voici ce que
nous disons au propriétaire :

Vous êtes à la fois créancier chirographaire et
créancier privilégié. Il faut opter entre ces deux
titres. Voulez-vous invoquer votre titre de créancier ordinaire, alors vous entrez dans la masse et
vous êtes admis à vous prévaloir de l'exigibilité
anticipée résultant du jugement déclaratif de faillite; mais, par un juste retour, il vous est interdit,
comme à tous les autres, d'exercer des poursuites
individuelles [1]. Ou bien préférez-vous invoquer
votre titre de créancier privilégié ? Alors vous avez
le droit d'exercer des poursuites individuelles.
Mais, par un juste retour, vous ne pouvez
vous prévaloir de l'exigibilité anticipée qui résulte de la faillite. Car, suivez bien notre
raisonnement : l'exigibilité anticipée est un effet,
un corollaire de la faillite; or la faillite, c'est la
liquidation de l'actif du débiteur commun orga-
nisée dans l'intérêt de la masse des créanciers,
c'est l'interdiction de toutes poursuites individuelles. Donc, si vous voulez exercer des poursuites individuelles, vous sortez de la faillite, vous
renoncez au bénéfice de la faillite; vous invoquez
votre titre de créancier privilégié, et alors il vous

[1]. Comp. art. 443, 444, 571, Code Com.

faut attendre l'échéance du terme qui diffère l'exécution de ce titre.

Autrement il faudrait dire que vous êtes dans la faillite, et que vous n'y êtes pas : que vous y êtes, puisque vous profiteriez de l'exigibilité anticipée, dont elle seule confère le bénéfice (dans l'espèce du moins); que vous n'y êtes pas, puisque vous exerceriez des poursuites individuelles qui ne sont licites qu'en dehors d'elle.

Or, cette double prétention est si manifestement contradictoire qu'elle ne peut être soutenue.

— On a prétendu' que, étant admis en principe le système que nous défendons, il faut faire une exception en faveur du créancier gagiste. Celui-ci, en effet, est dans une position beaucoup moins favorable que les créanciers privilégiés ou hypothécaires qui peuvent, en attendant la vente des biens qui leur sont affectés, concourir comme chirographaires, aux répartitions de l'actif mobilier, tandis que le créancier nanti d'un gage n'est inscrit dans la masse que pour mémoire², Il en résulte que, si, au moment de l'échéance du terme, l'actif est épuisé, le créancier gagiste qui ne sera pas couvert entièrement par son gage perdra une partie de sa créance. M. Demangeat pense qu'il faut « pour éviter cette iniquité » lui reconnaître le

1. M. Demangeat, noté sur Bravard, Dr. Com., t. V, p. 572,

2. Art. 546, Code Com.

droit de réaliser son gage, sinon après le jugement déclaratif, du moins dès qu'on est entré dans la période d'union. Nous ne saurions admettre ce tempérament. Tant pis pour le créancier qui ne s'est pas fait remettre un gage suffisant. La loi est formelle, et nous ne pouvons admettre qu'on s'en écarte même pour réparer « une iniquité, » *dura lex, sed lex.*

— Notre raisonnement est corroboré par l'article 450 Code Com. (ancien) qui statuait la suspension de toutes poursuites pendant trente jours à partir du jugement déclaratif de faillite sur les effets mobiliers servant à l'exploitation du commerce du failli. En effet, cette disposition a évidemment pour objet de laisser aux syndics la faculté de se procurer l'argent nécessaire pour payer au propriétaire les loyers échus. D'où il résulte que le propriétaire ne peut agir individuellement pour ses loyers à échoir, lorsque les syndics lui paient exactement les loyers échus.

Cette dernière considération nous conduit à formuler notre système. Il se résume dans les deux propositions suivantes, dont chacune correspond à l'un des titres qui appartient au propriétaire.

1° Lorsque les syndics font vendre les biens du failli, le propriétaire, en sa qualité de créancier chirographaire, a le droit de demander le paiement de ses loyers à échoir par contribution, au marc le franc, sur le prix des biens meubles ou iinmeubles, autres que ceux qui sont affectés de son privilége.

2° Dans le même cas, et toujours pour ses loyers à échoir, le propriétaire, en sa qualité de créancier privilégié, a le droit de se faire payer par préférence, sur le prix des meubles qui sont affectés de son privilége, conformément à l'article 2102.

D'où il résulte que le propriétaire est non recevable à exercer des poursuites individuelles, dès que ses loyers lui sont payés exactement, au fur et à mesure des échéances, d'une part, et que, d'autre part, les meubles affectés de son privilége n'étant pas vendus, la garantie réelle attachée à la créance demeure, *après* la faillite, aussi entière qu'elle était *avant*[1].

Il ressort de la discussion qui précède que la première opinion, consacrée par un arrêt solennel de la Cour de Cassation du 28 mars 1865, était dans ses résultats aussi favorable au propriétaire qu'elle était désastreuse pour le preneur failli et la masse de ses créanciers. On vit, en effet, des faillis et des créanciers ruinés sans retour par le paiement anticipé des loyers fait au propriétaire;

---

[1]. En ce sens : Cass., 28 déc. 1858, J. du Pal., 1859, p. 1069 ; Rennes, 3 déc. 1858, J. du Pal., 1859, p. 1103 ; Paris, 26 juin 1863, Dev., 63, 2, 147 ; Rouen, 23 déc. 1844, Dev., 65, 1, 201, en note ; MM. Labbé, J. du Pal., 1862, p. 7 ; Désjardins, Rev. crit., 1866, t. XXIX, p. 21, 5 ; Demol., nᵒˢ 658-664.

on vit même des tribunaux refuser d'homologuer des concordats par l'unique motif que le propriétaire s'était réservé le droit de réclamer tous les loyers à échoir, en vertu de l'article 2102.

C'est dans ces vingt dernières années seulement que cette jurisprudence produisit les criants résultats qui émurent l'opinion publique. Jusque-là, on n'avait guère senti les inconvénients de la disposition de l'art. 2102. Ce qui s'explique par cette double considération que, d'une part, les grands établissements industriels ou commerciaux, qui exigent des baux de longue durée, étaient d'abord très-rares, et que, d'autre part, il y a peu de temps que la valeur locative de la propriété foncière est parvenue au taux exorbitant que tout le monde connaît.

L'opinion publique s'émut, disions-nous. Des voix autorisées s'élevèrent pour réclamer des réformes. Ces réformes pouvaient s'opérer de deux façons très-différentes : ou dans la jurisprudence, ou dans la législation. La jurisprudence eût conjuré le mal en adoptant, sur les art. 1188 et 2102 Code Nap. et 444 Cod. Com., l'interprétation que nous avons soutenue, suivie, du reste, par un certain nombre de cours d'appel et par des auteurs considérables. Mais l'arrêt précité de la Cour de Cassation consacra définitivement la doctrine contraire. Dès lors, il fallut chercher le remède dans une réforme législative. Un projet en ce sens fut présenté au Corps Législatif le 26 Décembre 1867. Mais il survint entre le Conseil d'État et la Commission du Corps Législatif chargée d'examiner le projet un dissentiment qui le fit avorter. L'Assemblée Nationale fut saisie d'une proposision de réforme, le 7 avril 1871, par M. Courbet-Poulard[1]. A la suite de cette proposition, un projet de loi fut présenté au rapport de M. Delsol, le 31 Juillet, et le 3 Janvier 1872[2]. Ce projet, revu, amendé et corrigé, devint loi par un vote de l'Assemblée du 12 Février 1872[3].

Voici le texte de cette loi :

« Art. 1er. Les art. 450 et 550 du Code de Commerce sont modifiés et remplacés par les dispositions suivantes :

Art. 450. Les syndics auront, pour les baux des immeubles affectés à l'industrie ou au commerce du failli, y compris les locaux dépendant de ces immeubles, et servant à l'habitation du failli et de sa famille, huit jours à partir de l'expiration du délai accordé par l'art. 492 du Code de Commerce aux créanciers domiciliés en France pour la vérification de leurs créances, pendant lesquels ils pourront notifier au propriétaire leur intention de continuer le bail, à la charge de satisfaire à toutes les obligations du locataire.

Cette notification ne pourra avoir lieu qu'avec

1. J. offic. des 19 et 24, p. 660 et 738.
2. J. offic. du 22 août 1871, et 19 janvier 1872, p. 414.
3. J. offic. du 13 février, p. 1048.

l'autorisation du juge-commissaire, et le failli entendu.

Jusqu'à l'expiration de ces huit jours, toutes voies d'exécution sur les effets mobiliers servant à l'exploitation du commerce ou de l'industrie du failli, et toutes actions en résiliation de bail seront suspendues, sans préjudice de toutes mesures conservatoires et du droit qui serait acquis au propriétaire de reprendre possession des lieux loués. Dans ce cas, la suspension des voies d'exécution établie au présent article cessera de plein droit.

Le bailleur devra, dans les quinze jours qui suivront la notification qui lui serait faite par les syndics, former sa demande en résiliation.

Faute par lui de l'avoir formée dans ledit délai, il sera réputé avoir renoncé à se prévaloir des causes de résiliation déjà existantes à son profit.

Art. 550. L'art. 2102 du Code Civil, est ainsi modifié à l'égard de la faillite.

Si le bail est résilié, le propriétaire d'immeubles affectés à l'industrie ou au commerce du failli, aura privilége pour les deux dernières années de location échues avant le jugement déclaratif de faillite, pour l'année courante, pour tout ce qui concerne l'exécution du bail, et pour les dommages-intérêts qui pourront lui être alloués par les tribunaux.

Au cas de non-résiliation, le bailleur, une fois

payé de tous les loyers échus, ne pourra pas exiger le payement des loyers en cours ou à échoir, si les sûretés qui lui ont été données, lors du contrat, sont maintenues, ou si celles qui lui ont été fournies depuis la faillite sont jugées suffisantes.

Lorsqu'il y aura vente et enlèvement des meubles garnissant les lieux loués, le bailleur pourra exercer son privilége comme au cas de résiliation ci-dessus, et, en outre, pour une année à échoir à partir de l'expiration de l'année courante, que le bail ait ou non date certaine.

Les syndics pourront continuer ou céder le bail pour tout le temps restant à courir, à la charge par eux ou leurs cessionnaires de maintenir dans l'immeuble gage suffisant et d'exécuter, au fur et à mesure des échéances, toutes les obligations résultant du droit ou de la convention, mais sans que la destination des lieux loués puisse être changée.

Dans le cas où le bail contiendrait interdiction de céder le bail ou de sous-louer, les créanciers ne pourront faire leur profit de la location que pour le temps à raison duquel le bailleur aurait touché ses loyers par anticipation et toujours sans que la destination des lieux puisse être changée.

Le privilége et le droit de revendication établis par le numéro 4 de l'art. 2102 du Code Civil, au profit du vendeurs d'effets mobiliers, ne peuvent être exercés contre la faillite.

« Art. 2. La présente loi ne s'appliquera pas aux baux qui, avant sa promulgation, auront acquis date certaine.

Toutefois, le propriétaire qui, en vertu desdits baux, a privilége pour tout ce qui est échu et pour tout ce qui est à échoir, ne pourra exiger par anticipation les loyers à échoir, s'il lui est donné des sûretés suffisantes pour en garantir le payement. »

— Quelques observations maintenant, afin de bien saisir l'économie de la loi nouvelle.

D'abord la loi n'a trait qu'à la faillite; les règles touchant la déconfiture restent entières. Quand même ceci n'aurait pas été affirmé expressément dans le rapport, on pourrait l'induire sûrement de ces termes : « Pour les baux des immeubles affectés à l'industrie et au *commerce* du failli » de l'art. 450, et surtout de l'art. 550, qui commence ainsi : « l'art. 2102 du Code Civil est ainsi modifié *à l'égard de la faillite.* »

Secondement, l'art. 450 accorde un délai tant aux créanciers, pour faire connaître s'ils veulent continuer le bail, qu'au propriétaire pour faire savoir s'il entend en demander la résiliation. En effet, il importe aux créanciers, avant de prendre une décision, avant de voter un concordat, par exemple, de connaître exactement la situation. Or, cette situation sera bien différente, suivant que le bail sera résilié ou maintenu. La résiliation du bail aura pour conséquence fatale l'état d'union. Le maintien du bail, au contraire, facilitera un concordat, à l'avantage de tous.

Troisièmement, les créanciers sont tenus de prendre les devants. En effet, la déclaration de faillite ne changera rien le plus souvent à la situation actuelle du bailleur, payé de ses loyers échus. Il pourra même l'ignorer. Au contraire, la faillite, en dessaisissant le preneur de l'administration et de la possession de tous ses biens, apporte dans la situation de ses autres créanciers une innovation profonde. Cette innovation étant le fait du preneur, c'est aux syndics qui le représentent en même temps que la masse à faire connaître au bailleur s'ils ont l'intention de continuer le bail, et, dans ce cas, à lui offrir des sûretés suffisantes pour répondre de son exécution.

Enfin l'article 550 distingue deux cas principaux :

Premier cas : Le bail est résilié : alors il va sans dire que toute créance du propriétaire étant éteinte pour l'avenir, il ne peut réclamer, dans aucune mesure, les loyers à échoir.

Mais il a privilége notamment pour les deux dernières années de location échues avant le jugement déclaratif de faillite. Pourquoi pas pour tout ce qui est échu ? parce que, d'une part, le bailleur, en laissant s'accumuler des loyers non payés, rend un très-mauvais service à son locataire, dont la faillite sera d'autant plus désastreuse qu'elle aura existé plus longtemps à l'état latent, et parce que, d'autre part, les créanciers du locataire , qui comptent sans doute qu'il paye régulièrement ses loyers, ne doivent pas être victimes d'un privilége trop étendu, s'appliquant à une créance qu'ils croyaient éteinte.

Pourquoi cette limitation est-elle de deux années? Par analogie de l'article 2151 qui en édicte une semblable pour les intérêts ou arrérages d'un capital garanti par une hypothèque.

Les deux années échues doivent être comptées en prenant pour point de départ la date du contrat.

Deuxième cas : Le bail est maintenu.

Alors de deux choses l'une :

Ou le propriétaire, payé de ses loyers échus, trouve pour l'avenir une garantie suffisante dans les sûretés qui lui ont été fournies lors du contrat ou depuis la faillite, et alors il ne peut pas demander le payement des loyers en cours ou à échoir.

Ou au contraire le gage du propriétaire s'évanouit par suite de la réalisation des meubles qui garnissaient les lieux loués, et alors il a privilége notamment pour une année à échoir à partir de l'expiration de l'année courante. Il semble qu'étant admis le privilége du bailleur pour l'avenir, on devait, pour être logique, l'étendre à tout le temps qui restera à courir. Mais on a considéré que les effets sur lesquels s'exercera le privilége auront été livrés au failli par ceux-là mêmes que le bailleur prétend primer et que son droit est en conflit direct avec celui de la masse. Il était donc naturel de limiter ces deux droits l'un par l'autre et d'imposer à tous des sacrifices réciproques.

Maintenant, si à l'expiration de cette année, le failli concordataire ou ses représentants ne sont pas en mesure de remplir tous leurs engagements, le bailleur demandera la résiliation; dans le cas contraire le bail continuera à recevoir son exécution.

On voit, en résumé, que la loi nouvelle a consacré la seconde opinion que nous avons exposée et défendue.

— Nous avons supposé que la créance du bailleur est une créance à terme; mais cette opinion n'est pas unanime. Deux autres systèmes sont soutenus. D'après l'un, la créance du bailleur est une créance soumise à une condition suspensive. D'après l'autre, cette créance n'existe même pas actuellement; c'est une créance éventuelle et successive. Ces deux opinions se confondent dans un résultat commun : la créance du bailleur n'ayant présentement aucune existence ou n'ayant qu'une existence subordonnée à un événement futur et incertain, le bailleur ne peut la faire valoir dans la faillite pour les loyers non échus. La question que nous venons d'agiter péniblement se trouve ainsi résolue sans effort. Malheureusement nous ne pouvons admettre ni l'un ni l'autre de ces systèmes. Nous pensons, avec une jurisprudence constante et des auteurs considérables, qu'ils sont contraires à la fois aux précédents historiques, à l'intention des parties, et surtout à la volonté, clairement manifestée, du législateur. Examinons-les tour à tour :

1° Le premier système, disons-nous, prétend que la créance du bailleur est une créance conditionnelle. Voici son raisonnement.

L'obligation du bailleur a pour objet la prestation de la jouissance, c'est-à-dire une chose future, absolument incertaine, dont on ne peut assurer la veille qu'elle sera possible le lendemain. Si en effet la chose vient à périr par cas fortuit, c'en est fait de la jouissance. Or toute obligation emprunte les caractères propres à son objet, et suivant que cet objet est certain ou incertain, elle est elle-même certaine ou incertaine. Donc l'obligation du bailleur est incertaine, nécessairement soumise à cette condition : S'il peut procurer la jouissance promise au locataire. Mais, dans le louage comme dans tout contrat synallagmatique, l'obligation de chaque partie est la cause de l'obligation de l'autre. Conséquemment l'obligation du locataire est aussi incertaine et conditionnelle. Or telles obligations, telles créances. Si l'obligation du locataire est conditionnelle, la créance du bailleur est nécessairement conditionnelle.

Une comparaison mettra en relief la justesse de cette déduction. Qu'est-ce que le bailleur d'un fonds s'oblige à procurer au fermier? la jouissance de ce fonds, c'est-à-dire des fruits non encore nés, qui naîtront au fur et à mesure des récoltes. On peut donc assimiler le louage d'un fonds à une vente de fruits futurs : or, une pareille vente est conditionnelle. Ceci était admis en droit Romain et l'est encore dans notre droit, au moins en principe. Donc le bail à ferme est conditionnel. Du reste l'habitation d'une maison, la jouissance d'un bâtiment, quel qu'il soit, offre les mêmes caractères. Donc on peut dire, d'une façon générale, que la créance du bailleur est une créance conditionnelle.

Ainsi cette créance existe dès le moment du contrat, mais comme toute créance conditionnelle, c'est-à-dire qu'elle ne constitue réellement qu'une espérance. Cependant elle est transmissible aux héritiers du créancier, elle peut faire l'objet d'une cession, elle peut être garantie par des actes conservatoires. Seulement elle ne devient obligation pure et simple, civilement efficace, pourvue d'une action que successivement, jour par jour, car la condition qui l'affecte a ceci de singulier qu'elle se réalise d'une manière continue.

En un mot, le bailleur s'oblige à procurer la jouissance de la chose successivement, jour par jour ; le preneur s'oblige, corrélativement, à ne lui payer les loyers que successivement, au fur et à mesure de la jouissance journalière.

C'est là ce qui distingue essentiellement le louage de la vente :

« Dans la vente tout est actuel, présent, certain, complet ; dans le louage, tout est futur, incertain, ou *suspensivement conditionnel*. »

A la vérité l'article 2102, 1° semble difficilement conciliable avec cette doctrine, en accordant au bailleur, dans certains cas, le droit de se faire payer des loyers à échoir sans être tenu de fournir aucune garantie, tandis que le créancier conditionnel, en principe, ne figure dans les distributions que pour mémoire ou du moins, s'il y reçoit une part sonnante, est astreint à donner caution. Cette disposition est assurément exorbitante et doit être limitée au cas spécial qu'elle prévoit. Il ne faut pas hésiter à reconnaître qu'elle ne saurait être appliquée toutes les fois que les créanciers donneront au propriétaire des sûretés sérieuses, soit en lui payant régulièrement ses loyers échus, soit en maintenant dans l'immeuble un gage suffisant[1].

2° Le second système, plus radical, n'admet même pas que la créance du bailleur soit conditionnelle ; il soutient que cette créance est future et éventuelle. Un de ses plus ingénieux défenseurs commence par battre en brèche le premier système. Cette réfutation est si simple et en même

1. Mourlon, Rev. prat. de dr. franç., 1867, t. XXIII. M. Bertin, *Le Droit*, des 10 juill. et 16-17 déc. 1861.

temps si complète que nous allons la reproduire.

— Ainsi notre tâche s'allégera d'autant, et nous aurons moins de peine à défendre le troisième système, auquel nous nous rallions.

Soutenir que l'obligation du locataire est soumise à une condition, c'est commettre une grosse erreur. Le locataire est tenu de payer les loyers, dites-vous, sous cette condition : si le bailleur lui procure régulièrement la jouissance de la chose. Mais cette prestation de la jouissance par le bailleur, c'est l'objet même de son obligation, c'est son obligation. Or, son obligation est la *cause* de celle du preneur. Comme telle, elle forme l'un des éléments essentiels du contrat. Mais si elle est essentielle à l'existence même du contrat, elle ne peut jouer le rôle de condition, la condition étant, comme le terme, une modalité, c'est-à-dire un accident, quelque chose qui s'ajoute à l'obligation, mais qui en peut être retranché sans que l'obligation cesse d'être. Donc l'obligation du bailleur, cause de l'obligation du locataire, ne peut être à la fois un élément essentiel et une modalité accidentelle d'une obligation.

Ainsi l'obligation du locataire n'est pas conditionnelle; la vérité est qu'elle est future et éventuelle. En effet, le bailleur doit procurer la jouissance de la chose. Mais cette prestation est, de sa nature, continue et successive; elle ne peut être réalisée en un moment, comme la tradition de la chose qui fait l'objet d'une vente, non : elle se composé d'une série de faits qui durent, en se renouvelant constamment, pendant tout le temps du bail. Dès là l'obligation du locataire, qui a pour objet des loyers à payer, est aussi successive et continue. Elle correspond à chaque portion de la jouissance, et la dette des loyers croît proportionnellement à la durée de cette jouissance.

Mais, va-t-on objecter, le louage est, comme la vente, un contrat consensuel, qui n'a besoin, pour se former, que du consentement des parties. Ceci a été admis de tout temps. Si donc les obligations des deux parties ne prennent naissance qu'après le contrat, jour par jour, minute par minute, comment soutenir que les parties sont liées, que le contrat se forme par le seul accord de leurs volontés ?

Cette objection est spécieuse. Mais il suffit, pour l'écarter, d'établir une distinction qui est le fondement de notre système. Le bailleur, avons-nous dit, s'oblige à faire jouir le preneur pendant toute la durée du bail ; mais ce n'est pas là sa seule obligation. Avant, il est tenu de donner à bail. Or, donner la chose, fonds ou maison, à bail, et puis, en assurer la jouissance au preneur, ce sont là deux faits distincts, l'un simple et actuel, l'autre composé et successif. De même la dette des loyers n'est pas la seule à la charge du preneur. Avant de payer les loyers, il s'engage à tenir la chose à loyer. Or, ici encore, il y a deux obligations distinctes, l'une simple et actuelle, l'autre composée et successive.

Cela posé, tout se concilie sans peine : le contrat de louage, comme tous les contrats consensuels, existe dès que les parties sont tombées d'accord. Il existe en ce sens, qu'à ce moment elles contractent des obligations réciproques, le bailleur l'obligation de donner la chose à bail, le preneur, de la tenir à loyer. Mais restent les obligations de fournir la jouissance et de payer les loyers, l'une et l'autre inexistantes dès à présent et ne naissant qu'au fur et à mesure de la jouissance quotidienne, en un mot futures et éventuelles. Pour que le bailleur ait rempli entièrement son engagement, il ne suffit pas, bien évidemment, qu'il ait mis le preneur en état d'entrer en jouissance, il faut encore lui procurer cette jouissance du premier jusqu'au dernier instant du temps du bail. Réciproquement le preneur, après son entrée en jouissance, doit payer exactement les loyers aux termes convenus. En un mot la dette des loyers, comme l'obligation du bailleur qui lui sert de *cause*, est actuelle et immédiate, quant à son point de départ, mais elle est, quant à son accomplissement, durable, continue, successive.

De tout ce raisonnement la conclusion pratique est simple : la dette des loyers ne prend naissance et par suite ne peut être exigée qu'au fur et à mesure que la jouissance est procurée par le bailleur au preneur. En général, on l'échelonne à des termes gradués, mais il n'en est pas moins vrai que chaque partie des loyers correspond virtuellement à chaque instant de raison de la jouissance procurée.

En cas de faillite du locataire, le bailleur n'a donc aucune action pour ses loyers à échoir[1].

3° Selon nous, les deux systèmes précédents sont erronés. Pour nous l'obligation du preneur est une obligation à terme, c'est-à-dire qu'elle existe dès la formation du contrat, pleine et entière; seulement l'exécution n'en peut être demandée qu'aux termes expressément marqués par le contrat. Les deux parties sont liées du jour du contrat : l'obligation du bailleur a pour objet la prestation de la jouissance de la chose pendant un temps déterminé, et pour cause l'engagement que prend le locataire de payer les loyers; l'obligation du locataire a pour cause celle du locateur de lui fournir la jouissance, et pour objet le paiement des loyers aux termes convenus. Ces deux obligations, cause l'une de l'autre, sont indivisibles, et non, comme on le prétend, multiples ou successives. Ce qui est successif et multiple, c'est l'exécution. L'erreur de nos adversaires est là tout entière. Sans doute le bailleur ne peut procurer la jouissance d'un seul coup comme le vendeur livre la chose qu'il vend. Il ne peut la fournir

1. M. Thiercelin, Rev. crit., 1867, t. XXX; M. Bufnoir théorie de la cond., p. 238, note 1.

que successivement, fraction par fraction, mais, encore une fois, cela ne se rapporte qu'à l'exécution. Quant à l'obligation même du bailleur, elle existe dès le jour de la formation du contrat et elle existe de toutes pièces ; car on ne peut nier que dès ce jour il ne soit tenu de procurer au preneur la jouissance de la chose pendant toute la durée du bail. Et réciproquement, dès ce jour, la dette des loyers existe : car on ne peut nier davantage que le preneur ne soit tenu de la totalité des loyers. Mais, comme dans tous les contrats synallagmatiques, chaque partie a le droit, au cas où l'autre n'exécute point son obligation, de faire prononcer en justice la résolution du contrat. L'étendue de cette condition résolutoire est nettement marquée par l'article 1741, qui porte : « Le contrat de louage se résout par la perte de la chose louée, et par le défaut respectif du bailleur et du preneur, de remplir leurs engagements. »

Du reste, rien n'est plus conforme à l'intention des parties que l'existence actuelle, dans leur plénitude, des obligations de chacune d'elles. Car, ce que veut le bailleur, en définitive, c'est avoir dès à présent un droit assuré à l'entier prix de la location. De même, ce que désire le preneur, c'est avoir droit, dès à présent, d'une manière assurée, à la jouissance de la chose pendant tout le temps du bail.

Un fait qui se rencontre assez souvent dans la

pratique prouve que telle est bien l'intention des parties : c'est la clause que les loyers seront payés par anticipation, soit en totalité, soit en partie ; d'autant plus que, quand cette clause porte sur une partie seulement des loyers, l'imputation se fait presque toujours sur les dernières années du bail.

Du reste, cette doctrine, ainsi que l'attestent des témoignages nombreux, était celle du droit Romain et de l'ancienne France. D'une part, en effet, nous lisons dans les Institutes de Justinien :

« Locatio et conductio proxima est emptioni et venditioni, iisdemque juris regulis consistit : nam ut emptio et venditio ita contrahitur, si de pretio convenerit, sic etiam locatio et conductio ita contrahi intelligitur, si merces constituta sit ; et competit locatori quidem locati actio, conductori vero conducti[1]. »

D'autre part Pothier s'exprime ainsi :

« On peut le définir (le louage) un contrat par lequel un des deux contractants s'oblige de faire jouir ou user l'autre d'une chose pendant le temps convenu, et moyennant un certain prix que l'autre, de son côté, s'oblige de lui payer[2]. »

Le Code Nap. n'est pas moins explicite : l'article 1709 porte :

---

1. Lib. III, t. XXIX, proœmium.
2. Traité du contr. de louage, 1re partie, chap. 1, no 1.

« Le louage des choses est un contrat par lequel l'une des parties s'oblige à faire jouir l'autre d'une chose pendant un certain temps, et moyennant un certain prix que celle-ci s'oblige de lui payer. »

Il en est de même des art. 1722 et 1741 qui, en accordant au preneur le droit de rompre le bail, dans certains cas, se servent des termes *résilié, résolu*. Toutefois, il importe de remarquer que ces termes ne sont pas d'une exactitude absolue. Il fallait dire : « le contrat.... *ne continue pas, cesse*[1]. »

Pareillement notre doctrine seule peut se concilier avec les art. 1769 et 1770. Il y est dit que le fermier peut obtenir dans certains cas, une *remise* ou *décharge du prix de la location*. Cela suppose bien en effet que l'obligation du preneur existe dès à présent, et qu'elle existe intégralement.

Enfin l'art. 2102, 1°, déclare privilégiée la créance du bailleur pour tout ce qui est échu, et pour *tout ce qui est à échoir*, si les baux ont date certaine. Cette disposition, à elle seule, suffirait pour défendre notre système et ruiner les systèmes contraires. On ne peut, en effet, l'expliquer raisonnablement qu'en admettant que la créance des loyers à échoir est une créance existante dès

---

1. Comp. MM. Aubry et Rau, § 302, *in fine;* Demol., t. XXV, n° 469.

à présent, mais dont l'exécution seule est suspendue par un terme[1].

Nous avons cru devoir indiquer sur la nature de la créance à terme les divers systèmes qui peuvent être et qui sont en effet soutenus. La question reste entière en théorie; mais elle n'offre plus d'intérêt pratique depuis la loi du 12 février 1872, dont nous avons ci-devant donné le texte et l'explication. En effet, il résulte expressément des travaux préparatoires et des déclarations du rapporteur que la loi nouvelle est fondée sur ce principe que la créance du bailleur est une créance à terme.

— L'art. 1188 ne mentionne que la faillite dans sa première partie. Mais tout le monde reconnaît qu'il s'applique à la déconfiture.

En effet, d'abord, dans plusieurs dispositions du Code Nap. on voit, précisément en ce qui concerne le terme, la déconfiture produire les mêmes effets que la faillite, notamment dans l'art. 1913 qui porte : « le capital de la rente constituée en perpétuel devient aussi exigible en cas de faillite ou de déconfiture du débiteur. » Cette disposition fournit un argument péremptoire : car si la déconfiture rend exigible un capital qui de sa na-

---

1. En ce sens : Merlin, Répert., v° Priv. de créance, section III, § 2; Labbé, J. du P., 1862, p. 7 et s.; Desjardins, Rev. crit., 1866, t. XXIX; Demol., n°ˢ 581-584 et les nombreux arrêts cités par ce dernier auteur.

ture était inexigible, à plus forte raison doit-elle produire le même effet à l'égard d'un capital exigible, mais seulement après un temps déterminé.

En outre, les mêmes raisons qui justifient la disposition de l'art. 1188 à l'égard de la faillite, sont applicables à la déconfiture. Car, bien que les auteurs ne s'accordent pas sur la définition qu'il en faut donner, ce que tous reconnaissent, c'est que la déconfiture est pour le débiteur un état de détresse en présence duquel on ne concevrait pas qu'on pût opposer au créancier un terme qui lui porterait préjudice sans être utile au débiteur, dont les autres créanciers font vendre les biens, pour s'en partager le prix. Enfin on trouve dans les travaux préparatoires la preuve que telle était l'intention du législateur[1].

Ainsi la déconfiture, à l'instar de la faillite, entraîne l'exigibilité anticipée des dettes non échues. Mais elle diffère de la faillite en ce qu'elle ne met point obstacle aux poursuites individuelles des créanciers, même pourvus de priviléges et hypothèques. Par exemple, le propriétaire dont le locataire est en déconfiture, s'il se trouve dans les conditions de l'art. 2102, 1°, a le droit de faire

---

1. Locré, législ. civ., t. XII, p. 162; comp. Toulouse, 20 mai 1835, Dev., 36, 2, 151; Orléans, 30 avril 1846, Dev., 46, 2, 815; Toullier, t. VI, n° 670; Demol., n° 604.

vendre les meubles et de se faire payer par préférence sur le prix, de tous ses loyers à échoir jusqu'à la fin du bail.

Cette différence s'explique : dans la faillite, la loi a organisé une liquidation collective, et pour faciliter cette liquidation, elle a eu soin d'interdire toutes poursuites individuelles. La même interdiction n'aurait pas de raison d'être dans la déconfiture où la loi, laissant à chacun la liberté d'agir pour son compte, n'a pas institué de syndics, de représentants ayant mission d'agir dans l'intérêt de la *masse* des créanciers[1].

La déconfiture n'a été nulle part réglementée ni même définie par la loi. Aussi on n'est d'accord ni dans la doctrine ni dans la jurisprudence sur le sens exact de ce mot. Dans les travaux préparatoires on trouve un seul passage qui s'y rapporte. M. Ségur demande, « s'il ne conviendrait pas de retrancher du Code Civil toute disposition relative aux faillites, et de renvoyer cette matière dans son entier au Code de Commerce. »

M. Treilhard répond « qu'elle n'appartient pas exclusivement à ce dernier code; car on peut faillir sans être marchand; à la vérité la faillite alors est appelée *déconfiture*, mais peu importe la dénomination lorsque la chose est la même[2]. »

1. Comp. Labbé, J. du P., 1862, p. 8, 2e col.; Demangeat, sur Bravard, t. V, p. 159; Demol., n° 665.
2. Locré, t. XII, p. 161 et 162.

De ce passage, des auteurs ont déduit la définition suivante : la déconfiture est l'état d'une personne non commerçante qui cesse ses payements, de sorte qu'elle ne suppose pas plus que la faillite l'insolvabilité complète du débiteur. On peut encore dire, dans le même sens, « que la déconfiture est la faillite des non-commerçants. »

Pour nous, nous repoussons cette définition, comme contraire à la tradition constante de notre droit. L'art. 180 de la Coutume de Paris portait : « le cas de déconfiture est quand les biens du débiteur, tant meubles qu'immeubles, ne suffisent pas aux créanciers apparents. » D'après cette disposition, nous définirons la déconfiture : l'état d'insolvabilité du débiteur, dont les biens ne suffisent plus pour satisfaire les créanciers qui se montrent. Ainsi entendue, la déconfiture se distingue complétement de la faillite. Ce qui constitue la faillite, c'est la cessation des payements, laquelle n'est pas toujours l'insolvabilité; tandis que c'est l'insolvabilité qui constitue la déconfiture.

Notre définition a le mérite d'être conforme à la tradition. La définition contraire tend à introduire en cette matière une innovation importante qui ne saurait être admise à défaut d'un texte formel. Quant au passage rapporté plus haut, outre qu'il n'est pas positif, il contient une erreur manifeste. On y voit, en effet : ... « on peut faillir sans être marchand. » Cela est faux, absolument contraire à l'art. 437 du Code Com. Dès là, nous

pensons qu'il ne faut pas ajouter foi à un pareil témoignage.

La question de savoir quel est le sens exact et la
portée de la déconfiture offre un intérêt pratique
sérieux; en effet, dans le système de nos adversaires, dès que le débiteur cesse ses payements, il
est en déconfiture et, par suite, perd le bénéfice
du terme. D'après nous, au contraire, eût-il cessé
ses payements, il ne serait pas en déconfiture, ni
déchu du bénéfice du terme, s'il était reconnu
que cette cessation n'est que le résultat passager
d'embarras accidentels et que le débiteur n'est
réellement pas en état d'insolvabilité[1].

— C'est encore une question controversée de
savoir si l'on doit assimiler à la faillite la succession
acceptée sous bénéfice d'inventaire, et décider, en
conséquence, que cette acceptation entraîne, contre l'héritier bénéficiaire, l'exigibilité immédiate
des obligations à terme. Pour soutenir l'affirmative, on invoque l'art. 2146 qui, dit-on, assimile
la succession bénéficiaire à la faillite. Cela se conçoit, du reste, puisque cette succession met en
état de liquidation générale tous les biens héréditaires. En second lieu, l'art 808 prescrit à l'héritier bénéficiaire, dans le cas où il n'y pas d'opposition, de payer les créanciers à mesure qu'ils se
présentent, sans distinguer s'ils sont purs et sim-

1. En ce sens : MM. Colmet de Santerre, t. V, n° 111 *bis*,
¹; Demol., t. XXV, n°° 666-668.

ples ou à terme. Ce qui prouve évidemment que les créanciers à terme peuvent agir sans délai contre l'héritier.

Cette doctrine nous paraît inadmissible. Certes, si l'héritier est en état de faillite ou de déconfiture, nul doute qu'il ne soit, en vertu de l'art. 1188, déchu du bénéfice du terme. Mais, en dehors de ces cas exceptionnels, nous ne comprendrions pas que l'héritier bénéficiaire ne fût pas recevable à invoquer le terme, et cela pour deux raisons :

1° D'abord, l'art. 2146 n'a pas la portée qu'on se plaît à lui attribuer. En effet, de ce que l'héritier bénéficiaire peut être considéré à certains égards comme le représentant des créanciers héréditaires, il ne résulte pas qu'on doive l'assimiler aux syndics d'un débiteur failli, pour assimiler en conséquence la succession bénéficiaire à la faillite. Ce qui le prouve, c'est que l'héritier bénéficiaire, quoique chargé d'administrer l'hérédité, n'est pas, à l'instar des syndics, tenu de la liquidation, puisque la vente des objets héréditaires n'est pour lui que facultative et non obligatoire.

Quant à l'art. 808, il fournit précisément aux créanciers à terme le moyen d'assurer leur remboursement à l'échéance. En effet, ils n'ont qu'à former opposition entre les mains de l'héritier bénéficiaire, et alors ils pourront produire aux contributions et aux ordres, et se faire colloquer éventuellement, comme les créanciers conditionnels.

2° La doctrine que nous combattons est inconciliable avec le caractère et le but du bénéfice d'inventaire. Ce bénéfice, en effet, a été introduit dans l'intérêt de l'héritier. Dès là, comment concevoir qu'il puisse être invoqué contre lui ? Cette contradiction choque surtout dans les cas où l'acceptation bénéficiaire est imposée par la loi[1].

— En résumé, nous avons jusqu'ici reconnu, d'après l'art. 1188, deux causes de déchéance du terme de droit : la faillite et la déconfiture. Faut-il y ajouter celles que l'art 124 du Code de proc. édicte contre le débiteur qui a obtenu un terme de grâce? Nous avons déjà répondu négativement, en expliquant les raisons de cette réponse. Quant aux auteurs qui prêtent à la déconfiture un sens différent du nôtre, ils sont conduits logiquement à étendre au terme de grâce les causes de déchéance énumérées dans l'art. 124. Pour nous, ces diverses circonstances n'ont que la valeur d'indices, de signes de cette insolvabilité apparente qui constitue la déconfiture.

— La seconde cause, avons-nous dit, qui, d'après l'art. 1188, entraîne l'exigibilité de la dette, c'est la diminution, par le débiteur, des sûretés qu'il avait données par le contrat à son créancier.

Ainsi, pour qu'il y ait lieu à invoquer cette cause de déchéance, deux conditions sont nécessaires ; il faut :

[1] En ce sens : Demol., t. XV, n° 168.—Contr. Duranton, t. VII, n° 33; comp. MM. Aubry et Rau, § 618, note 60.

1° Que les sûretés dont il s'agit aient été données spécialement par le débiteur au créancier, au moment du contrat ;

2° Que la diminution de ces sûretés résulte du fait du débiteur.

Reprenons successivement ces deux conditions :

1° Il faut qu'il s'agisse de sûretés données par le contrat. Alors, en effet, le créancier ne s'est pas contenté du gage général que la loi lui accorde sur les biens de son débiteur ; il n'a point suivi sa foi. En exigeant une sûreté particulière, au moment même où il accordait le terme, il a montré que celui-ci était la conséquence de celle-là, qu'il ne le concédait qu'en considération de la sûreté que le débiteur s'engageait à lui fournir. Ainsi, en pareil cas, le fondement du terme, c'est la sûreté promise ; d'où il suit que si cette sûreté diminue, le débiteur doit perdre le bénéfice du terme. Il en serait de même si la sûreté avait été fournie après coup, mais au moment où le créancier accordait une prorogation de terme. La décision contraire ne se concevrait que dans le cas très-rare où les sûretés n'auraient été données postérieurement au contrat que par une sorte de libéralité.

Les sûretés les plus ordinaires sont une hypothèque, un cautionnement, un nantissement.

Faut-il appliquer l'art. 1188 aux priviléges que la loi fait découler de plein droit de certains contrats, tels que les priviléges du vendeur, du co-partageant, des architectes, maçons et entrepreneurs? Oui, évidemment, car on doit présumer que le créancier, en accordant le terme, a tenu compte du privilége que la loi lui assure.

Des auteurs prétendent même que les hypothèques judiciaires tombent sous l'application de notre article, en se fondant sur ce qu'on *contracte en jugement*. Cette doctrine nous semble inadmissible, car, à moins de faire violence aux termes les plus clairs, on ne peut voir dans des sûretés qui résultent d'un jugement *des sûretés données par le contrat*. Celles-ci sont essentiellement volontaires; or rien n'est moins volontaire que ce qui est imposé par un jugement à chacune des parties.

Par la même raison nous pensons qu'on ne saurait appliquer l'art. 1188 aux hypothèques légales.

L'art. 1188 ne prévoit que le cas où le débiteur diminue les sûretés qu'*il avait données* par le contrat. Cette disposition doit être étendue, à plus forte raison, au cas où le débiteur *ne donne pas* au créancier les sûretés qu'il lui a promises au moment du contrat. Cela résulte explicitement de l'art. 1912 qui dispose que :

« Le débiteur d'une rente constituée en perpétuel peut être contraint au rachat 1° .... 2° S'il manque à fournir au prêteur les sûretés promises par le contrat. »

Et de l'art. 1977 qui s'exprime ainsi :

« Celui au profit du quel la rente viagère a été

constituée moyennant un prix, peut demander la résiliation du contrat, si le constituant ne lui donne pas les sûretés stipulées pour son exécution. »

De même, le débiteur qui a promis à son créancier une sûreté déterminée ne peut en général la remplacer par une autre sûreté.

Par exemple, s'il a promis une caution, il n'est point recevable à donner un gage ou une hypothèque. Ou bien, s'il a promis le cautionnement d'une personne déterminée, il ne peut offrir à la place le cautionnement de toute autre personne[1].

Du reste, il existe une différence entre le cas où le débiteur a diminué les sûretés données par le contrat et le cas où il n'a pas donné les sûretés promises. Dans le premier, le fait de la diminution entraîne pour le débiteur la déchéance irrévocable du terme. Supposé même qu'il offre de nouvelles sûretés, égales ou supérieures, il ne peut plus se prévaloir du terme. Au contraire, le débiteur qui n'a pas fourni les sûretés promises est recevable à les donner, tant que le créancier n'a point fait prononcer en justice la résolution du contrat, suivant l'article 1184.

II. — La seconde condition requise pour l'ap-

1 Art. 2020, MM. Aubry et Rau, § 423; Demol., t. XXV, n° 678

plication de l'art. 1188, c'est que les sûretés données au créancier au moment du contrat aient été diminuées par le fait du débiteur.

Ainsi peu importe qu'il s'agisse d'une action ou d'une omission, d'un dol ou d'une faute. Dès que, par suite de la négligence du débiteur, la sûreté qu'il a donnée se trouve altérée ou que la réalisation en est devenue plus difficile, il subit la déchéance du terme. Par exemple, le débiteur, après avoir constitué une hypothèque sur une maison ou sur une forêt, démolit la maison ou fait dans la forêt un abatage, avant l'époque de la coupe. Ou encore le cessionnaire d'un office ministériel se fait destituer pour cause de mauvaise gestion, altérant ainsi le privilège que la loi accorde au cédant sur le prix. Dans ces divers cas, le débiteur ne peut plus réclamer le bénéfice du terme[1].

Que décider au cas où le débiteur aliène en tout ou en partie, l'immeuble sur lequel il a constitué une hypothèque au profit de son créancier? La raison de douter est sérieuse : car si le créancier, armé du droit de suite, semble n'avoir rien à redouter d'une aliénation, il faut reconnaître pourtant que la faculté de purger, qui appartient au tiers acquéreur, peut, s'il l'exerce, changer la position du créancier.

---

1. Comp. Cass., 8 août 1854, Dev., 54, 1, 567; Cass., 21 janv. 61, Dev., 61, 1, 320.

On peut distinguer deux cas :

1° Le débiteur a vendu une partie seulement de l'immeuble hypothéqué, ou il a vendu tout l'immeuble en détail à des acquéreurs différents.

Dans ce cas il peut résulter du morcellement une dépréciation soit dans la partie aliénée et dans la partie conservée, soit dans chaque parcelle qui a été acquise séparément. Ce n'est pas tout.

Le créancier est tenu de poursuivre plusieurs tiers détenteurs, ou, ce qui revient au même, dans le cas de purge, de recevoir par parties le payement de sa créance. Observons que la position du créancier est changée avant même que la purge soit effectuée, par la menace seule de cette purge, et qu'ainsi son hypothèque se trouve réellement diminuée. Nous pensons donc que le débiteur perd le bénéfice du terme, par le seul fait de l'aliénation, avant que l'acquéreur use effectivement du droit de purger. Car enfin, la loi subordonne la déchéance du terme, non à la preuve que le créancier ne sera pas payé, mais à cette seule circonstance que les sûretés sont diminuées.

Nous n'admettons d'exception à cette règle que pour le cas où la valeur de la portion aliénée serait évidemment suffisante pour désintéresser le créancier.

2° Le débiteur a vendu tout l'immeuble à un seul acquéreur.

Dans ce cas nous pensons que tant que l'acquéreur ne purge pas, le débiteur peut réclamer
le bénéfice du terme. Ici en effet, l'aliénation
n'étant ni partielle ni divisée, le droit de suite
assure au créancier une position identique à celle
qu'il avait avant l'aliénation et on ne peut pas
dire que l'hypothèque soit diminuée.

— Il faut, pour que le débiteur soit déchu du
bénéfice du terme, que la diminution de la sûreté provienne *de son fait.* Dès là, la disposition
de l'art. 1188 n'est pas applicable toutes les fois
que la diminution résulte d'un cas fortuit et de
force majeure, ou du fait d'un tiers, ou enfin
d'un fait inhérent à la sûreté elle-même. Par
exemple, le débiteur a hypothéqué à un créancier une maison ou une forêt ou une mine; la
maison est détruite par le feu du ciel, ou bien
la forêt ou la mine est diminuée par les coupes
ou les extractions régulières de minerais. Dans
ces diverses hypothèses il est clair qu'il n'y a pas
lieu d'appliquer l'art. 1188.

Cependant que décider, si par suite de ces
événements, étrangers au débiteur, la sûreté se
trouve diminuée de telle sorte qu'elle soit désormais insuffisante?

Lisons l'art. 2020 :

« Lorsque la caution reçue par le créancier,
volontairement ou en justice, est ensuite devenue
insolvable, il doit en être donné une autre. Cette
règle reçoit exception, dans le cas seulement où

la caution n'a été donnée qu'en vertu d'une convention par laquelle le créancier a exigé une telle personne pour caution. »

Et l'art. 2131 :

« Pareillement, en cas que l'immeuble ou les immeubles présents, assujettis à l'hypothèque, eussent péri ou éprouvé des dégradations, de manière qu'ils fussent devenus insuffisants pour la sûreté du créancier, celui-ci pourra ou poursuivre dès à présent son remboursement ou obtenir un supplément d'hypothèque. »

La première de ces dispositions ne demande aucune explication. Quant à la seconde, elle ne signifie pas que, par cela seul que l'immeuble hypothéqué a diminué de valeur, le créancier peut poursuivre dès à présent son remboursement. Elle signifie seulement que dans ce cas le créancier a le droit de demander un supplément d'hypothèque, comme dans l'autre, une caution nouvelle, et ce n'est qu'autant que ce supplément ne lui serait pas fourni qu'il aurait le droit d'exiger son remboursement[1].

Ces deux dispositions doivent être considérées comme des corollaires d'une règle générale; car, outre que la caution et l'hypothèque sont les sûretés les plus ordinaires, il n'y a pas de motifs pour y restreindre nos articles.

Cette règle générale, nous l'avons déjà formu-

---

1. MM. Aubry et Rau sur l'art. 2131.

lée ; dès que le fondement du terme manque, le terme s'évanouit. Or, lorsqu'une sûreté spéciale a été donnée par le contrat, cette sûreté est le fondement du terme. Donc, dès qu'elle manque, le débiteur est déchu du bénéfice du terme.

Observons :

1° Qu'il en serait autrement si la diminution de la sûreté provenait d'une cause inhérente à cette sûreté elle-même, et contemporaine du contrat ; dans ce cas, en effet, le créancier a connu, au moment du contrat, la chance de diminution ou de destruction qui la menaçait, et en l'acceptant il s'est soumis volontairement à ces risques. Dès là, si la sûreté subit une diminution, il n'aura rien à demander au débiteur, et celui-ci continuera de jouir du terme. Pour que le créancier ait le droit d'exiger des garanties nouvelles ou, à défaut, son remboursement immédiat, il faut que la diminution de la sûreté provienne d'une cause étrangère et postérieure au contrat.

2° On pourrait être tenté de croire que ce principe, même ainsi restreint, est inconciliable avec l'art. 1188. Il n'en est rien. Il faut prendre garde seulement que notre principe, dont les art. 2020 et 2131 renferment des applications particulières, se rapporte à un ordre de faits étrangers à l'art. 1188.

En effet, le cas que règle l'art. 1188 est celui où la diminution des sûretés provient du fait du débiteur.

Tandis que notre principe, ainsi que le prouvent les art. 2020 et 2131, vise le cas où cette diminution provient d'une cause étrangère au débiteur, c'est-à-dire soit du fait d'un tiers, soit d'un cas fortuit.

Aussi, entre ces deux cas il existe une différence capitale :

Dans le cas de l'art. 1188, le débiteur qui a diminué par son fait les sûretés du créancier, ne peut plus réclamer le bénéfice du terme, alors même que les sûretés qui restent seraient encore suffisantes ou qu'il en offrirait de nouvelles, soit égales, soit meilleures.

Au contraire dans le cas, par exemple, de l'art. 2131 où la diminution des sûretés résulte d'un cas fortuit, le créancier ne peut exiger immédiatement son remboursement qu'à cette condition : si les immeubles qui lui étaient hypothéqués sont devenus insuffisants pour sa sûreté, ou si le débiteur ne lui fournit pas un supplément d'hypothèque [1].

SECTION IV.

DE L'EFFET DE LA DÉCHÉANCE DU TERME.

L'effet de la déchéance du terme est simple :

[1]. Comp. MM. Aubry et Rau, sur l'art. 2131; Troplong, des priv. et hypoth., t. II, n° 542; Pont, priv. et hyp., n° 692; Colmet de Santerre, n° 111 *bis*, II; Larombière, Demolombe, t. XXV, n° 687-693.

le créancier peut tout de suite agir contre le débiteur, comme si le terme était régulièrement arrivé à son échéance.

Il en est ainsi, alors même que le débiteur a
stipulé que le créancier ne pourrait exercer aucune poursuite avant de lui avoir adressé préalablement une sommation ou un commandement.
En effet, cette clause spéciale peut être considérée comme une prorogation de terme, et, par
suite, elle doit, comme le terme lui-même, cesser
d'avoir effet dès que l'une des causes de déchéance vient à se produire.

Ainsi, le créancier peut exiger immédiatement
le remboursement de son capital, pour le tout,
sans subir aucune déduction pour escompte ou
autrement, alors même que le capital ne serait
pas productif d'intérêts.

Cela est-il juste ? La raison de douter vient de
ce que le créancier, en touchant par anticipation
son capital intégralement, va gagner, contre la
loi du contrat, toute la valeur d'usage dans l'intervalle qui s'écoulera depuis le payement jusqu'à
l'époque où le terme devait régulièrement s'accomplir. Aussi avait-on proposé, dans la discussion, d'ajouter à l'art. 444 du Code de commerce
une disposition ainsi conçue : « sous la déduction
de l'escompte des intérêts restant à courir, cal-
culés au taux légal[1]. » Mais cet amendement ne

1. Duvergier, Recueil des lois, t, XXXVIII, p. 37

fût point admis. Et, en effet, il ne faut pas perdre
de vue que la déchéance du terme constitue une
sorte de peine à l'égard du débiteur. Si l'exigibilité est avancée, il ne doit l'imputer qu'à lui-
même. Le créancier, en effet, ne demanderait
peut-être pas mieux que de s'en tenir à la convention, et de laisser le terme s'accomplir régulièrement. On ne pouvait pas, pour éviter de
nuire au débiteur, par la faute de qui le capital
devient immédiatement exigible, nuire au créancier auquel on n'a rien à reprocher.

Il en serait autrement si, la créance étant pro-
ductive d'intérêts, les parties avaient, dès le principe, *englobé* dans le capital les intérêts à échoir,
jusqu'à l'arrivée du terme. Dans ce cas le créancier devrait tenir compte de ces intérêts, et cela
pour deux raisons : d'abord, parce qu'ils sont
l'équivalent de la jouissance du capital par le
débiteur, et que celui-ci perdant cette jouissance,
le créancier les conserverait sans cause; ensuite
parce que le créancier, s'il les gardait, gagnerait
deux fois, en réalité, les intérêts de son argent.

Le créancier peut donc, dans les cas prévus par
l'art. 1188, exiger son remboursement, tout
comme si le terme était régulièrement échu, par
exemple, employer toutes les voies de droit ordinaires, citation en justice, commandement, saisie, etc.

Cependant il ne faut pas pousser trop loin cette

idée. Nous avons vu, en effet, que si le débiteur tombe en faillite, les créanciers pourvus d'un privilége ou d'une hypothèque ne peuvent exercer des poursuites individuelles, malgré leur titre particulier de préférence. Voilà une première différence entre l'exigibilité normale, qui résulte de l'échéance du terme, et l'exigibilité anticipée qu'entraînent les diverses causes de déchéance que nous avons énumérées.

Mais il en existe plusieurs autres qu'il importe d'examiner.

Voyons d'abord la faillite. Elle rend exigibles toutes les dettes du débiteur. Dès là il semble que ces dettes puissent être compensées avec les créances dont le failli est titulaire à cette époque, comme elles pourraient l'être si le terme était régulièrement échu. Il n'en est rien. Car, l'un des effets de la faillite est de transformer le titre des créanciers, et de le remplacer, pour chacun d'eux, par un droit à un dividende dans l'actif total, dividende qui ne sera fixé qu'au moment de la répartition. De sorte que si les créances sont devenues exigibles par suite de la faillite, elles ont cessé en même temps d'être liquides. Or, ne peuvent être compensées, d'après l'art. 129, que les dettes qui sont également liquides et exigibles. Donc ceux qui, débiteurs purs et simples et créanciers à terme du failli au moment du jugement déclaratif, deviennent par suite de ce jugement créanciers purs et simples, ne peuvent invoquer la compensation[1].

Il ne faut pas expliquer ce résultat par la disposition de l'art. 446, qui déclare nuls de plein droit « tous payements soit en espèces..., soit *par compensation*[2], » Car il s'agit là non de la compensation légale, mais de la compensation conventionnelle. Ce qui le prouve, c'est que cette disposition s'applique expressément aux dettes *non échues* qui n'admettent pas la compensation légale. D'ailleurs, si on se fonde sur cet article, il faut en tirer toutes les conséquences, et dire que pour le débiteur failli, la compensation a été impossible même avant le jugement déclaratif, dès l'époque de la cessation des payements. Ce qui est évidemment inadmissible.

Nous venons de supposer une personne débitrice pure et simple et créancière à terme du failli au moment du jugement déclaratif. A l'inverse, supposons que Paul, par exemple, créancier pur et simple du débiteur, le jour où celui-ci tombe en faillite, se trouve, ce même jour, son débiteur

---

1. MM. Aubry et Rau, § 326, texte et note 15; Demol., t. XXV, n° 700; comp. 12 février 1811, Sir., II, 1, 141; civ. Cass., 17 février 1823, Sir., 24, I, 82; Lyon, 25 janvier 1825, Sir., 25, II, 126. Le principe que la compensation ne peut avoir lieu à la suite du jugement déclaratif de faillite, reçoit exception en matière de comptes courants.

2. C'est ce que font pourtant MM. Aubry et Rau, § 326, note 15, *in fine*.

à terme. Supposons en outre, ce qui est le cas le plus ordinaire, que le terme ait été stipulé dans l'intérêt exclusif de Paul. Pourra-t-il, selon le droit commun, renoncer au bénéfice de ce terme, et, par suite, invoquer la compensation? Il ne le pourra pas. La *masse*, en effet, lui dira : « au moment du jugement déclaratif votre créance était liquide et exigible, c'est vrai ; mais, par suite de ce jugement, elle s'est transformée en un droit à un dividende, et dès lors votre sort a été fixé irrévocablement comme celui de tous les autres créanciers. En un mot, si, par suite de votre renonciation au bénéfice du terme, votre dette, déjà liquide, est devenue exigible, d'autre part, votre créance, par suite du jugement déclaratif, sans cesser d'être exigible, a cessé d'être liquide. Donc, d'après la disposition formelle de l'article 1291, la compensation est impossible, puisque les deux dettes ne sont pas à la fois liquides et exigibles[1].

Quant à l'exigibilité résultant de la déconfiture, elle n'empêche point la compensation. Nous ne pouvons, en effet, reproduire ici les raisons applicables à la faillite. Seulement comme la loi n'attache la déconfiture à aucun fait à la date duquel on puisse faire remonter l'exigibilité de la dette, il ne saurait y avoir lieu à compensation qu'à part'r

---

1. Comp. MM. Aubry et Rau, *ubi supr.* Req. rej., 10 juillet 1832, Sir., 32, I, 429.

du jugement qui, en déclarant la déconfiture, prononce la déchéance du bénéfice du terme. Il en est de même dans le cas où l'exigibilité est la la suite de la diminution des sûretés que le débiteur aurait données par le contrat à son créancier[1].

— L'exigibilité anticipée, décrétée par l'art. 1188 contre le débiteur principal, peut-elle être invoquée par le créancier contre les débiteurs accessoires qui sont tenus, personnellement ou réellement, soit avec, soit pour le débiteur principal ?

Nous allons examiner cette question successivement à l'égard du débiteur solidaire, de la caution, enfin, du tiers détenteur de l'immeuble qui est hypothéqué à la dette devenue exigible par anticipation.

I. — En ce qui touche le débiteur solidaire, il est universellement admis que la déchéance encourue par ses codébiteurs pour l'une des causes énumérées par l'art. 1188 ne donne pas au créancier le droit de le poursuivre avant l'échéance du terme. Pothier exprime excellemment la raison de cette règle dans le passage suivant :

« Observez, dit-il, que si, entre plusieurs débiteurs solidaires, il y en a qui font faillite, le créancier peut bien exiger de ceux-ci la dette avant le terme, mais il ne peut pas l'exiger de celui qui est solvable. Le solvable doit jouir du

____

1. Duranton, t. XII, 411 ; Demol., n° 701 ; MM. Aubry et Rau.

terme, et il n'est pas même obligé pour cela de donner une caution à la place de ses codébiteurs faillis. C'est ce qui a été jugé par un arrêté du 29 février 1592, rapporté par Anna Robert. La raison est que ce débiteur, qui est demeuré solvable, ne peut pas, sans son fait, être obligé à plus que ce à quoi il a bien voulu s'obliger. On ne peut donc pas l'obliger à donner une caution qu'il ne s'est pas obligé de donner ; la faillite de ses codébiteurs étant le fait de ses codébiteurs et non le sien, elle ne peut lui préjudicier suivant la règle : *Nemo ex alterius facto prægravari debet*[1]. »

On peut encore justifier cette solution en disant : la dette solidaire est *une*, au point de vue *objectif*, c'est-à-dire quant à son objet; mais, au point de vue subjectif, c'est-à-dire quant aux personnes qui sont les *sujets* de l'obligation, elle est *multiple*. La preuve en résulte de l'art. 1201, où l'on voit que les codébiteurs solidaires peuvent être tenus différemment, et que l'un d'eux, par exemple, peut avoir un terme qui n'est pas accordé aux autres.

Ainsi, en règle générale, la déchéance du terme encourue par un débiteur solidaire, ne peut être invoquée contre ses codébiteurs. Mais l'art. 444, Code Com., consacre une exception à ce principe. Cet article est ainsi conçu :

1. Traité des Oblig., n° 236.

« En cas de faillite du souscripteur d'un billet
à ordre, de l'accepteur d'une lettre de change ou
du tireur à défaut d'acceptation, les autres obligés seront tenus de donner caution pour le payement à l'échéance, s'ils n'aiment mieux payer
immédiatement. »

Considérons les effets de cette disposition,
d'abord à l'égard de la lettre de change.

Supposons que c'est le tiré qui est en faillite.
Le porteur, dans ce cas, a le droit de demander
caution au tireur et aux endosseurs ; peu importe
que le tiré ait ou n'ait pas accepté. Si le tiré n'a
pas encore accepté au moment où il tombe en
faillite, l'obligation de donner caution imposée
aux endosseurs et au tireur découle de l'obligation
qu'ils ont contractée, en mettant leurs signatures,
de procurer au porteur l'acceptation du tiré avant
l'échéance. Si le tiré a déjà accepté au moment
de la faillite, la même raison ne peut plus être
donnée ; il semble même que dans ce cas, le
tireur et les endosseurs devraient être dispensés
de donner caution, puisque, en vertu de l'acceptation qu'ils ont procurée au porteur, celui-ci a le
droit de se présenter à la faillite du tiré et d'y
réclamer un dividende. Mais il faut prendre garde
que si la faillite de l'accepteur n'efface pas l'acceptation, elle lui enlève pourtant sa principale utilité : car cette acceptation dorénavant n'est plus
une garantie que la lettre sera payée à l'échéance.
Bien plus, elle n'assure même pas le payement,

puisque l'un des effets du jugement déclaratif
est de rendre tout payement impossible, et d'attribuer aux créanciers de simples droits à des divi-
dendes. De sorte que la position du porteur peut
être comparée à celle du créancier qui a reçu une
caution de son débiteur, après l'insolvabilité de
cette caution, et on pourrait à la rigueur appliquer
l'art. 2020 Code Nap.

Si c'est le tireur qui est tombé en faillite, la loi
distingue : ou le tiré a déjà accepté, et alors le
porteur est privé de tout recours, ou le tiré n'a
point encore accepté, et alors le porteur peut recourir contre tous les endosseurs. Distinction peu
rationnelle : les principes demandaient évidemment
que les endosseurs fussent tenus de la garantie
dans tous les cas, puisque, lors même que le tiré
a accepté, ils n'en ont pas moins signé la lettre, et
que cette signature est le fondement de la garantie
à laquelle la loi les soumet.

Supposons enfin la faillite d'un endosseur. Dans
ce cas le porteur ne pourra recourir ni contre le
tireur ni contre les autres endosseurs. Avant la
loi de 1838, une jurisprudence éclairée, soutenue
par quelques auteurs, accordait au porteur le
droit de recourir contre tous les endosseurs postérieurs à l'endosseur failli. Rien de plus rationnel,
puisqu'ils ont contracté, en cédant la signature de
cet endosseur, l'obligation de la garantir. Mais le
législateur de 1838 a supprimé absolument le
recours du porteur, en cas de faillite d'un endos-

seur, préoccupé qu'il était de l'abus qu'on en avait fait, en l'accordant même contre des endosseurs antérieurs au failli.

En ce qui touche le billet à ordre, la règle est bien simple ; la faillite de l'un des endosseurs ne donne lieu à aucun recours de la part du porteur. Dans le cas seulement où le souscripteur est en faillite, le porteur peut demander caution aux endosseurs. La première de ces dispositions, relative à la faillite de l'un des endosseurs, est sujette aux mêmes critiques que la disposition analogue en matière de lettre de change. La seconde, qui accorde au porteur un recours contre les endosseurs, lorsque le souscripteur est tombé en faillite, se justifie facilement : les endosseurs sont tenus de la garantie par la raison qu'en cédant la signature du souscripteur ils ont répondu de cette signature [1].

II. — Dans les cas visés par l'art. 1188 où le débiteur ne peut plus réclamer le bénéfice du terme, le créancier a-t-il le droit d'exercer immédiatement des poursuites contre la caution ?

Trois systèmes se sont produits sur cette question.

D'après le premier système, dès que le débiteur peut être poursuivi, la caution peut l'être aussi. En effet, dit-on, aux termes de l'art. 2011, la caution se soumet envers le créancier à satisfaire

-----

1. Bravard, Demangeat, t. V, p. 169 et suiv.

à l'obligation du débiteur, s'il n'y satisfait pas lui-même, c'est-à-dire à payer à son défaut. Or, nous supposons que le débiteur a perdu le bénéfice du terme et qu'il est hors d'état de satisfaire son créancier qui le poursuit. Donc, dans ce cas, le créancier peut aussi s'en prendre à la caution [1].

M. Duranton propose de distinguer. Si le débiteur est tombé en faillite ou en déconfiture, la caution est à l'abri de tout recours. Au contraire, si le débiteur a perdu le bénéfice du terme par suite de la diminution des sûretés qu'il avait données par le contrat à son créancier, la caution peut être poursuivie tout de suite. En effet, la caution ne peut pas répondre d'événements qui, comme la faillite ou la déconfiture, ne dépendent pas entièrement de la volonté du débiteur. Mais, pour la diminution des sûretés, comme elle lui est toujours et nécessairement imputable, la caution doit en répondre comme elle répond de tous les faits du débiteur. Par suite, dès que pour cette cause la dette est devenue exigible contre le débiteur, elle l'est aussi contre la caution [2].

Vient enfin un troisième système qui dénie au créancier d'une façon absolue le droit de se prévaloir contre la caution de la déchéance du terme encourue par le débiteur. Nous nous rallions à cette opinion. En effet, la caution se soumet à

1. Larombière, t. II, art. 1188, n° 22.
2. T. XI, n° 120.

l'obligation du débiteur, telle qu'elle existe, c'est-à-dire en réservant tacitement le bénéfice de la condition ou du terme qu'il peut avoir. Cette réserve peut être expresse, et dans ce cas, tout le monde reconnaît que le créancier en doit tenir compte. On n'hésite même pas à admettre que la caution puisse stipuler un terme plus long que le débiteur. Mais lorsqu'elle n'a rien dit, que faut-il conclure de son silence? Encore une fois et logiquement, une seule chose, c'est qu'elle accepte l'obligation du débiteur telle qu'elle existe, et qu'elle entend participer au bénéfice du terme. On objecte que la caution se soumet à payer au défaut du débiteur; c'est vrai, mais dans le cas où un terme a été accordé au débiteur, elle se soumet à payer à sa place si, à l'arrivée du terme; il ne paye pas lui-même. Ce n'est que pour le moment où l'échéance du terme se produira régulièrement que la caution s'engage à payer, au défaut du débiteur.

Quant à la distinction proposée par la seconde opinion, elle nous semble purement arbitraire et ses défenseurs ne l'appuient sur aucun texte de loi[1].

III. — Que décider à l'égard du tiers détenteur de l'immeuble hypothéqué à la dette, devenue immédiatement exigible contre le débiteur?

---

1. Demol., t. XXV, n° 707. Voy. dans le même sens les auteurs qu'il cite.

Nous pensons que le créancier peut le poursuivre comme le débiteur et dès que celui-ci a perdu le bénéfice du terme. Le tiers détenteur, en effet, ne peut être assimilé à la caution. En acquérant l'immeuble, il se soumet au droit de suite, il consent à se substituer absolument au débiteur vis-à-vis du créancier, de sorte que celui-ci ne peut pas avoir contre lui moins de droits que contre le débiteur. Cette doctrine est suivie par la grande majorité des auteurs. Elle est corroborée par l'art. 2169 qui dispose que : « .... le tiers détenteur peut être sommé de délaisser l'héritage ou de payer la *dette exigible*. » Ainsi cet article ne distingue pas de quelle façon la dette est devenue exigible, si c'est par suite de l'échéance normale du terme ou de l'un des événements visés par l'art, 1188. Dès que le créancier peut exiger son payement du débiteur, il peut aussi le demander au tiers détenteur.

Nous n'admettons à cette règle qu'une exception : si le tiers détenteur a lui-même constitué l'hypothèque sur son héritage, il ne perd pas le bénéfice du terme. En effet, en pareil cas, il doit être assimilé à une caution personnelle, et des poursuites immédiates contre lui ne pourraient plus être justifiées par les raisons que nous avons données.

CHAPITRE III.

DU TERME EXTINCTIF DANS LES OBLIGATIONS.

Nous avons défini le terme extinctif ou final, ou résolutoire : « le moment de l'avenir, fixé ou non fixé par le calendrier, mais devant certainement arriver, jusqu'où est ajournée la cessation des effets d'un rapport de droit. »

A Rome, ainsi que nous l'avons expliqué, aucun rapport de droit ne pouvait, en principe, être affecté d'un pareil terme. Il n'y avait d'exception que pour les obligations nées des contrats qui se forment par le seul consentement, le louage, la société, le mandat. Dans notre droit, au contraire, aucun texte, aucun principe ne s'oppose à ce que les parties ajoutent à une convention, quelle qu'elle soit, un terme final; et, comme « les conventions légalement formées tiennent lieu de loi à ceux qui les ont faites [1], » la stipulation d'un terme résolutoire est parfaitement licite et obligatoire.

Nous avons signalé les traits de ressemblance et aussi les différences qui existent entre le terme suspensif et la condition suspensive.

[1]. Art, 1134.

Entre le terme final et la condition résolutoire, nous retrouvons les mêmes points de comparaison. Ainsi chacune de ces modalités se rapporte nécessairement à l'avenir; chacune aussi n'est qu'un élément accidentel de la convention qu'elle affecte, et peut être retranchée sans que cette convention cesse d'exister.

Mais entre l'une et l'autre, nous retrouvons cette différence caractéristique : que, tandis que la condition résolutoire porte sur l'*existence* même de l'obligation qu'elle affecte, le terme résolutoire ne porte que sur la *durée* de l'obligation.

De là découlent ces conséquences si différentes : que, tandis que la condition résolutoire, une fois accomplie, anéantit l'obligation même dans le passé, par un effet rétroactif, le terme résolutoire, lui, éteint purement et simplement l'obligation, pour l'avenir seulement, sans l'anéantir dans le passé. L'obligation soumise à une condition résolutoire s'évanouit dès que la condition s'accomplit; non-seulement elle cesse, mais elle n'a jamais existé. L'obligation soumise à un terme résolutoire cesse, elle aussi, à l'arrivée du terme; mais elle a duré[1].

Comme le terme suspensif, le terme final peut être certain ou incertain. Par exemple, vous avez prêté 1000 fr. à Paul par mon ordre; et je me

1. Comp. M. Demol., t. XXV, n° 467.

suis engagé pour lui envers vous pendant trois ans. Voilà un terme résolutoire certain. Le terme serait incertain si je m'étais engagé jusqu'au moment où Pierre mourra.

De même encore que, sous l'apparence d'un terme suspensif, il n'existe souvent en réalité qu'une condition suspensive, de même telle modalité peut se présenter comme un terme résolutoire qui est véritablement une condition résolutoire : c'est ce qui aurait lieu, dans l'espèce rapportée ci-devant, si je m'engageais pour Paul *jusqu'au retour d'un vaisseau* sur lequel il a un gros intérêt.

Le terme résolutoire, avons-nous dit, n'anéantit pas l'obligation dans le passé. Il résulte de là deux conséquences importantes :

1° L'arrivée du terme ne donne pas lieu à la restitution de ce qui aurait été payé, en exécution de l'obligation, avant que le terme expiré l'eût éteinte[1].

2° L'obligation subsiste malgré l'arrivée du terme résolutoire, si, avant ce moment, le débiteur avait été constitué en demeure; et voici la raison, fort simple, que donne Pothier, de ce second effet : « Le créancier ne doit pas souffrir de la demeure injuste en laquelle son débiteur a été d'acquitter son obligation lorsqu'elle subsis-

1. Comp. Demante, t. V, n° 103; Larombière, art. 1183, n° 1179; Marcadé, art. 1183, n° 2.

tait; et ce débiteur ne doit pas profiter de sa demeure[1]. »

Ainsi que nous l'avons déjà remarqué, le terme
suspensif occupe dans la loi une place bien plus
importante que le terme résolutoire. Cette différence tient à ce que le premier est beaucoup plus
usité que le second dans tous les actes juridiques.
Nous rappelons que la loi ne mentionne même
pas le terme résolutoire, soit dans la section spécialement consacrée au terme, soit dans la section
relative à la condition résolutoire. Pourtant il est
permis de croire que les rédacteurs du Code, en
indiquant dans l'art. 1234, parmi les causes d'extinction des obligations, la condition résolutoire,
se sont servis d'une expression impropre et qu'ils
pensaient en réalité au terme résolutoire. En effet, ils semblent avoir emprunté la rédaction de
cette disposition à Pothier, dont ils suivent l'ordre exactement, et Pothier, dans cet endroit,
s'occupait, sinon exclusivement, du moins principalement, du terme résolutoire.

Du reste, plusieurs articles de nos Codes
présentent des exemples de terme résolutoire[2].

Le terme résolutoire éteint l'obligation de plein
droit, sans qu'il soit besoin de recourir à une exception, comme dans le droit Romain. Par suite,

1. Oblig., part. 2, chap. III, art. 2.
2. Art. 129, 771 Code Nap., 155 Code Com.

la rente viagère n'est pas soumise aux mêmes règles que la stipulation *quoad vivam* des Romains. Pour nous, c'est une obligation affectée d'un terme résolutoire incertain qui est la mort de la personne sur la tête de qui elle a été constituée. Peu importe que cette personne soit le crédirentier ou un tiers qui n'a aucun droit d'en jouir[1].

Nous n'avons pas non plus à distinguer si la rente a été constituée par acte entre-vifs ou par testament.

Comment se règlent les pensions courantes lors de la mort de la personne sur la tête de qui la rente a été constituée ? L'art. 1980 répond : « La rente viagère n'est acquise au propriétaire que dans la proportion du nombre de jours qu'il a vécu. Néanmoins, s'il a été convenu qu'elle serait payée d'avance, le terme qui a dû être payé, est acquis du jour où le payement a dû en être fait. »

Nous présenterons plusieurs observations sur cette disposition :

1. — Ces mots du 1er alinéa : « à proportion du nombre de jours qu'*il* (*le propriétaire*) a vécu, » sont inexacts ; il fallait : à proportion du nombre de jours qu'a vécu *la personne sur la tête de qui la rente a été constituée*. L'article 1971 rectifie du reste cette inexactitude.

[1] Art. 1971.

2. — Il faut distinguer si la rente est payable d'avance ou sans anticipation. Dans ce dernier cas, l'art. 1980 applique cette idée que l'acquisition de la rente s'opère jour par jour, de sorte que chaque jour est une échéance, et le dernier jour de la vie du crédi-rentier est aussi le dernier jour de l'obligation et du payement. Le rentier ou ses héritiers ont-ils droit au revenu du jour de la mort? Non, puisque le temps se compte par jours et non par heures [1].

Lorsque la rente a été stipulée payable d'avance, il en est autrement. Chaque terme est acquis en entier au créancier du jour où le payement a dû en être fait. Dans l'ancien droit on n'était pas d'accord sur les effets de ce pacte [2]. Les travaux préparatoires montrent que les rédacteurs du Code Nap. subirent l'influence de ces divisions. Ainsi le projet soumis au Conseil d'État proposait par son art. 17 de consacrer l'opinion des auteurs qui voulaient que, si le débiteur avait effectué le payement d'avance, suivant la loi du contrat, toute répétition lui fût interdite; mais que, s'il n'avait point encore payé, il ne fût tenu, nonobstant le contrat, qu'en proportion du nombre de jours écoulés jusqu'au décès [3]. Cette disposition avait le tort grave d'encourager la négligence du dé-

1. Art. 2260.
2. Pothier, Traité du contr. de constitut. de rente, n° 248.
3. Fenet, t. XIV, p. 528.

biteur à remplir les engagements contractés, puisqu'il profitait de son retard à s'exécuter. En outre, elle méconnaissait la convention qui, en rendant le payement exigible au commencement de chaque terme, ne blessait ni la lettre ni l'esprit de la loi. Aussi, sur les représentations du Tribunat, cette disposition fut rejetée et remplacée par notre article. La clause, par laquelle le débiteur s'engage à payer d'avance, n'a rien en soi que de licite, encore une fois; néanmoins, il est certain qu'elle modifie la nature du contrat et fait durer la rente, en quelque sorte, plus longtemps que la vie de la personne sur la tête de qui elle est assise.

Nous avons vu, dans le cas où la rente est payable sans anticipation, que le jour de la mort de la personne sur la tête de qui elle est assise ne doit pas entrer en compte. Il ne faudrait pas décider, sur les mêmes raisons, que, lorsque la rente a été stipulée payable d'avance, le créancier ou ses héritiers n'ont droit à un nouveau terme qu'autant que la personne survit à la fin du jour auquel est fixée l'échéance de ce terme. Le terme est acquis par cela seul que cette personne vivait encore au commencement de ce jour. On objecte la règle que le dernier jour du terme appartient tout entier au débiteur, de sorte que la dette ne peut être exigée qu'après que ce jour est expiré. La réponse est bien simple: c'est qu'il s'agit ici de déterminer non le jour auquel le débiteur peut être poursuivi, mais le moment auquel le droit du créancier à un nouveau terme s'est trouvé ouvert[1].

1. En ce sens : Pont, I, 775. Aubry et Rau, § 389, note 1. Contra : Troplong, n° 336. Taulier, VI, p. 510.

CHAPITRE IV,

DU TERME, DANS LES ACTES TRANSLATIFS DE PROPRIÉTÉ OU CONSTITUTIFS DE DROITS RÉELS, TELS QUE L'USUFRUIT ET LES SERVITUDES.

———

SECTION I.

DU TERME SUSPENSIF.

Il n'existe plus dans notre droit d'actes juridiques qui répugnent par leur nature à l'addition d'un terme, comme les *actus legitimi*, que nous avons vus en droit Romain. L'étude des règles qui gouvernent le sujet où nous entrons, n'en sera que plus simple.

I. *Propriété.* — Nous allons examiner successivement les trois modes principaux employés pour transférer la propriété, le legs, la donation et la vente.

I. — A l'égard des legs, nous avons vu que rien ne s'oppose à ce qu'ils soient affectés d'un terme suspensif. Nous avons même insisté sur cette particularité que le terme certain est le seul dont ils soient susceptibles, en ce sens que tout terme incertain ajouté à un legs y joue le rôle d'une véritable condition.

II. — La donation entre-vifs peut-elle être affectée d'un terme suspensif? La négative semble résulter de l'art. 894 qui s'exprime ainsi : « La donation entre-vifs est un acte par lequel le donateur se dépouille actuellement et irrévocablement de la chose donnée, en faveur du donataire qui l'accepte. » Cette disposition, qui consacre le vieil adage « donner et retenir ne vaut », enlève au donateur le droit de revenir sur sa libéralité, pour disposer de nouveau de l'objet ou amoindrir les effets du contrat par un repentir tardif. Il faut *qu'il se dépouille actuellement*. De ces expressions il semble découler que la donation, pour être valable, doit être pure et simple et qu'elle ne comporte l'addition d'aucune modalité, condition ou terme. Mais il n'en est rien. Il est aisé de prouver qu'on peut ajouter un terme suspensif, par exemple, à une donation entre-vifs.

En effet, d'abord, les articles 900 et 944 reconnaissent que la donation peut être soumise à des conditions, et, par suite, à un terme suspensif.

Secondement, il faut considérer deux choses dans la donation : 1° la disposition qui lie irrévocablement, *statim ligat, nec suspenditur* ; 2° l'exécution qui peut être retardée sans que le caractère de l'acte soit altéré. Cette distinction, mise en lumière par Dumoulin, s'applique particulièrement aux donations à terme, car le terme ne se rapporte qu'à l'exécution. Il n'empêche pas que la donation ne soit parfaite et que le donateur ne soit irrévocablement lié du jour du contrat. Dès ce jour, il est « actuellement dépouillé, » car ces termes ne signifient autre chose sinon que, dès le temps du don, le donateur n'est plus maître de se repentir. Or, bien évidemment, il n'a pas plus le droit de se repentir lorsqu'un terme a été ajouté, que lorsque le contrat est pur et simple.

Mais s'il était démontré que dans l'intention des parties, le terme ajouté à la donation devait suspendre non-seulement la livraison, mais encore la translation de la propriété de l'objet, il en serait autrement. Dans ce cas, en effet, le donateur aurait la faculté, jusqu'à l'arrivée du terme, de disposer de la chose au détriment du donataire; il pourrait se repentir, et, par suite, la donation, manquant d'un de ses éléments essentiels de validité, devrait être déclarée nulle et non avenue.

En résumé, si le terme est admis dans la donation, c'est parce qu'il ne diffère que la tradition et non la translation de la propriété, laquelle s'opère par le seul consentement des parties. C'est l'application du principe nouveau déposé par les rédacteurs du Code Nap. dans l'article 1138 et que nous avons déjà examiné à un point de vue différent.

3. La vente nous offre une application analogue du même principe. En effet, le terme suspensif,

ajouté à la vente, retarde seulement la délivrance de la chose vendue. Le vendeur n'est tenu de la livrer qu'à l'échéance ; mais dès le jour du contrat, l'acheteur est devenu propriétaire, et nous avons décidé qu'en ce cas, les risques sont à sa charge, en vertu de la règle *res perit domino*. A l'inverse, le terme peut avoir été stipulé dans l'intérêt de l'acheteur, de sorte qu'il ne doive payer le prix qu'à l'échéance. Dans ce cas, le vendeur est tenu de délivrer la chose avant le payement du prix [1]. Toutefois, à la demande en délivrance il peut opposer certaines fins de non-recevoir, la faillite, la déconfiture de l'acheteur, et la diminution, par son fait, des sûretés qu'il lui avait données par le contrat [2]. Ceci résulte de l'article 1613, ainsi conçu : « il (le vendeur) ne sera pas non plus obligé à la délivrance, quand même il aurait accordé un délai pour le payement, si, depuis la vente, l'acheteur est tombé en faillite ou en état de déconfiture, en sorte que le vendeur se trouve en danger imminent de perdre le prix ; à moins que l'acheteur ne lui donne caution de payer au terme. »

Observons, sur cette disposition :

1° Que l'acquéreur n'est déchu du bénéfice du terme que dans l'un des trois cas nettement ca-

----

1. Art. 1612.

2. Art. 1188, comp. MM. Aubry et Rau, § 354, texte et notes 12 et 13.

20

ractérisés par l'article 1613 (combiné avec l'article 1188). Des craintes vagues d'insolvabilité, de simples soupçons ne suffiraient pas.

2° Que, malgré ces expressions du texte : *depuis la vente*, le vendeur peut n'être pas tenu de la délivrance, alors même que l'existence de la faillite ou de la déconfiture, ou la diminution des sûretés serait contemporaine du contrat[1].

Il peut arriver que les parties aient voulu, en ajoutant un terme à la vente, différer jusqu'à son arrivée la translation même de propriété. Alors l'acheteur n'acquiert qu'un *jus ad rem*, un droit de créance, et le vendeur, resté propriétaire, est maître de disposer de la chose au profit d'un tiers. Dans ce cas, l'acheteur ne pourrait se prévaloir, pour la revendiquer, de la priorité de son titre; mais aussi il ne serait pas tenu de payer le prix avant l'échéance, la propriété ne devant lui être transférée qu'à ce moment. On peut se demander s'il doit transcrire son titre. Nous pensons que non ; car enfin, en l'état, cette transcription ne présenterait aucune utilité. Du reste, cette question n'offre pas un grand intérêt pratique, car le terme n'a pour effet de retarder la translation même de la propriété que si les parties en sont convenues expressément, et cette clause se rencontre rarement.

II. *Usufruit*. — D'après l'article 580 Code Nap.,

---

1. Comp. Troplong, de la Vente, n° 213 à 218.

« l'usufruit peut être établi, ou purement, ou à certain jour, ou à condition. » Observons que le terme a pour effet de retarder la naissance même de l'usufruit, de sorte que, si l'usufruitier est décédé au moment de l'échéance, l'usufruit n'aura jamais existé, et la convention sera non avenue. Ainsi, en réalité, la constitution de l'usufruit est affectée à la fois, en pareil cas, d'un terme et d'une condition : si le titulaire survit à l'époque fixée. Aussi le droit d'enregistrement n'est exigible qu'au jour de l'entrée en jouissance. Néanmoins, il est certain que, dès le moment de l'acte constitutif, l'usufruitier acquiert un *jus in re*, un droit réel. D'où la conséquence que, lorsque ce droit porte sur un immeuble, il est tenu de faire transcrire son titre, s'il veut l'opposer aux tiers qui peuvent acquérir des droits sur le même immeuble et les conserver par la voie de la transcription[1].

L'usufruit s'éteint de plein droit à la mort de l'usufruitier[2]. On ne peut donc le constituer en stipulant qu'il ne prendra naissance qu'au décès du titulaire. Une pareille constitution serait nulle parce qu'elle ferait commencer l'usufruit à une époque où il doit nécessairement finir.

III. *Servitudes.* — Rien dans la nature des servitudes ne s'oppose à ce qu'on ajoute un terme suspensif à l'acte par lequel on les constitue.

1. Loi du 23 mars 1855, art. 1 et 3.
2. Art. 617.

SECTION II.

DU TERME EXTINCTIF.

I. *Propriété.* — La propriété peut-elle être transférée à terme ? Nous pensons avec la majorité des auteurs[1] qu'elle ne peut pas l'être, du moins en principe. A la vérité, cette opinion ne repose sur aucun texte formel. On trouverait même plutôt dans les dispositions expresses de la loi des raisons d'admettre l'affirmative. Tel est l'art. 1134, déjà cité, qui porte : « les conventions légalement formées tiennent lieu de loi à ceux qui les ont faites. » Il semble résulter de cette disposition que la convention qui transfère la propriété jusqu'à un certain temps, devrait être obligatoire, car aucune loi, nous le répétons, ne la proscrit. Mais, à défaut de texte, qu'il nous suffise d'observer que des conventions de cette nature n'auraient aucune utilité, aucune raison d'être. Car une expérience immémoriale démontre que les droits réels admis soit par nos lois soit par la jurisprudence, l'usufruit, l'usage, l'habitation, les servitudes, l'emphytéose, etc., suffisent à tous les besoins. D'ailleurs, il est malaisé de concevoir, en théorie même, une propriété temporaire, du moins dans le sens où nous l'entendons ici, c'est-

1. Voy. notamment Demol., t. IX, n° 346, Championnière, enregistrement, n° 3126 et 3464.

à-dire une propriété affectée, dans sa durée, d'une limitation initiale, certaine et nécessaire. Car une pareille propriété, ce semble, serait dépourvue du droit de disposer de la chose et de la détruire, lequel est un des éléments essentiels du droit de propriété.

Pourtant il existe dans notre droit une propriété particulière qui peut certainement être transférée à temps. C'est la propriété superficiaire, ou, plus simplement, le droit de superficie.

En effet, qu'on suppose que des constructions ont été élevées sur le terrain loué par le fermier ou le preneur qui s'est réservé ce droit. Si le propriétaire a renoncé expressément ou tacitement au bénéfice de la règle *superficies solo cedit*, le preneur aura la pleine propriété de ces constructions. Or, cette propriété sera nécessairement limitée dans sa durée, comme son bail. Voilà donc une propriété à terme.

Voici, dans le même ordre de faits, un exemple analogue, mais différent. Ces constructions, qui sont des immeubles par leur nature, d'après l'art. 518, sont assujetties, comme telles, au droit de mutation immobilière, peuvent être hypothéquées par le preneur et être l'objet d'une saisie immobilière de la part de ses créanciers. En effet, le preneur, étant propriétaire de ces constructions, peut les vendre; dès là, ses créanciers le peuvent aussi, par l'application de l'art. 1466. Or, l'adjudicataire de ces constructions sera l'ayant-cause du preneur. Par conséquent, il n'aura, comme lui, qu'une propriété limitée, une vraie propriété à terme[1].

On voit combien il est regrettable que les rédacteurs du Code Nap. n'aient pris soin ni de définir, ni surtout de réglementer la propriété superficiaire. Une lacune plus fâcheuse encore résulte du silence qu'ils ont gardé sur la propriété à temps. Quelques règles simples suffiraient, mais elles sont nécessaires, pour dissiper l'incertitude qui pèse sur cette matière.

II. *Usufruit.* — D'après l'art. 617 : « l'usufruit s'éteint..... par l'expiration du temps pour lequel il a été accordé. » Ainsi l'usufruit peut être affecté d'un terme résolutoire. Peu importe, du reste, que ce terme consiste dans un espace de temps déterminé ou dans la durée, nécessairement incertaine, de la vie d'une tierce personne[2].

L'usufruit s'éteint de plein droit par le décès de l'usufruitier. On peut voir là une sorte de terme extinctif légal. La volonté du disposant ou des parties n'en saurait empêcher l'effet, car il est fondé sur un intérêt d'ordre public. A Rome, ce terme était aussi établi par les lois, mais uniquement dans l'intérêt du nu-propriétaire, *ne in uni-*

---

1. Comp. MM. Aubry et Rau, § 223, a et b, texte et notes 6 à 19. Voy. surtout, parmi les arrêts cités par ces auteurs, deux arrêts de la cour de Paris de 1864. — Dev., 64, 2, 266.

2. Art. 617, combin. avec art. 1971.

versum inutiles essent proprietates[1]. Dans notre droit, nous le répétons, il est fondé en outre sur une raison d'ordre public; en effet, la séparation de la jouissance et de la nue-propriété d'un héritage, d'une part, met obstacle à la circulation et surtout à l'amélioration de cet héritage, d'autre part, engendre les plus fâcheux conflits entre l'usufruitier et le nu-propriétaire : deux inconvénients fort graves, que le législateur s'est efforcé d'atténuer en limitant la durée de l'usufruit à la vie du titulaire. Deux passages des travaux préparatoires accusent nettement cette préoccupation des rédacteurs de notre Code. On lit, en effet, dans le rapport au Tribunat : « l'usufruit, comme nous l'avons remarqué, étant *un droit personnel*, doit s'éteindre par la mort naturelle de l'usufruitier[2], » et surtout : « on a cédé à des vues aussi sages que politiques, en préférant, entre les dispositions du droit Romain, celle qui tend à laisser le moins longtemps possible la jouissance séparée de la propriété[3]. » Ce principe fondamental étant établi, il nous sera facile de résoudre plusieurs questions controversées.

4° Est-il permis aux parties ou au disposant d'étendre la durée de l'usufruit au delà de la vie

1. Instit., lib. II, tit. IV, § 1, *in fine*. Comp. MM. Aubry et Rau, § 228, note 3.

2. Locré, législ. civ., VIII, p. 278, n° 19.

3. Discours du tribun Gary au Corps législ., eod., p. 298, n° 26.

de l'usufruitier? Nous répondons : non, sans hé-
sitation, puisque la disposition de l'art. 617, qui
limite la durée de l'usufruit à la vie du titulaire,
est d'ordre public, et que, d'après l'art. 6 Code
Nap., « on ne peut déroger, par des conventions
particulières, aux lois qui intéressent l'ordre public et les bonnes mœurs. »

Cette opinion n'est pas unanimement admise.
Des auteurs, prétendant que la disposition de
l'art. 617 est fondée uniquement sur l'intention
présumée des parties ou du disposant, pensent
que cette disposition doit céder à une intention
contraire expressément manifestée. Nous croyons
avoir démontré la fausseté de cette idée. Du reste,
la preuve en résulte du système même de ces auteurs, aussi claire qu'elle est piquante. Ils soutiennent que les parties peuvent prolonger l'usufruit
au delà de la vie de l'usufruitier; fort bien. Mais
alors, quand s'éteindra-t-il? quelle sera la plus
longue durée que les parties pourront lui assigner?
Là-dessus ils ne sont plus d'accord. Les uns restreignent cette durée à trente années, argu-
mentant par analogie de l'art. 619[1]; les autres
pensent que cette durée peut être de quatre-vingt-
dix-neuf ans, et se fondent su la loi du 18 décembre 1970, laquelle permet d'établir des em-
phytéoses pour le même temps[2].

1. Demante, II, n° 461 *bis* et 469.
2. MM. Ducaurroy, Bonnier, Cours du droit civil, t. II,
n° 223.

A ceux-ci en particulier nous répondons : nous ne voyons pas quelle valeur peut avoir un argument emprunté à une loi qui règle l'emphytéose, et cela pour deux raisons. D'abord, parce que c'est un point très-controversé, en doctrine, de savoir si l'emphytéose est reconnue par notre Code, comme droit réel. Des auteurs considérables soutiennent que non. C'est ce qui semble résulter nettement de l'art. 543. Secondement, admît-on, avec la jurisprudence, que l'emphytéose constitue un droit réel particulier, et, conséquemment, qu'on peut lui assigner une durée de quatre-vingt-dix-neuf ans, cela ne prouverait absolument rien. En effet, cette longue durée est nécessaire à l'emphytéose, qui a toujours pour objet de grands travaux de défrichement et d'amélioration. Mais, pour l'usufruit, c'est tout le contraire, puisque l'intérêt privé et l'intérêt public commandent d'en restreindre la durée.

2° Peut-on déroger, par une convention spéciale, à la disposition de l'art 619, qui porte : « l'usufruit qui n'est pas accordé à des particuliers (c'est-à-dire qui est accordé à une personne morale), ne dure que trente ans. »

Ici encore nous répondons, non. A Rome, sur la durée que pouvait avoir l'usufruit constitué au profit d'une personne morale, les jurisconsultes étaient divisés : les uns la fixaient à cent, les autres à trente ans. Le Code a adopté la durée de trente ans, ce qui est assurément très-sage.

Car il est plus naturel d'adopter un nombre d'années qui représente la durée moyenne de la vie humaine que la durée extraordinaire de cent années[1].

3° Peut-on constituer un droit d'usufruit au profit d'une personne *et de ses héritiers?*

Non encore, d'après notre principe. Ajoutons, à l'appui de cette solution, que l'usufruit, comme tout ce qui tient aux actes et faits de l'homme, à l'exercice des facultés humaines, est essentiellement personnel, et, par suite, intransmissible.

Néanmoins si, en fait, un usufruit avait été constitué au profit d'une personne et de ses héritiers, les tribunaux pourraient, selon nous, par interprétation de la volonté des parties ou du testateur, considérer un pareil usufruit comme établi successivement, au profit de la personne appelée en premier ordre, et de ses héritiers, déjà nés ou conçus au moment de la convention ou du décès du testateur[2].

1. En ce sens : Marcadé sur l'art. 617, n° 4. Demol., t. X, n° 244. Comp. Rennes, 20 déc. 1836, Sir., 37, II, 177; Req. rej., 18 janv. 1838, Sir., 38, I, 147. En sens contraire : Taulier, II, p. 337. Proudhon, I, 331. Nous ne comprenons pas ce dernier auteur. Car nul n'a établi plus nettement le caractère et la portée de l'art. 617. Il insiste sur cette idée que, la nature de l'usufruit étant déterminée par la loi, ne dépend pas de la volonté des particuliers, I, 309. Et puis, il décide que les parties peuvent déroger expressément à l'art. 619. Il nous semble qu'il y a là une contradiction manifeste.

2. En ce sens : MM. Aubry et Rau, *ubi supr.* Proudhon, n° 326-328.

En effet, de même qu'une rente viagère peut être constituée sur plusieurs têtes, de même l'usufruit peut être établi au profit de plusieurs personnes appelées à en jouir successivement les unes après les autres[1]. Toutefois, la validité d'une pareille constitution est subordonnée, en ce qui touche les personnes appelées en second ou troisième ordre, à la condition de leur existence ou, tout au moins, de leur conception, soit à l'époque de l'établissement de l'usufruit, lorsqu'il est constitué par acte entre-vifs, soit au jour du décès du testateur, lorsqu'il est établi par testament.

4° Lorsque l'usufruit est constitué jusqu'à ce qu'un tiers ait atteint un âge déterminé, la mort de l'usufruitier, survenue avant cette époque, met-elle fin à l'usufruit?

Avant de répondre à cette question, lisons l'art. 620 : « l'usufruit accordé jusqu'à ce qu'un tiers ait atteint un âge fixe, dure jusqu'à cette époque, encore que le tiers soit mort avant l'âge fixé. » Ainsi, la loi considère cette modalité non comme une condition à laquelle l'existence de l'usufruit est subordonnée, mais comme une simple indication du temps pendant lequel il doit durer. Il en serait autrement, s'il était établi que c'est la vie du tiers qui a été prise comme terme incertain de la durée de l'usufruit. Dans ce cas, il s'étein-

---

1. Ceci est hors de doute : MM. Aubry et Rau, § 228. Démol., t. X, n° 246.

drait par son décès, à quelque époque qu'il arrivât.

Maintenant, à la question que nous avons posée nous répondrons : oui. Dans tous les cas, suivant notre principe fondamental, la mort de l'usufruitier met fin à l'usufruit. Nous repoussons la distinction proposée par certains auteurs qui pensent que, lorsque l'usufruit a été constitué à titre onéreux jusqu'à ce qu'un tiers ait atteint un certain âge, les parties ont voulu lui assurer toute la durée promise et ont fixé le prix en conséquence ; que, par suite, dans ce cas, le droit ne cesse pas au décès de l'usufruitier. Notre principe est absolu, et, dans cette dernière hypothèse, comme dans celles que nous avons déjà parcourues, les raisons qui lui servent de base conservent toute leur force.

Remarquons, en terminant, que l'art. 620 ne s'applique pas à la jouissance légale des père et mère sur les biens de leurs enfants mineurs de dix-huit ans.

En effet, cette jouissance cesse au décès de ces enfants. La raison de cette exception est simple : la jouissance légale des père et mère est un corollaire de la puissance paternelle, qui finit, par la nature des choses, au décès de l'enfant.

III. *Servitudes.* — Rien ne s'oppose à ce qu'une servitude soit affectée d'un terme résolutoire, à l'arrivée duquel elle cessera. En effet, les servitudes sont perpétuelles, de leur nature seulement, et non par essence. Rien n'empêche donc d'en limiter la durée, par exemple, à la vie du propriétaire actuel du fonds dominant ou au temps pendant lequel il en conservera la propriété, ou enfin à tout autre temps [1].

1. Voy. Toullier, t. III, n°° 602 et 683.

d'en limiter la durée, par exemple, à la vie du propriétaire actuel du fonds dominant ou au temps pendant lequel il en conservera la pro-

POSITIONS.

DROIT ROMAIN.

I. — La raison de la règle : *dies incertus conditionem in testamento facit*, appliquée à l'institution d'héritier, se tire de la combinaison de la maxime : *nemo paganus partim testatus, partim intestatus decedere potest*, avec cette idée qu'on doit, autant que possible, respecter la volonté du testateur (p. 31 et s.).

II. — Il y a *plus-petitio tempore*, alors même que le terme, encore pendant au moment de la *litis-contestatio*, vient à échoir au cours de l'instance (p. 49 et s.).

III. — Il peut y avoir *plus-petitio tempore* même dans les actions à formule incertaine (p. 51 et s.).

IV. — Les lois 6, pr. et 14, § 2 du titre quib. ex caus. Dig. (XLII, 4), ne peuvent se concilier (p 55 et s.).

V. — Les lois 14 et 72, § 2, du titre de V. O. Dig. (XLV, 1), peuvent se concilier (p. 63 et s.).

VI. — Il en est de même des lois 8 et 10 du même titre (p. 70 et s.).

VII. — La maxime *dies interpellat pro homine*, n'a jamais été admise en droit Romain (p. 74 et s.).

VIII. — Les fidéjusseurs ordinaires, même après la Novelle 4 de Justinien, ne peuvent exciper, contre le créancier, de l'insolvabilité du débiteur survenue depuis l'échéance du terme (p. 85 et s.).

IX. — Le terme suspensif, ajouté à un acte constitutif de servitude, produit son effet *ipso jure*, sauf exception (p. 105 et s.).

X. — La clause que la propriété sera retour *ipso jure*, après un certain temps, à l'aliénateur ou à ses héritiers, nulle selon la plupart des jurisconsultes de l'époque classique, est valable sous Justinien (p. 110 et s.).

DROIT CIVIL FRANÇAIS.

I. — Le juge ne peut accorder un terme de grâce au débiteur, lorsque celui-ci y a renoncé d'avance par le contrat (p. 141 et s.).

II. — Le juge peut accorder un terme de grâce au débiteur poursuivi en vertu d'un titre exécutoire (p. 146 et s.).

III. — Le terme de grâce ne met point obstacle à la saisie-arrêt (p. 154 et s.).

IV. — Le débiteur qui a payé, par erreur, avant l'échéance du terme, est admis à exercer, contre le créancier, l'action en répétition de l'indû, dans la mesure de l'*interusurium* ou de la valeur d'usage (p. 159 et s.)

V. — L'exception qui résulte, au profit du débiteur solidaire, obligé à terme, de la prescription de la créance par son codébiteur pur et simple, est une exception commune (p. 173 et s.).

VI. — Le créancier à terme ne peut pas, en assignant le débiteur en payement ou même seulement en reconnaissance d'une obligation purement verbale ou relatée dans un acte authentique, obtenir une hypothèque judiciaire sur les biens de ce débiteur (p. 187 et s.).

VII. — Le créancier à terme ne peut pas exercer les droits et actions de son débiteur (p. 189 et s.).

VIII. — Le créancier à terme peut exercer l'action Paulienne avant l'échéance (p. 193 et s.).

IX. — L'art. 1138 Code Nap., en déclarant que l'obligation de livrer une chose en rend le créancier propriétaire et la met à ses risques dès l'instant où elle a dû être livrée, consacre, à l'encontre du principe Romain : *res perit creditori*, un principe nouveau, qu'on exprime vulgairement par cette formule : *res perit domino* (p. 199 et s.).

X. — Le créancier à terme qui est demeuré inactif à l'échéance, ne perd pas le droit de recourir contre la caution, lors même que depuis ce moment le débiteur est devenu insolvable (p. 214 et s.).

XI. — Supposé que les lois de deux États admettent que la force majeure, en principe, dispense le porteur d'un effet de commerce de dresser le protêt faute de payement le lendemain du jour de l'échéance, la déclaration de force majeure, émanée du pouvoir exécutif ou législatif de l'un d'eux, n'est pas obligatoire pour les tribunaux de l'autre (p. 219 et s.).

XII. — Abstraction faite de la loi du 12 février 1872, les créanciers privilégiés ou hypothécaires n'ont pas le droit d'exercer, en vertu de l'art. 444 du Code de commerce, avant l'arrivée du terme, des poursuites individuelles sur les biens du débiteur failli (p. 238 et s.).

XIII. — Indépendamment de ladite loi du 12 février 1872, il ressort de l'esprit et des principes généraux de notre droit que la créance du bailleur est une créance à terme (p. 254 et s.).

XIV. — L'acceptation d'une succession sous bénéfice d'inventaire, différente en cela de la faillite, ne rend point immédiatement exigibles les créances à terme (p. 269 et s.).

XV. — Le créancier ne peut faire valoir contre la caution la déchéance du terme encourue par le débiteur principal (p. 290 et s.).

XVI. — On ne peut déroger, par une clause expresse, à la disposition de l'art. 619, Code Nap., c'est-à-dire constituer un droit d'usufruit au profit d'une personne morale pour plus de trente années (p. 313 et s.).

21

DROIT CRIMINEL.

I. — L'art. 295 du Code Pénal, qui qualifie l'homicide volontaire, n'est pas applicable à l'homicide commis en duel.

II. — L'art. 637 du Code d'instruction criminelle établit, suivant le sens naturel de ses termes, que l'action publique et l'action civile résultant d'un crime, sont prescrites toutes deux, d'une façon absolue, après dix années révolues.

DROIT DES GENS.

I. — Le principe de non-intervention n'empêche pas l'intervention d'un État dans les affaires d'un autre État d'être juste et légitime, quand cette intervention se fonde sur la lésion d'un droit positif.

II. — En cas de guerre maritime entre deux ou plusieurs États, il importe de distinguer le Refuge de l'Asile, au point de vue des droits et des devoirs des États Neutres vis-à-vis de chacun des Belligérants.

Vu par le président de la thèse :

J. E. LABBÉ.

Vu : G. COLNET D'AAGE.

Vu et permis d'imprimer,
Le Vice-Recteur de l'Académie de Paris,

A. MOURIER.

TABLE DES CHAPITRES.

DROIT ROMAIN.

DROIT FRANÇAIS.

13283. — Typographie Lahure, rue de Fleurus, 9, à Paris.

ERRATA.

Page   7, note 1, au lieu de : note 2, lisez : note 1.

—   32, ligne   4, lisez : extraneum.

—   49, — 25, lisez : de petit. heredit.

—   57, — 18, avant : pro domino, mettez : nunquam.

—   69, — 10, après : la loi continuus, mettez : n° 137.

—   84, — 11, lisez : prorogation de terme.

— 109, —   6, au lieu de : le terme *ex die*, lisez : le terme *à quo*.

— 113, note 1, au lieu de (vi, 3), lisez : (vi, 37).

— 148, ligne   2, lisez : d'autre part.

— 163, — 14, au lieu de : debetur, lisez : petitur.

— 174, — 24, au lieu de : l'art. 1185, lisez : l'art. 1285.

— 188, —   3, au lieu de : la loi de contrat, lisez : la loi du contrat.

Typographie Labure, rue de Fleurus, 9, à Paris.

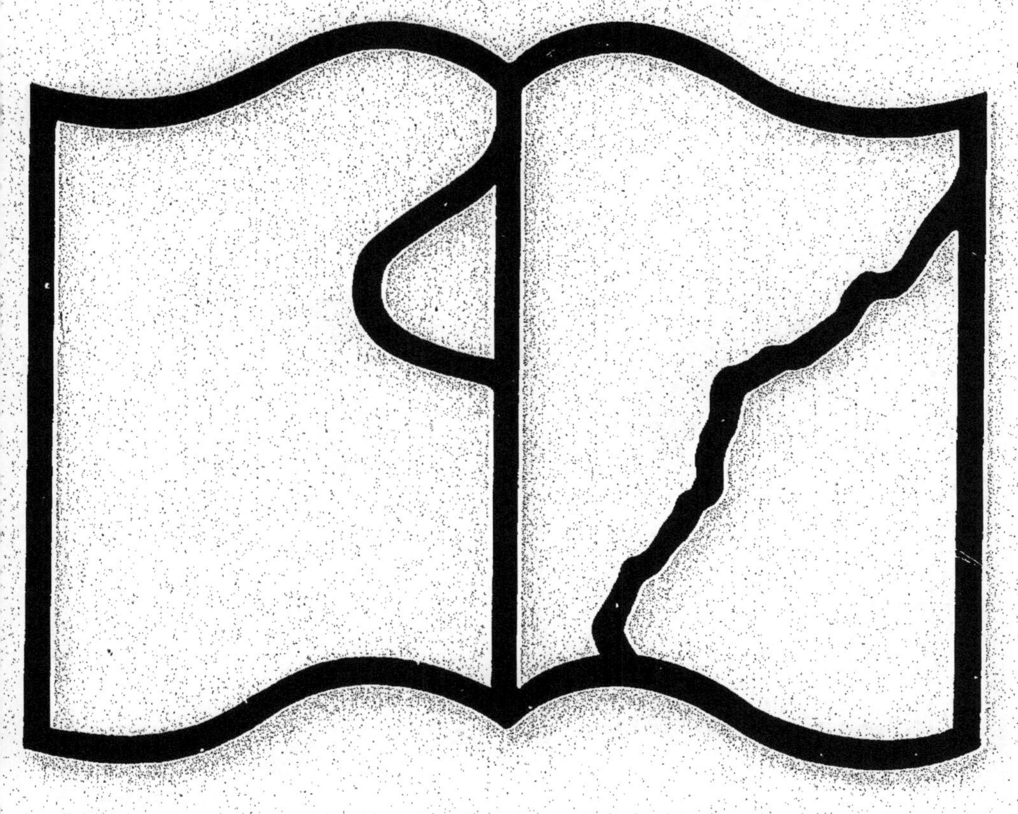

Texte détérioré — reliure défectueuse

NF Z 43-120-11

Contraste insuffisant

NF Z 43-120-14

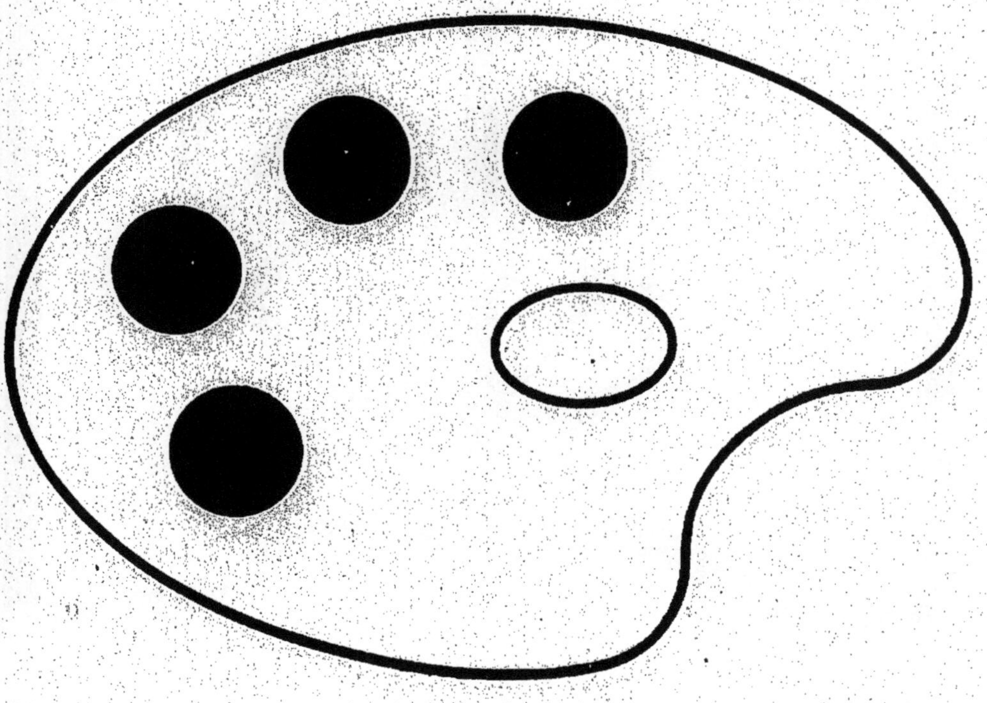

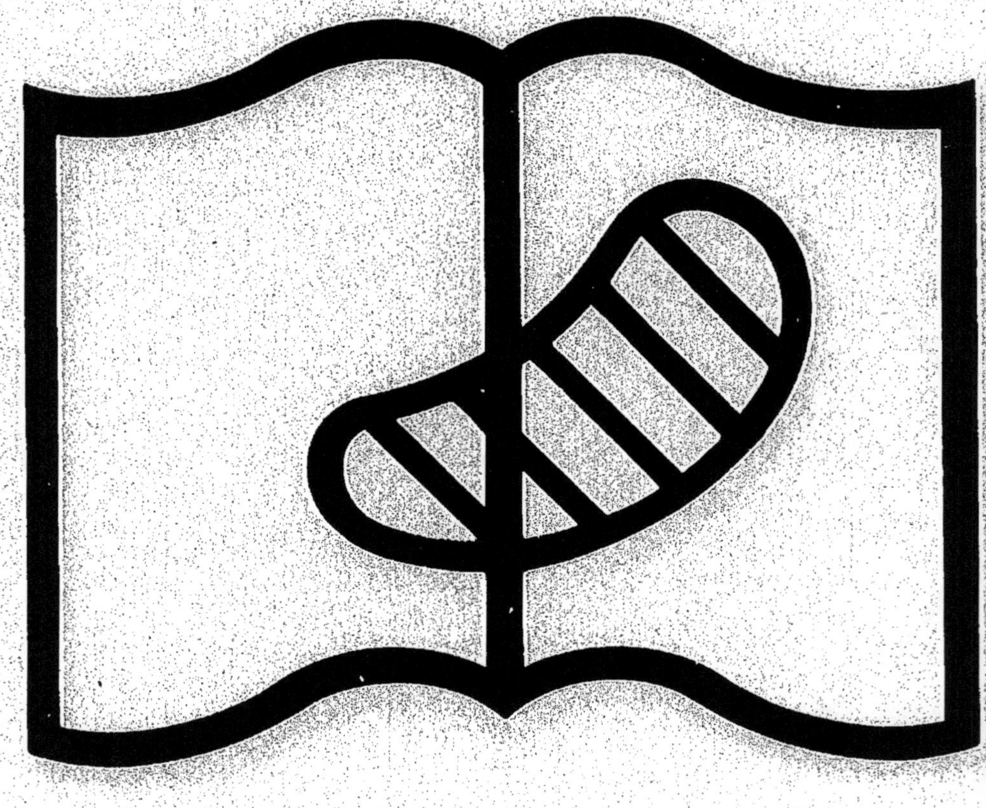

Original illisible

NF Z 43-120-10

9 782016 186572